Sascha Michel · Leere

nexus 110

Sascha Michel

Leere

Eine Kulturgeschichte

Klostermann/Nexus

Bibliografische Information der Deutschen Nationalbibliothek

Die Deutsche Nationalbibliothek verzeichnet diese Publikation
in der Deutschen Nationalbibliografie; detaillierte bibliografische Daten
sind im Internet über *http://dnb.dnb.de* abrufbar.

Umschlagabbildung: © iStock.com / josefkubes

Originalausgabe
© 2024 Vittorio Klostermann GmbH · Frankfurt am Main
Satz: mittelstadt 21, Vogtsburg-Burkheim
Druck und Bindung: docupoint, Barleben
Alle Rechte vorbehalten. All Rights Reserved.

Gedruckt auf säurefreiem, alterungsbeständigen Papier
entsprechend ISO 9706.
Printed in Germany
ISBN 978-3-465-04658-5

Inhalt

Prolog 6

I. Die Leere am Anfang 13
Tohuwabohu | Creatio ex nihilo | Atome und leerer Raum |
Horror vacui | Vakuum-Experimente | Metaphern der Leere

II. Substanzverluste 35
In der »atheistischen Halbnacht« | Der Letzte Mensch (I) |
Die Leere des Subjekts | Ethik der Leere? | Arbeit und Langeweile

III. Die Leere im Jahrhundert der Dinge 68
Großstadt und Melancholie | Eigentumsmüdigkeit | Das Erhabene |
Gemalte Leere | Ozean und Polarkreis | Ein Buch über nichts |
Die Feier der Dinge

IV. Konstellationen der Moderne 93
Die Entleerung der Zeichen | Substanzverluste um 1900 | Storytelling
und Subjekt | Lockerungen | »von der Grundfarbe schwarz« |
Die Moderne im Leerlauf

V. »Hello emptiness« 130
Leere und Überfluss | »o–o–o–o« | Fröhliche Bejahung | Elvis' Gelächter |
Die Leere in Anführungszeichen | Nicht-Orte | Die Leere des Zen | Askese
und Konsumverzicht | »The Earth will be quiet again«

VI. Die Leere am Ende 174
Der Letzte Mensch (II) | Das Unglück der Selbstreferenz |
Paare in der Wüste | Terra nullius | Das Ende von allem | Wo bin ich?

Epilog 209

Anmerkungen 217
Personenregister 239

Prolog

»Die Löcher sind die Hauptsache / An einem Sieb.«
Joachim Ringelnatz, *Ich habe dich so lieb*

Am Anfang dieses Buches standen die Bilder des globalen Corona-Lockdowns. Vom menschenleeren Times Square in New York bis zum leeren Supermarkt-Regal – überall sah und erlebte man eine mal faszinierende, mal gespenstische Leere. Wenn das Virus »eine Ästhetik hat, dann ist es eine der Leere«, schrieb das Kunstmagazin *Monopol* im März 2020[1] und verwies auf Bilder aus der Kunst- und Filmgeschichte: auf De Chiricos verlassene Architekturen, auf die menschenleeren Straßen in Dystopien und Zombie-Filmen wie *I am Legend* oder *28 Days Later*.

Natürlich stimmten die Bilder nicht oder zeigten nur die eine Seite der Wirklichkeit: Hinter der Leere verbargen sich einerseits all die Erkrankten und Toten, die Nicht-Systemrelevanten und Überforderten, andererseits aber auch all die auf Hochtouren laufenden Rechner und Logistikzentren, die die Mittelklasse zu Hause mit neuen Kommunikationstools, mit Content und Päckchen versorgten. Ist die Leere also nur ein ästhetischer Schein, hinter dem sich ganz andere, viel wichtigere Dinge abspielen? War 2020 nur ein *année blanche*, ein Ausnahmejahr, das man am besten schnell vergessen sollte, um wieder zur Normalität zurückzukehren? Spätestens die leeren Gasspeicher in Folge des Ukraine-Kriegs und die zunehmenden Lücken in den globalen Lieferketten zur Herstellung dessen, was über Jahrzehnte in den westlichen Überflussgesellschaften als Normalität galt, machen deutlich: Der *Horror vacui* wird uns weiter begleiten.

Dieses Buch möchte daran erinnern, wie sehr die Leere – ob als Horror oder Faszinosum, ob als imaginierter Raum der Befreiung oder als dystopisches Phantasma – immer schon ein wichtiger Begleiter kultureller Imaginationen und Selbstverständigungen war.

Zu unterscheiden sind dabei drei zentrale Topoi der Leere. Die Imaginationen und Reflexionen der Leere beziehen sich *erstens* immer wieder auf den Topos des Anfangs. Woher kommen wir? Warum ist überhaupt etwas und nicht vielmehr nichts? Wer nach den Anfängen unserer Welt fragt, kommt nicht an der Idee des leeren Raums vorbei. Einschlägig ist dabei vor allem die Geschichte der Erforschung des Vakuums seit Evangelista Torricelli und Blaise Pascal.² Aber auch in den großen Mythen ist die Welt am Anfang *wüst und leer*. Und wie zu sehen sein wird, steht auch am Anfang der europäischen Subjektphilosophie die Vorstellung von einem Ich, das ganz unabhängig und allein, ohne sozialen oder natürlichen Kontext, im leeren Raum steht. Freiheit und Autonomie, diese so zentralen Konzepte der Aufklärung, scheinen ohne diese Leere, ohne die Abstraktion von allem Gegenständlichen und Lebendigen, kaum denkbar. In ihrem Buch *Bleibefreiheit* zitiert die Philosophin Eva von Redecker einen zwölfjährigen Jungen, der am Esstisch den Satz sagt: »Am freiesten bin ich, wenn ich allein auf dem Mars bin.« So tief also sitzen die solipsistischen Subjektbilder, dass wir uns Freiheit am besten auf einem menschenleeren und toten Planeten vorstellen können. »Freiheit ist«, so verstanden, »wenn nichts im Weg steht.«³

Der *zweite* kulturgeschichtlich wichtige und gegenwärtig besonders präsente Topos der Leere ist das Ende. Damit sind einerseits von der biblischen Apokalypse bis zu Cormac McCarthys *The Road* die bereits genannten Endzeit-Szenarien einer weitgehend (menschen-)leeren Welt der Zivilisation gemeint, andererseits aber auch Bilder vom räumlichen Ende der Zivilisation, zu denen etwa der in Literatur und Film vielfach in Szene gesetzte Raum der Wüste gehört. Bei einem Film wie *Zabriskie Point* von Michelangelo Antonioni wird beides bezeichnenderweise zusammengeführt: die zerstörerisch-apokalyptische Vision einer in die Luft gesprengten (Konsum-)Welt und die Wüste als Ort (sexuell) befreiender Leere. Eine wichtige Rolle spielt in diesem Zusammenhang das Konzept der *Tabula rasa*: etwa als ›weiße‹, ›männliche‹ Vorstellung vom scheinbar menschenleeren Wilden Westen, den es, die Ureinwohner auslöschend, zu erobern und zu besiedeln gilt, oder als totalitäre Zukunftsvision einer vollständig neuen Welt, in der alle Fehler der Vergangenheit – bis hin zur Menschheit insgesamt in einer posthumanen Welt ohne uns – ausgemerzt und verschwunden sind. Leere und Gewalt – das wird eines der Leitmotive dieser Kulturgeschichte der Leere sein. Nicht zufällig ist der von Walter Benjamin im Jahr 1931 beschriebene »destruktive Charakter« eine Sozialfigur, die vor allem Platz schaffen und leerräumen will.⁴ Nicht zufällig wird die Leere bei der sogenannten »White Torture« auch als Foltermethode eingesetzt.⁵

Neben dem Anfang und dem Ende gibt es aber noch einen *dritten*, kulturell nicht minder wichtigen Topos der Leere: die Leere als Zwischenraum, als Brache etwa und ungenutztes *terrain vague*, als Pause und Leerstelle, als Lücke und Loch. »Die Löcher sind die Hauptsache / An einem Sieb«, heißt es in dem Motto von Joachim Ringelnatz, das diesem Prolog vorangestellt ist. Mit dem Kulturwissenschaftler Hartmut Böhme könnte man sagen, dass es sich bei dieser Hauptsache, den Löchern, um eine Form *geregelter Leere* handelt. Wofür diese geregelte Leere sorgt, ist *Differenz*. Beim Sieb zum Beispiel die Differenz von Loch und Material oder von in heißem Wasser schwimmenden und abgetropften Spaghetti. Aber auch bei einem Text wie diesem hier geht nichts ohne geregelte Leere und die Differenz zwischen Weiß und Schwarz. Ohne Abstände und Zwischenräume gäbe es keine lesbaren Zeichen, keine Buchstaben und Wörter, es gäbe nichts unterscheidbar Einzelnes, keine Struktur, letztlich keinen Sinn.[6]

Das heißt aber auch umgekehrt: Ohne all das Material, ohne all die schwarzen Zeichen gäbe es die Abstände und Zwischenräume nicht. Die Hauptsache am Sieb also, die Löcher, kriegen wir nicht ohne den ganzen Materialaufwand drumherum. Entsprechend wird auch diese Kulturgeschichte der Leere einen bestimmten Aufwand betreiben müssen, um vom Gegenteil – von Abwesenheit, Vakuum, Leere oder gar Nichts – sprechen zu können. Mehr noch: Dieses Buch möchte, indem es von der Leere spricht, auch das mit dem Begriff der Leere stets mitaufgerufene Gegenteil feiern – die Fülle und das Volle, das spürbar-materielle Drumherum. Denn diesen ganzen Aufwand um die Löcher herum nennen wir: Kultur.

Ironischerweise gibt es kulturgeschichtlich eine lange Tradition der Verwendung des Leere-Begriffs, die sich kritisch gegen die Kultur wendet. Leere bezeichnet in dieser Tradition die Hohlheit und Substanzlosigkeit unseres kulturellen Aufwands: von den differenziert-luxuriösen Maskeraden der Aristokratie bis hin zum Leerlauf der Konsumkultur. Leere kann aber auch das Gegenteil bezeichnen: die Befreiung von all dem unnützen, teuflischen Zeug der Kultur, den Ausweg aus Unruhe und Entfremdung. Nicht zufällig finden Sühne und Erleuchtung in zahlreichen Helden- und Heiligengeschichten oft im kulturlosen, menschenleeren Raum der Wüste statt. Und auch die apokalyptische Leere in Endzeitfilmen und Dystopien wird oft als verdiente Rache der Natur, als gerechte Strafe in Szene gesetzt, die dann vielleicht den Weg frei macht für einen

Neuanfang. All die Sintflut-Geschichten in den großen Kosmogonien und Schöpfungsgeschichten der Menschheit berauschen sich an dieser Phantasie und sind als *Tabula-rasa*-Erzählungen in der Regel immer beides: Auslöschung und Reinigung, Ende und Neuanfang.

Keine Kulturgeschichte der Leere ohne diese Tradition der Kulturkritik, ohne diese mächtigen Phantasmen und Narrative, deren erzählerischer Kraft man sich kaum entziehen kann. Aus historischer Perspektive ist diese Tradition aber auch nur Teil dessen, was sie kritisiert: Mit ihren Bildern, ihren Aufteilungen der Welt in Gut und Böse, ihren immer wieder variierten Dramaturgien führen die kulturellen Verhandlungen[7] der Leere notwendig zum Gegenteil: zu einer immer größeren Fülle an Geschichten und Bildern, zu fortwährenden Wiederholungen, Variationen und Vergleichen, zu Kritik und Kritik der Kritik. Mit William Shakespeare gesagt: zu *Much adoe about Nothing*, also zu viel Lärm oder Getue um Nichts, wobei zum kulturellen Getue nicht nur die schweren Zeichen und großen Erzählungen gehören, sondern auch die leisen Töne, all die wunderbaren Versuche, der Leere inmitten der Stimmen und Diskurse einen Raum zu geben, sie als Teil der Kultur ihrerseits zu kultivieren – in der Stille, in der bewussten, gedehnten Unterbrechung, im Spiel mit Zwischenräumen.

Die Prämisse dieses Buchs ist damit schon benannt: Es geht bei so einer Kulturgeschichte um nichts anderes als kulturelle Zeichen, um Erzählungen und menschliche Artefakte. Deshalb ist gerade dort, wo mit der Leere ein Diesseits oder Jenseits der Zeichen beschworen werden soll, Misstrauen angebracht. Keine noch so emphatische Beschwörung der Leere kann den kulturellen Raum der Relationen und Vergleiche verlassen. Der Begriff der Leere erweist sich dabei als »keine absolute, sondern eine relative Bestimmung, die sich auf Kontextbedingungen und Erwartungen bezieht«. Eine Wasserflasche zum Beispiel »wird als ›leer‹ bezeichnet, auch wenn streng genommen noch einige Wassertropfen darin sind; eine Lagerhalle wird als ›leer‹ erachtet, wenn keine oder kaum noch Güter darin lagern, auch wenn ihr Hohlraum mit Regalen ›gefüllt‹ ist«. Von Leere sprechen wir also immer dann, wenn etwas abwesend ist oder fehlt, »was irgendwo eigentlich sein sollte, was dort wesentlich sein sollte, wie das Wasser in der Wasserflasche und die lagernden Güter in der Lagerhalle, und zwar in nicht verschwindend geringer Menge«.[8]

Auch das Vakuum ist als luftleerer Raum nie restlos und vollständig leer. Über solche empirischen Reste hinaus, die gegen die Annahme absolut leerer Räume sprechen, ist Leere als absolute Bestimmung aber schon allein deshalb nicht möglich, weil Bestimmung und Bedeutung in der Welt der Zeichen nur durch Differenz zu anderen Zeichen möglich sind. »Ich habe – ich weiß nicht«, heißt es in Goethes *Werther*[9], und in diesem scheinbar leeren Zeichen des Gedankenstrichs, in dieser Auslassung und Leerstelle[10], tut sich nicht nur eine Poetik, sondern eine ganze Welt auf. Anders gesagt: Schweigen im kulturellen Raum der Zeichen ist immer beredt, womöglich sogar viel beredter als all die Zeichen drumherum. Auch wenn es nicht nur in bestimmten Traditionen der Mystik, sondern auch in der Moderne des 20. Jahrhunderts immer wieder Versuche gibt, möglichst nichts zu bezeichnen, der Leere Raum zu geben, lässt sich der Verweis der Zeichen auf andere, die Generierung von Bedeutung durch Differenz und Vergleich, das ganze Stimmengewirr der Kulturen, nie ganz außer Kraft setzen. »Eine echte Leere«, so Susan Sontag in ihrem Essay *Die Ästhetik des Schweigens*, »eine reine Stille kann es nicht geben – weder begrifflich noch in Wirklichkeit. Der Künstler, der Stille oder Leere produziert, muß, und sei es nur, weil das Kunstwerk in einer von vielen anderen Dingen erfüllten Welt existiert, etwas Dialektisches produzieren: ein erfülltes Nichts, eine bereichernde Leere, eine klangvolle Stille oder ein beredtes Schweigen. Schweigen bleibt unausweichlich eine Form des Sprechens (in vielen Fällen von Beschwerde oder Anklage) und ein Element in einem Dialog.«[11]

Das klingt vielleicht etwas abstrakt, hat aber sehr praktische Konsequenzen, und zwar nicht nur für die Kunst. Vielleicht nämlich führt es zu einem Misstrauen, das im 21. Jahrhundert wieder nützlich sein kann und das sich gegen jede Form politischer *Tabula rasa*-Erzählungen richtet. Es richtet sich gegen die kulturkritische Denunzierung von Kultur als Raum der Leerläufe und leeren Herzen und gegen das Pathos von Eigentlichkeit, Tiefe und Substanz. Es richtet sich aber auch gegen bestimmte Vermarktungen der Leere, die ihre Verstrickung in genau das, wogegen sich die Leere angeblich richtet, nicht reflektieren. »Je leerer ein Laden in einer belebten Einkaufsstraße aussieht«, so der Historiker Valentin Groebner, »und je geringer die Zahl von Kleidern, Schuhen oder Elektrogeräten, die darin vor minimalistischem makellosem sauberen Weiß oder Hellgrau ausgestellt werden, desto teurer sind diese Waren.«[12] Die Leere ist also auch das: ein großes Geschäft. Und mit diesem Geschäft können nicht nur wachsende Gewinne erzielt werden, sondern es kommt in der Summe einfach noch mehr Zeug in die Welt. Vor der Minimalismus- und Marie-Kondo-Mode, vor Apple und Patagonia gab es all die Millionen Ratgeber, iPads und Outdoor-Jacken eben noch nicht, die man fürs minimalistische Glück angeblich so benötigt. Nicht zuletzt auch die Vermarktung dystopischer Erzählungen ist ironischerweise ein sehr erfolgreiches Geschäftsfeld genau der Wachstumsökonomie, deren ›Erfolg‹ aufgrund ihres zu hohen Stoffwechsels mit der Natur schlichtweg keine Zukunft hat.

Das klingt jetzt sehr düster – fast schon nach negativer Dialektik. Und in der Tat: Diese Kulturgeschichte kommt, vor allem wenn sie von der dystopischen Leere am Ende handelt, am Düsteren nicht vorbei. Dass das Thema der Leere aktuell so präsent ist, hat nun einmal auch mit der Tatsache zu tun, dass einstmalige Normalitäten einer auf Wachstum und Verbrennung basierenden Überflussgesellschaft nicht zukunftsfähig sind. Wenn der notwendige Abschied von solchen Normalitäten gleich als totaler Weltuntergang erscheint, offenbart sich in den damit verbundenen Bildern absoluter Leere vielleicht vor allem eines: unsere mangelnde Phantasie.

Aber so wie es auf dem Feld der Endzeitgeschichten viele Schattierungen beim Schwarzsehen gibt und das dystopische Genre sich längst bereits selbst ironisiert, so gibt es auch in diesem Buch viel Heiteres und Helles. Nicht weil das Buch sonst eine Zumutung wäre, sondern weil die Leere selbst voller Ambivalenzen steckt. Wenn ein Philosoph wie Hegel zum Beispiel vor über zweihundert Jahren von der »Leerheit der mit dem Weltlaufe kämpfenden Rednerei«[13] spricht, meint er damit einerseits etwas politisch höchst Gefährliches, das von Robespierre bis Putin reicht. Andererseits aber hat diese Leerheit immer auch etwas Lächerliches. Und überall dort, wo dieses Lächerliche reflektiert wird, kann es nicht nur zu anderen, freieren Formen der Rede führen, sondern vielleicht insgesamt zu mehr Lockerheit. Denn Leere heißt eben auch – die (oft viel zu heiße) Luft herauszulassen.

I. Die Leere am Anfang

>»Das Universum [...] ist aus zweierlei zusammengesetzt:
>aus Körpern und aus Leere.«
>Lukrez, *Über die Natur der Dinge*[1]

Bevor Sie weiterlesen, schauen Sie vielleicht noch einmal nach links. Was Sie da sehen, ist einfach nur ein leeres, unbedrucktes Blatt. Solche sogenannten Vakat-Seiten, wie es in der Sprache des Buchdrucks heißt, stehen oft vor dem Anfang eines neuen Kapitels. Aber beim Lesen nehmen wir die ganzseitige Leere solcher Vakat-Seiten in der Regel nicht wahr. Dabei sind wir mit dieser leeren Seite bereits – *vor* dem vermeintlichen Anfang – mitten im Thema. Viele Begriffe werden uns auf den folgenden Seiten begegnen – Formulierungen und Termini wie *Vakuum*, *Horror vacui*, *Creatio ex nihilo*, *Chaos* –, und mit dieser unscheinbaren leeren Seite ist bereits ein erster wichtiger Begriff verknüpft: die sogenannte *Tabula rasa*.

Bezeichnet wurde damit in der Antike eine Wachstafel, die durch Abschaben der Schrift immer wieder neu beschriftet werden konnte. Bis heute spricht man davon, *Tabula rasa* zu machen, wenn man etwas Altes radikal hinter sich lassen und ganz neu anfangen will. In der Philosophiegeschichte stellte man sich die menschliche Seele immer wieder als eine solche Wachstafel vor: Am Anfang, in der Kindheit, sei sie, so die Auffassung von Platon bis John Locke, noch ganz leer wie ein unbeschriebenes Blatt, und erst im Laufe unserer Entwicklung werde sie durch Eindrücke und Erfahrungen nach und nach beschriftet, das Beschriftete immer wieder überschrieben.[2]

Der Autor Jean Paul sah im Jahr 1797 in einer Vakat-Seite, wie sie hier links zwischen Prolog und erstem Kapitel zu sehen ist, eine Art *Tabula rasa*: eine markierte Leerstelle im Buch – »zum Zeichen«, »das nächste Blatt sei ebenso unbewohnt und ebenso offen beliebigen Schreibereien«. Die Ironie dabei ist allerdings, dass dieses unbeschriebene Blatt bereits selbst eben ein *Zeichen* darstellt und auf unzählige bereits beschriebene Seiten der Philosophie- und Literaturgeschichte zum Thema *Tabula rasa* oder *page blanche*³ verweist. Der Ironiker Jean Paul weiß um solche Widersprüche und schlägt deshalb noch eine andere Lesart der Vakat-Seite am Anfang (und Ende) eines Buches vor. Vielleicht nämlich, so Jean Paul, »sind diese den Garten des Buchs einfassende leere Hahas auch die Wüsteneien, die ein Buch vom andern sondern müssen, wie große leere Räume die Reiche der Germanier oder die der Nordamerikaner oder die Sonnensysteme auseinanderstellen«.⁴

Ein »Ha-Ha« bezeichnet in der Gartenbaukunst einen Graben, der den Garten oder Park begrenzt und im Unterschied zu einer Mauer den Blick auf die umgebende Landschaft nicht verstellt. Das lautmalerische »Ha-Ha« hat mit dem Staunen zu tun, das sich einstellt, wenn man die tiefer gelegte Begrenzung plötzlich bemerkt. Beim leeren Haha am Anfang hätte man es dieser Lesart zufolge also mit keinem Nullpunkt, sondern bereits mit einem *Zwischenraum* zu tun. Schon am Anfang stünde nicht der mit der Leere verbundene Ernst des souveränen (Neu-)Anfangs, sondern das ans Komische grenzende Staunen über die eigene Begrenzung – inklusive der Gefahr, in den Graben zu stürzen. Immerhin aber ist die Aussicht gut.

Tohuwabohu

Wenn Jean Paul von leeren Hahas als »Wüsteneien« spricht, erinnert er damit nebenbei an *den* kanonischen Text zum Thema Leere und Anfang. In der ersten Gesamtausgabe der Lutherbibel von 1534 findet sich die bis heute prägende Formulierung *wüst und leer* wieder, die in der *Genesis* den Anfangszustand der Erde beschreibt: »Am anfang schuff Gott himmel vnd erden / Vnd die erde war wuest vnd leer / vnd es war finster auff der tieffe / vnd der Geist Gottes schwebet auff dem wasser.«⁵

Wüst und leer, das ist die Luther'sche Übersetzung der Formulierung תהו ובהו (*Tohuwabohu*) in der Hebräischen Bibel.⁶ In der Septuaginta lautet die griechische Übersetzung: ἀόρατος καὶ ἀκατασκεύαστος (*aoratos kai akataskeyastos*: ›unsichtbar und unbebaut‹). In der lateinischen Vulgata heißt es: *inanis et vacua* (›unbebaut und leer‹). Wie aber soll man sich dieses Unbebaute, Wüste und Leere vorstellen? Ganz leer ist es ja offenbar nicht: Immerhin gibt es »Finsternis«, und es gibt »Tiefe« und somit schon einmal die Differenz von oben und unten – anders als im Weltall. »Tiefe«, das ist in der Hebräischen Bibel תהום (*Tehom*) und bezeichnet einen Abgrund, tiefes Meer, unterirdisches Wasser oder Flut. Entsprechend gibt es in der *Genesis* von Anfang an immerhin bereits »Wasser«. Auch Luther betont in seiner *Genesis*-Vorlesung, dass man sich mit solchen Vorstellungen in den Text durchaus hineindenken könne: »Man merke, dass Erde und Wasser noch ineinander gemengt sind, es noch keinen Himmel gibt, sondern nur dicken Nebel.«[7] Der Text der Bibel greift mit solchen Vorstellungen auf eine Topik des Ungestalteten und Ungeordneten zurück, die in vielen Schöpfungsgeschichten, Kosmogonien und Theogonien verbreitet ist. Der im 6. Jahrhundert v. Chr. im Babylonischen Exil entstandene erste Schöpfungsbericht der *Genesis* (Gen 1,1–2,3) und vor allem die *Tabula-rasa*-Geschichte der Sintflut (Gen 7,1–8,19) stehen in engem Austausch mit den Ursprungs- und Schöpfungsgeschichten der altorientalischen Nachbarkulturen.[8] Die beiden früheren Schöpfungsmythen, das akkadische Atrachasis-Epos (um 1800 v. Chr.) und das sumerisch-babylonische Gilgamesch-Epos (3000–1200 v. Chr.), erzählen zwar nicht vom Anfang der Welt oder der Geburt der Götter, beide aber greifen ebenfalls auf den Mythos der großen Flut zurück. Sowohl ganz am Anfang als auch beim Neuanfang nach der großen Flut geht vielen altorientalischen Schöpfungsmythen zufolge offenbar nichts ohne Wasser.[9]

Wie aber ist zu erklären, dass am Anfang der *Genesis* von drei Entitäten – Wasser, Erde und Himmel – die Rede ist, wenn der Himmel doch erst am zweiten und die Erde als vom Wasser geschiedener trockener Boden erst am dritten Tag der Schöpfung entstehen? Die moderne Bibelexegese versteht wegen solcher Deutungsprobleme den Eingangsvers – »Am Anfang schuf Gott Himmel und Erde« – als einen das eigentliche Schöpfungswerk rahmenden Satz. Dieser Rahmen wird dann in Gen 2,4 geschlossen mit dem Satz: »So sind Himmel und Erde geworden, als sie geschaffen wurden.« Die Wendung »Himmel und Erde« meint demnach in Gen 1,1 noch keine voneinander unterschiedenen Bereiche, sondern einfach nur »Welt«[10], und das in Gen 1,2 genannte Tohuwabohu der »Erde« wäre nicht als Hinweis auf eine noch wüste und leere oder gar neblige Erdoberfläche zu verstehen, sondern als kulturell im 6. Jahrhundert v. Chr. verbreiteter *Chaos*-Topos.

Chaos ist zwar kein »quellensprachlicher Begriff« des Alten Testaments, als »metasprachlicher Ausdruck« ist er aber durchaus auf den Anfang der *Genesis* zu beziehen – wie überhaupt Gen 1,2 »nicht ohne Rückgriff« auf altorientalische und frühgriechische »Wissensmaterialien gedeutet werden« kann.¹¹ *Chaos*, griechisch χάος, bezeichnet als Gegenbegriff zu Kosmos das Ungeordnete. Etymologisch verweist χάος auf das Verb χαίνειν (*chaínein*: ›klaffen, gähnen‹) und geht im Griechischen mit der Semantik eines klaffenden, gähnenden Abgrunds, einer Schlucht oder gähnenden Leere einher. Es steht damit nicht nur im Zusammenhang mit dem hebräischen *Tohuwabohu*, sondern auch mit *Tehom*. Bis in die altnordischen Schöpfungsgeschichten reicht dieses semantische Netz des Gähnenden und Klaffenden. Auch in der mittelalterlichen *Edda* steht am Anfang ein gähnender Abgrund, eine Leere und Tiefe, anders aber als in der *Genesis* oder in *Enuma Elisch* offenbar ohne Meeresflut, ohne Erde und Himmel, also tatsächlich bis auf die Existenz von Göttern und Riesen ziemlich leer: »Urzeit war es, als Ymir lebte; / es gab weder Sand noch Meer noch kühle Wogen, / Erde existierte nicht noch Himmel darüber, / den Schlund der Urleere gab es, aber nirgends Gras.«¹² »Schlund der Urleere«, das ist im Altnordischen »gap ginnunga« oder »Ginnungagap«. Am Anfang aller Dinge also steht ein *gap*, eine Lücke, ein Zwischenraum – womit man wieder bei Jean Pauls leerem Haha wäre.

Creatio ex nihilo

Wie aber soll etwas klaffen oder gähnend leer sein, wenn es drumherum – anders als etwa beim weit aufgerissenen, gähnenden Mund – noch gar nichts gibt? Man kommt, wenn es um die ersten (und letzten) Dinge geht, kaum an solchen ketzerischen Fragen vorbei. Eine andere, naheliegende Frage dieser Art zitiert Augustinus in seinen *Bekenntnissen*, nämlich: »Was tat Gott, bevor er Himmel und Erde erschuf?« »Ich antworte«, schreibt Augustinus, »nicht mit dem Spaßwort, das einer, der Wucht der Frage ausweichend, erwidert haben soll: ›Er hat Höllen hergerichtet für Leute, die so hohe Geheimnisse ergrübeln wollen.‹«¹³ Augustinus hingegen legt großen Wert auf das Ergrübeln höchster Geheimnisse. Was also war *vor* dem Anfang, was um Gottes willen tat Gott eigentlich *vor* der Schöpfung? Hat er etwa »unzählige Jahrhunderte« vor dem ersten Schöpfungstag einfach nur müßig gar nichts getan?

Vor allem die jüdische Mystik und Kabbala hat sich an solchen Fragen abgearbeitet und den Ursprung der Welt vor der Schöpfung als *Zimzum*, als Leerraum schaffende Zusammenziehung und Selbstbeschränkung Gottes zu denken versucht.¹⁴ Augustinus' schlaue Lösung ist die

Gegenüberstellung von Zeit und zeitloser Ewigkeit: Gott kann vor der Schöpfung weder etwas anderes noch gar nichts getan haben, weil dieses Tun oder Nichtstun bereits Zeit in Anspruch genommen hätte, Zeit selbst aber bereits eine Schöpfung Gottes ist, also nicht vor der Schöpfung existieren konnte: »Da Du also gar aller Zeiten Wirker bist, wie kann man, wenn also doch etwelche Zeit gewesen wäre, ehvor Du Himmel schufst und Erde – wie kann man sagen, da seiest Du des Wirkens müßig gewesen? Eben diese Zeit auch hattest doch Du erschaffen, und Zeiten konnten nicht verfließen, ehe Du Zeiten erschufst.«[15] Noch Stephen Hawking, der berühmte Physiker, antwortet auf die etwas säkularere Frage: »Was war vor dem Urknall?« über 1500 Jahre nach Augustinus: »Nach der Keine-Grenzen-Hypothese ist die Frage, was vor dem Urknall war, sinnlos – so sinnlos wie die Frage, was südlich des Südpols ist –, weil es keinen Zeitbegriff gibt, auf den man sich beziehen könnte. Das Konzept der Zeit existiert nur innerhalb unseres Universums.«[16]

So sinnlos Bestimmungen wie ›damals‹ oder ›vorher‹ sind, wenn es noch keinen Zeitbegriff gibt, so sinnlos sind Bestimmungen wie ›leer‹ oder ›voll‹, wenn es noch keinen Raumbegriff gibt. Es wäre daher aus Augustinus' Sicht sinnlos zu sagen, die ›Welt‹ sei vor dem Urknall oder vor der Schöpfung leer gewesen. Theologisch ist ohnehin klar, dass es in der zeitlosen Ewigkeit vor der Schöpfung immer schon Gott gegeben hat.

Gott – und sonst nichts? Im christlichen Nachdenken über solche wuchtigen Ursprungsfragen taucht seit Augustinus an dieser Stelle nicht der Begriff der Leere auf, sondern der Begriff des »Nichts« und die sogenannte *Creatio ex nihilo*. »Wie hast Du Himmel und Erde erschaffen, o Gott?«, fragt Augustinus in seinen *Bekenntnissen*, und seine Antwort lautet: »Offenbar nicht im Himmel und nicht auf der Erde hast Du Himmel und Erde erschaffen [...]. Du hattest auch nicht irgendwas zuhanden, um hieraus Himmel und Erde zu erschaffen: woher auch sollte Dir dies kommen, ohne daß Du selbst es erschaffen hättest, damit Du daraus etwas erschüfest?«[17] Also, folgert Augustinus, »nur ›gesprochen‹ hast Du, ›und es ward‹, und in Deinem ›Wort‹ hast Du es erschaffen«. Aber auch da lässt Augustinus nicht locker und fragt weiter: »wie hast Du gesprochen?« Denn mit einer Stimme, deren Schallwellen sich räumlich und zeitlich verbreiten, kann dieses Sprechen nicht stattgefunden haben, da auch das bereits die Schöpfung von Zeit und Raum vorausgesetzt hätte. Selbst Augustinus scheint an dieser Stelle an die Grenzen seines Grübelns und seiner eigenen sprachlichen Schöpfung in den *Bekenntnissen* zu kommen, macht aber schnell aus der theologischen Not die Tugend einer wortreichen Grenzerfahrung: »Irgendwie sehe ich es ja, aber wie ich es ausdrücken soll, weiß ich nicht. [...] Wer kann es begreifen, wer erzählen?«[18]

Erzählen kann man den zeitlosen Zustand vor der Schöpfung schon deshalb nicht, weil das Erzählen aufs zeitliche Nacheinander des ›Und dann‹ und damit immer schon auf eine temporale Ordnung angewiesen ist, die erst mit der Setzung des Anfangs installiert wird. »Gründungsnarrative«, so der Literaturwissenschaftler Albrecht Koschorke, müssen sich »performativ selbst in Geltung setzen – in einer paradoxen Operation, weil sie ja erst die Codes etablieren, auf Grund derer solche Validationen erfolgen können«.[19]

Ein Anfang ist innerhalb der *Poetik* des Aristoteles etwas, »was selbst nicht mit Notwendigkeit auf etwas anderes folgt, nach dem jedoch natürlicherweise etwas anderes eintritt oder entsteht«.[20] Für Augustinus ist klar, dass es vor dem Anfang der Welt nichts anderes als Gott gab und Gott ohne jede Notwendigkeit, absolut frei, einen Anfang gesetzt hat, der nicht auf etwas anderes folgt, nichts anderes voraussetzt: »Und Gott sprach: Es werde Licht! Und es ward Licht.« Vorher gab es nach Augustinus' Lesart der *Genesis* buchstäblich nichts. Wobei dieses »Nichts« »nicht abstrakt als Gegenbegriff zum Sein, sondern konkret als Gegenbegriff zum schöpferischen Sein Gottes wie zum geschaffenen Sein der Welt verstanden sein will und deshalb weder als Erklärungsgrund noch als notwendiger Durchgangspunkt für das welthaft Seiende in Frage kommt«. Die *Creatio ex nihilo* »drückt, so verstanden, die souveräne, durch ›nichts‹ bedingte Freiheit aus, kraft der Gott die kreatürliche Wirklichkeit ins Dasein ruft, zieht damit aber auch einen unübersehbaren Trennungsstrich« zwischen Gott und Schöpfung.[21]

Mit dem Stand der heutigen *Genesis*-Exegese allerdings ist Augustinus' wirkmächtige Annahme einer *Creatio ex nihilo* nicht kompatibel: Wie gesehen sind Finsternis, Tiefe und Wasser in Gen 1,2 bereits vorgegeben: »Wie immer man die Syntax von Gen 1,1–3 beurteilt, der Konsens besagt: Der Rahmen Gen 1,1 + 2,4a spricht von der geordneten Lebenswelt, Gen 1,2 aber nennt (mesopotamische Vorbilder entmythologisierend) vorgegebene Größen, ohne deren Vorgegebenheit zu problematisieren, an denen Gott erschaffend handelt.«[22] Was die vorgegebene Größe der Wassertiefe oder Urflut impliziert, ist die bereits räumliche Struktur der ungeordneten Vorwelt, auch wenn Wasser und Erde noch nicht geschieden sind und vollständige Finsternis herrscht. Mit der Annahme eines solchen Raums ist es dann durchaus sinnvoll, von Leere zu sprechen: Die ungeordnete, mit Wassermassen gefüllte Welt, in der – auf dem Wasser – der Geist Gottes schwebt, ist insofern leer, als sie eben noch nichts von Gott Geschaffenes enthält. Die Formulierung vom Tohuwabohu, die sich nicht zufällig vor allem an ihrem eigenen Klang berauscht, stellt so gesehen eine Tautologie oder Nullaussage dar: Vor der Schöpfung gibt es logischerweise noch keine Geschöpfe. Das Tohuwabohu ist also, wenn man die Füllungen der sechs Schöpfungstage *ex negativo* auf die Welt vor der Schöpfung bezieht, *relativ* leer: ohne Licht, bodenlos, baum- und pflanzenlos, ohne Sonne, Mond und Sterne, eine Welt ohne Tiere und Menschen.

Für heutige, von jüdischen und christlichen Narrativen geprägte Ohren klingt das Tohuwabohu der Bibel nicht nur nach einer Ursprungsphantasie, sondern auch nach der *Tabula rasa* einer Endzeit. Und in der Tat taucht die Formulierung vom Tohuwabohu ein weiteres Mal in der Bibel an einer Stelle auf, wo es um die Verwüstung der Welt durch Gottes Gericht geht (Jer 4, 23 ff.): »Denn so spricht der HERR: Das ganze Land soll wüst werden [...]. Alle Städte werden verlassen stehen, sodass niemand darin wohnt.«

Von solchen apokalyptischen Bildern der Leere wird noch die Rede sein. Es gibt aber auch Ursprungsphantasien der Leere, denen solche negativen oder gar apokalyptischen Konnotationen fremd sind. Im Daoismus zum Beispiel steht am Anfang aller Dinge ein Prinzip, eine Kraft – das *Dao* –, das nicht wie in der *Genesis* ursprünglich eingreift, um die Leere zu füllen, oder das aus Zorn irgendwann erneut eingreift, um die Fülle der Welt wieder zu zerstören; vielmehr wird die Kraft des Dao selbst als gestalt- und tonlose Leere des Ursprungs gedacht, die nach dem Anfang weiter fortwirkt in der Welt und alles durchdringt. »Ein Wesen gibt es chaotischer Art, / Das noch vor Himmel und Erde ward, / So tonlos, so raumlos. / Unverändert, auf sich nur gestellt, / Ungefährdet wandelt es im Kreise. / Du kannst es ansehn als die Mutter der Welt. / Ich kenne seinen Namen nicht. / Ich sage *Weg* [*Dao*], damit es ein Beiwort erhält.«[23]

Auf dem Weg, den wir Menschen gehen, gilt es zwar immer wieder, sich auf dieses Prinzip zu besinnen, was nicht ohne die ein oder andere Kulturtechnik, also nicht ohne Disziplin und regelgeleitetes Tun denkbar ist. Jedes Tun, jede Regel aber verfehlt das Dao zugleich, füllt seine Leere mit Namen und überführt die mit ihm verbundene Kreisstruktur in eine zielgerichtete Linie. Daher die Vorliebe des Daoismus für Paradoxien und nicht auflösbare Gleichnisse: Tun gelingt nur durch Nicht-Tun, der Kern des Dao ist leer. Man könnte zusammenfassend sagen, dass der Daoismus kulturgeschichtlich ab etwa dem 4. Jahrhundert v. Chr. im Unterschied zur biblischen Schöpfungserzählung einen erstaunlich positiven Leere-Begriff etabliert. Aber schon dieses Positive und Begriffliche wäre angesichts des Dao *too much*. Dennoch gibt es im Daoismus durchaus auch die wortreiche Feier der Leere: »Am Uranfang gab es nichts, und nichts war benannt; daraus ging Eines hervor, als es das Eine gab, war es ohne Gestalt. Die Lebewesen empfingen von ihm das Leben – das ist die Lebenskraft«. Vollkommene Lebenskraft, so der chinesische Philosoph und Dichter Zhuangzi, »entspricht dem Ursprünglichen. Ihm zu entsprechen, bedeutet Leere; Leere bedeutet Größe.«[24]

Atome und leerer Raum

Da sich Kosmogonien für den Anfang und die weitere Entwicklung der Welt interessieren, wird die Welt, der Kosmos, nicht als ewig gedacht, sondern hat einen benennbaren Beginn und Verlauf. Schaut man sich die frühgriechischen »Wissensmaterialien« genauer an, die zum Verständnis der *Genesis* wichtig sind, liegt hier ein zentraler Unterschied: Auch bei dem vorsokratischen Philosophen Thales zum Beispiel ist wie in der Bibel oder in den altorientalischen Schöpfungsmythen das Wasser grundlegend für die Welt. Es findet bei Thales – im 6. Jahrhundert v. Chr. – aber keine Setzung des Anfangs im Sinne eines Schöpfungsakts statt, die Welt als Kosmos ist immer schon da, und weder Gott noch Götter spielen dabei eine Rolle.

Was das frühgriechische Denken umtreibt, ist die Frage nach Sein und Werden. Parmenides von Elea zum Beispiel vertritt die Auffassung, dass es seit jeher und für immer nur ein einziges Seiendes gibt. Es ist nicht entstanden und unzerstörbar, hat also weder Anfang noch Ende, und es ist strikt vom Nichtseienden zu unterscheiden. Diese Unterscheidung ist allerdings eine rein formale; da es nur das eine, ewige Seiende gibt, gibt es das Nichtseiende nur als argumentativ notwendigen (Gegen-)Begriff, nicht aber ontologisch in der Welt – etwa als Lücke oder leerer Zwischenraum im Seienden. Im Zusammenhang dieser Abgrenzung ist der

Begriff des Leeren bei den sogenannten Eleaten, also bei Parmenides von Elea, bei Melissos oder Zenon, erstmals bezeugt: »Auch ist kein Leeres. Denn das Leere ist nichts; also kann wohl, was nichts ist, auch nicht sein. Und es (sc. das Seiende) bewegt sich auch nicht. Denn es kann an keiner Stelle zurückweichen, sondern ist voll. Denn wenn Leere wäre, würde es (sc. das Seiende) in das Leere zurückweichen. Da aber Leeres nicht ist, hat es keine Stelle, an der es zurückweichen könnte.«[25]

Auch Empedokles, der im Unterschied zu Parmenides das Seiende als durch Liebe und Streit bedingte Bewegung unterschiedlicher Elemente denkt, vertritt die Auffassung, »*dass nichts leer ist*«: Zwischen den unterschiedlichen Elementen des Seienden oder zwischen den sich abwechselnden Zyklen von Verbindung und Trennung gibt es wie bei Parmenides keine Lücken: »Nichts ist frei [kenon] [d. h., es gibt keine ›All-freie‹ Zone]; woher sollte mithin etwas [zum All] hinzukommen?«[26]

Erst die sogenannten Atomisten – von Leukipp und Demokrit im 5. und 4. Jahrhundert v. Chr. über Epikur bis hin zu Lukrez – gehen in ihren naturphilosophischen Spekulationen davon aus, dass es Leere (κενός; kenós) gibt. In seiner großen Studie zur Theoriegeschichte des Begriffs spricht Ernst A. Schmidt bezeichnenderweise nicht von *der* Leere, sondern *dem* Leeren: »Weil nur von dem Leeren im naturphilosophisch-physikalischen Sinn die Rede ist, wird das Substantiv ›Die Leere‹ gemieden, um den Assoziationen dieses Begriffs aus Daseins- oder Existenzanalyse und Zeitkritik als Metapher insbes. für die Erfahrung von Sinnlosigkeit (›Sinnleere‹) und für Nihilismus aus dem Weg zu gehen.«[27] Auch wenn man solchen »Assoziationen« kulturgeschichtlich nicht aus dem Weg gehen kann und gerade aus den metaphorischen Übertragungen, den geschichtsphilosophischen, kulturkritischen oder ästhetischen Verhandlungen des Leere-Begriffs dessen bis heute spürbare soziale Energien hervorgehen, kann man doch erst einmal festhalten, dass der Begriff über die Naturphilosophie ins europäische Denken gelangt und in diesem Zusammenhang weder etwas mit Religion noch mit Mythologie, geschweige denn mit Kulturkritik oder Existenzanalyse zu tun hat.

Was *das* Leere bei den Atomisten bezeichnet, ist keine Metapher, sondern ein physikalischer Raum, ein Seiendes, das nichtstofflich ist, in dem sich aber eine unendliche Vielzahl von Seiendem, die sogenannten Atome, bewegen. Mit Parmenides und gegen Empedokles verstehen Leukipp und Demokrit die Atome als unteilbar, sie sind nicht entstanden und unzerstörbar, also ewig. Mit Empedokles und gegen Parmenides gehen die

Atomisten allerdings davon aus, dass es nicht nur das eine, unbewegte Seiende, sondern eine *bewegliche Vielzahl* von Seiendem gibt. Die Voraussetzung für dieses unterschiedlich Seiende und dessen Bewegung – das ist die entscheidende Neuerung der Atomisten – ist ein leerer, nichtstofflicher Raum. In der Welt insgesamt gibt es ontologisch nach Auffassung der Atomisten nur diesen leeren Raum und die sich in ihm bewegenden Atome – sonst nichts. Ohne Leere als Raum der Bewegung wäre alles Seiende in der Welt schlechterdings undenkbar. Fast zur gleichen Zeit wie die Daoisten in China kommen also auch die Atomisten im alten Griechenland zu einem positiven Begriff der Leere, dem nichts schöpfungstheologisch Defizitäres oder apokalyptisch Unheilvolles anhaftet.

Abgerechnet hat dann vor allem Aristoteles im vierten Buch seiner *Physik* mit dem atomistischen Begriff der Leere.[28] Viele Annahmen der Atomisten sind überhaupt nur indirekt durch Aristoteles' Kritik überliefert. Ausgehend von seinem Konzept der *Entelechie*, wendet Aristoteles ganz grundsätzlich die unumgängliche ›Haltlosigkeit‹ des Seienden im leeren Raum ein: Wenn in jedem Körper eine Art Programmcode steckt, der im Sinne der Entelechie ein bestimmtes Bewegungsziel, einen ›natürlichen‹ Zielort vorsieht, kann die Bewegung zu diesem Ziel unmöglich in einem leeren Raum stattfinden, da dessen Leere keinerlei Reibung bietet, er also auch keinen Halt, keinen Stopp des jeweiligen Körpers an einem bestimmten Ort erlaubt. Außerdem kritisiert Aristoteles *bewegungs- oder geschwindigkeitstheoretisch*, dass es bei der Annahme eines leeren, also reibungslosen Raums keine Erklärungsmöglichkeit für die unterschiedlichen Geschwindigkeiten von Körpern gibt; in einem leeren Raum mit der Dichte Null müssten sich alle Körper mit gleicher Geschwindigkeit bewegen. Doch der für Aristoteles entscheidende Einwand gegen das atomistische Konzept der Leere folgt aus seinem Begriff des *Ortes*. Für Aristoteles ist ein Ort keine Gestalt oder Form. Ein Ort ist auch kein Körper oder ein bestimmtes Material wie Wasser oder Luft, denn dann wären, wenn man z. B. einen Würfel in Wasser taucht, »an derselben Stelle zwei Körper«[29], was nicht möglich ist. Und ein Ort ist auch nicht einfach eine unabhängig von Körpern zu denkende räumliche Ausdehnung, also etwa der mit Luft oder Wein gefüllte Innenraum eines Krugs. Ein Ort ist für Aristoteles vielmehr »die Grenze des umgebenden Körpers, an der er das Umgebene berührt«[30], also, bezogen auf den Weinkrug, nicht der Innenraum, das Intervall zwischen den Wänden des Krugs, sondern die Innenseiten selbst, die innere Hülle des Krugs.[31]

Atome und leerer Raum

»Oft«, so Aristoteles, »wechselt das Umgebene und Getrennte, während das Umgebende verharrt, z. B. wenn Wasser aus einem Gefäß fließt. Deshalb hält man das Dazwischen für eine bestimmte Ausdehnung, denn es sei etwas außer dem Körper, der entfernt wird. Aber das stimmt nicht. Sondern irgendeiner von den Körpern dringt ein, die [von dem ausfließenden Wasser] verdrängt werden und von solcher Natur sind, dass sie angrenzen können.«[32] Die Ausdehnung bzw. Dreidimensionalität ist also keine Eigenschaft des Orts, in dem sich die Körper befinden, ausgedehnt sind nur »die in Bewegung befindlichen Größen« wie Wasser oder Luft. Weil die Luft »unkörperlich zu sein scheint«, hält man das Dazwischen im Inneren eines Gefäßes, aus dem man das Wasser gegossen hat, für leer und die Ausdehnung für eine vom jeweiligen körperlichen Inhalt unabhängige Größe.[33]

Modern gelesen klingt das insofern plausibel, als ja tatsächlich bis hin zu sogenannten Quantenfluktuationen immer irgendeine in Bewegung befindliche Größe ›da‹ oder möglich ist. Die Leere ist so gesehen ein bloßer Schein, das Dazwischen in einem Gefäß ohne Wasser erweckt lediglich den Eindruck, »als wäre es leer«.[34] Die Physik seit der Neuzeit hat dann auch empirisch gezeigt, dass dieser Schein trügt und sich so einiges im leeren Raum befindet. Von der Luft als Körper, der das Wasser oder den Wein als Körper im Krug ersetzt, wusste schon die Antike. Das Wissen um die molekulare Struktur der Luft aber war dann eine moderne Entdeckung – erst recht das Wissen um elektromagnetische Strahlung, Neutrinos aus dem All oder Quantenfluktuationen. Selbst im Weltall gibt es, wie wir wissen, nicht einfach nichts, sondern Wasserstoffatome oder die elektromagnetische Strahlung der Sonne. Hat also Aristoteles einfach nur den aus heutiger Sicht richtigen Gedanken formuliert, dass es ein perfektes Vakuum, in dem sich nichts Stoffliches, keinerlei Materie, keine in Bewegung befindliche Größe befindet, nicht gibt? Aristoteles so zu verstehen, wäre zu sehr von den Experimenten und empirischen Beobachtungen späterer Epochen her gedacht, von denen noch die Rede sein wird. Damit bei diesen Beobachtungen eine empirische Relativierung des Vakuumbegriffs einsetzen konnte, musste zunächst aber erst einmal erlaubt sein, das Leere als stofflosen, materiefreien Raum überhaupt zu denken. Und gegen genau diese (widerspruchsfreie) Denkbarkeit wendet sich Aristoteles mit allen Werkzeugen der Logik (und Rhetorik), die dieser große Philosoph zur Verfügung hat. Seine raumtheoretische Pointe ist dabei, dass es keinen unabhängig oder vorgängig zu denkenden leeren

Raum diesseits oder jenseits ausgedehnter Körper geben kann. Immer berührt ein Umgebenes ein Umgebendes, also etwa Wasser die Innenseiten des Krugs, die Erde die Lufthülle oder die Lufthülle die Himmelskugel etc.

Bezogen auf die temporale Vorgängigkeit des Leeren wirkt diese Pointe ebenfalls durchaus modern, da sie sich kritisch gegen die ursprungsphilosophische Annahme vieler Kosmogonien richtet, dass am Anfang erst einmal alles leer gewesen sein muss, bevor dann die Körper in die Welt kamen: »Dass der Ort eine bestimmte Sache außer den Körpern ist und dass jeder wahrnehmbare Körper in einem Ort ist, könnte man [...] wohl annehmen. Auch könnte man meinen, dass Hesiod das Richtige sagt, wenn er das *chaos* zum Ersten macht. Er sagt nämlich: ›Von allem zuerst entstand das *chaos*, dann aber die Erde mit ihrer breiten Brust.‹ Dabei unterstellt er, dass es zuerst Raum für die Dinge geben muss. Denn wie die meisten glaubt er, alles sei irgendwo und in einem Ort. Wenn es sich aber so verhält, dann wäre der Einfluss des Orts ein erstaunlicher und allem vorgängiger. Denn wenn ein bestimmtes Ding keines der anderen Dinge ist, es selbst aber ohne die anderen, dann muss es das erste sein. Der Ort wird ja nicht vernichtet, wenn vergeht, was in ihm ist.«[35] Aristoteles verfolgt das in seiner *Physik* nicht weiter: Die Atomisten sind bei aller Kritik die relevanteren Gegner, und Kosmo- oder Theogonien à la Hesiod interessieren Aristoteles schon deshalb nicht, weil er wie Parmenides alles Seiende als ewig und unentstanden, also ohne Anfang, denkt. Was kulturgeschichtlich vorerst aber den Leere-Diskurs prägt, ist Aristoteles' mächtiges Verdikt gegen die Leere, das viele Jahrhunderte lang das Weiterdenken der Atomisten verhindert.

Horror vacui

Eines der bis heute populärsten Schlagworte im Gefolge des aristotelischen Verdikts gegen die Leere lautet: *Horror vacui.*[36] Dahinter verbirgt sich die Vorstellung, dass es in der Natur eine grundsätzliche, überall zu beobachtende Abscheu vor dem Leeren gebe, einen natürlichen Hang der Natur, das Leere zu meiden und stets das Volle anzustreben. Virulent wird dieser Hang vor allem dann, wenn eine Substanz ihren Ort verlässt oder zu verlassen droht: Die Natur sorgt dann stets dafür, dass eine andere Substanz den frei gewordenen Ort wieder füllt. Oder sie hindert die Substanz scheinbar gegen deren Natur (etwa im Fall des eigentlich nach unten fließenden Wassers), den Ort zu verlassen. Wann diese Vorstellung aufkommt, ist nicht genau zu datieren. Die ersten eindeutigen Zeugnisse lassen sich erst im 13. Jahrhundert finden, also lange nach Aristoteles. Erst im Mittelalter scheint das Leere als so bedrohlich wahrgenommen zu werden, dass der *Horror* davor die gesamte scholastische Philosophie bestimmt. Aristoteles bildet mit seiner fundamentalen Ablehnung der Leere zwar die ideengeschichtliche Voraussetzung für den mittelalterlichen *Horror vacui*, bei ihm selbst aber findet sich kein vergleichbares Konzept.[37] Warum auch sollte es die Natur nötig haben, das Leere zu meiden, wenn es das Leere von Parmenides über Empedokles bis Aristoteles gar nicht gibt?

Die Experimente, auf die sich die mittelalterlichen Philosophen und Naturforscher bezogen, waren schon in der Antike bekannt, die Prämissen und Schlussfolgerungen aber waren andere. Das wohl berühmteste Experiment findet sich bereits bei Empedokles, der das Bild eines mit einem Wasserheber, einer sogenannten Klepshydra, spielenden Mädchens aufruft: »Stets wenn sie die Öffnung des Halses an ihre wohlgeformte Hand drückt und dann [den Bauch des Wasserhebers] in die feine Gestalt des silberglänzenden Wassers taucht, dringt kein Nass mehr [durch das unten angebrachte Sieb] in das Gefäß ein, sondern die Masse der Luft hält es ab, indem sie vom Gefäßinneren her auf die dichtgedrängten Löcher [des Siebes] fällt – bis das Mädchen seine Hand vom kräftigen [Luft-]Strom wegnimmt; dann aber, wenn [oben] der Lufthauch schwindet, dringt [unten] die entsprechende Wassermenge ein. In genau entsprechender Weise wird, wenn das Wasser die Tiefen des [emporgehobenen] Bronzegefäßes einnimmt und [oben] durch menschliche Haut Öffnung und Durchgang blockiert sind, das Nass durch die Außenluft abgewehrt, die [unten zum Sieb] hineinwill und an den Öffnungen des übel dröhnenden Siebes die Grenzen beherrscht, bis das Mädchen mit der Hand nachgibt; doch dann wiederum, wenn [oben] der Lufthauch einfällt, läuft umgekehrt wie zuvor die entsprechende Wassermenge unten heraus.«[38]

Taucht man die Klepshydra also ins Wasser, während man die Öffnung oben zuhält, dringt kein Wasser durch das Sieb am Boden, was für Empedokles beweist, dass Luft ebenso wie Wasser nicht nichts, sondern eine Substanz ist und mit ihrer Ausdehnung – da niemals zwei ausgedehnte Substanzen am selben Ort sein können – das Eindringen des Wassers verhindert. Die ins Wasser getauchte Klepshydra also enthält zwar kein

Wasser, sie ist aber nicht leer. Schon diese Erkenntnis ist alles andere als trivial und zeigt wie bei Aristoteles, dass der Schein trügen kann. Als Versuchsanordnung stellt Empedokles' Wasserheber-Beispiel das erste überlieferte Zeugnis einer experimentell gewonnenen philosophischen Erkenntnis dar.

Weltberühmt wurde das Experiment aber vor allem durch den weiteren Verlauf: Füllt man die eingetauchte Klepshydra mit Wasser, verschließt danach erst die obere Öffnung und hebt das Gefäß in die Luft, bleibt das Wasser im Gefäß und fließt erst dann durch das Sieb unten heraus, wenn man die Öffnung oben wieder freigibt. Die große Frage ist, warum das Wasser nicht das macht, was es sonst macht, nämlich einfach nach unten zu fließen. Empedokles' Antwort (in der Überlieferung durch Aristoteles) lautet: Es wird »durch die Außenluft abgewehrt«. Aber wieso wehrt die Außenluft das Wasser nicht auch dann ab, wenn die Öffnung oben nicht blockiert ist? Die mittelalterliche Antwort lautet: Das Wasser fließt deshalb nicht heraus, weil sonst ein Vakuum entstehen würde und die Natur ein solches Vakuum verabscheut.

Weder die Antike noch das Mittelalter kennen die physikalisch richtige Antwort: dass es der Luftdruck ist, der das Herausfließen verhindert. Empedokles scheint dieser Antwort mit seinem Hinweis auf die Außenluft immerhin näher zu sein als die *Horror vacui*-Argumente des Mittelalters. Vor allem aber ist er – wie die antiken Leere-Diskurse insgesamt – zumindest logisch konsistent und benötigt keine zusätzlichen Theorie-Konstrukte wie das des *Horror vacui*. Denn wenn man das Leere *entweder* zulässt wie die Atomisten und die Vertreter der sogenannten Poren-Theorie[39] *oder* es wie Empedokles mit guten Gründen bestreitet und von einer lückenlos gefüllten Welt ohne leeren Raum ausgeht, dann ist das Konzept des *Horror vacui* buchstäblich undenkbar und taucht deshalb auch in der Antike nicht auf.

Aber ist dann das *Horror vacui*-Konzept des Mittelalters einfach nur widersprüchlich und »wahnhaft«?[40] Bevor man hier vorschnell nur noch »logisches Harakiri«[41] sieht und das Mittelalter entweder gegen die Antike oder gegen die Moderne ausspielt, sollte man sich dreierlei vor Augen führen: *Erstens* ist es auch in der modernen Physik oft vor allem erst einmal »gute Praxis«, an bestimmten Prinzipien zur Erklärung von Phänomenen festzuhalten. »Genauso war es bis zu den Experimenten Torricellis auch von heute aus gesehen gute Praxis, am Prinzip des Horror vacui festzuhalten.«[42] *Zweitens* liegt das Spannende am *Horror vacui*-Konzept auch darin, dass es mit der (widersprüchlichen) Annahme einer Abscheu vor etwas, das noch gar nicht eingetreten ist (und eigentlich auch gar nicht eintreten kann), genau darauf verweist, was es selbst tabuisiert. Was beim mittelalterlichen Blick auf die Klepshydra stattfindet, ist so gesehen ein Gedankenexperiment, das bei Empedokles noch keine Rolle spielt und das ex negativo, wider die eigene Intention, zum radikalen Denken der Leere einlädt: Die Leere bei Empedokles ist beim mit Luft gefüllten Wasserheber zu Beginn des Experiments wie gesagt bloßer Schein; in Wirklichkeit ist das Gefäß mit Luft gefüllt und nicht leer. Würde aber, so die mittelalterliche *Horror vacui*-Hypothese, im späteren Verlauf des Experiments bei der vollständig mit Wasser gefüllten und oben geschlossenen Klepshydra womöglich doch das Wasser unten durch das Sieb fließen, dann würde zwischen geschlossener Öffnung oben und sinkender Wasseroberfläche kein nur scheinbar leerer, mit Luft gefüllter Raum entstehen, sondern tatsächlich ein Raum ohne Wasser und (weitgehend) ohne Luft. Evangelista Torricelli, von dem gleich die Rede sein wird, war dann der Erste, dem die Herstellung eines solchen luftleeren Raums gelang.

Drittens aber sind womöglich gerade die Widersprüche und Ambivalenzen an einem Diskurs interessant. Das *Horror vacui*-Konzept mit seinem wilden »Gemisch aus Anschauung und Logik«[43] und seinen endlosen scholastischen Verästelungen ist diskursgeschichtlich gerade deshalb so interessant, weil es dabei eben nicht mehr nur um Physik und Naturphilosophie im antiken Sinn, sondern auch um die christliche Frage nach dem Ort und der Allmacht Gottes und dem Status seiner Schöpfung geht. Hinter der drohenden Leere im Wasserheber verbarg sich letztlich nichts anderes als ein leerer, gottloser Himmel und die Leere einer Welt vor der Schöpfung, gar unabhängig von Gott, gegen die sich schon Augustinus zur Wehr gesetzt hatte.

Spätestens hier fangen dann jene Assoziationen und metaphorischen Übertragungen an, die über den vermeintlich rein naturphilosophisch-physikalischen Begriff der Leere weit hinausgehen. Innerhalb des christlichen Weltbildes aber waren es eben keine Metaphern, sondern metaphysische Wahrheiten, von denen buchstäblich alles abhing. Metaphysikgeschichtlich ging es beim Vakuum, wenn dieser Kalauer erlaubt ist, ans Eingemachte:

Die christlich-aristotelische Welt war eine kontagiöse Welt, alles stand mit allem in vermittelter Berührung. Nur der *horror* garantierte die Lückenlosigkeit des Prinzips der Fülle, die unmittelbar Ausdruck Gottes und seiner Allmacht war. Brach dieser *horror vacui* als Prinzip zusammen, so zersprang das Kontinuum Gottes. Wie sollte ein Gott, dessen Hypostase die Fülle des Seins und der Welten ist, im Nichts wohnen? [...] Man erkennt, daß es von hier aus nur ein Schritt zum metaphysischen Nihilismus ist.[44]

Vakuum-Experimente

Auch die neuzeitliche Physik war bis hin zu Galileo Galilei und René Descartes in der Frage des *Horror vacui* durchaus gespalten und lehnte das Konzept nicht einfach als Relikt mittelalterlicher Scholastik ab. Physikalische Klarheit kam erst Mitte des 17. Jahrhunderts durch die Experimente von Evangelista Torricelli, Blaise Pascal und Otto von Guericke in die Angelegenheit.

Am 11. Juni 1644 schreibt der italienische Naturforscher und Galilei-Schüler Torricelli einen Brief an den Mathematiker und späteren Kardinal Michelangelo Ricci und findet darin folgendes Bild für unser Leben innerhalb der Erdatmosphäre: »Wir leben«, schreibt Torricelli, »untergetaucht auf dem Grund eines Meeres von elementarer Luft, deren Gewicht ohne jeden Zweifel nachgewiesen ist.«[45] Dieses »Gewicht«, besser gesagt: dieser Druck der Luft, da ihre Kraft nicht nur nach unten, sondern nach allen Seiten wirkt, ist die nüchtern-physikalische Erklärung für all die Phänomene, hinter denen viele Jahrhunderte lang der *Horror vacui* vermutet wurde. Der Luftdruck und nichts anderes ist verantwortlich dafür, dass kein Wasser aus der Klepshydra hinausfließt, wenn man die Öffnung oben geschlossen hält. Bezogen auf die Frage, ob es so etwas wie ein Vakuum geben und, falls ja, ob man es herstellen kann, liegt das Hindernis nicht in einer fundamentalen Abscheu der Natur vor der Leere, sondern schlicht im Widerstand des Luftdrucks. Mit einer solchen Hypothese kann Torricelli ganz anders arbeiten als mit dem Dogma des *Horror vacui*. Der Weg ist von da an frei für jede Menge Experimente, die das Hindernis – das nun kein prinzipielles mehr ist – nicht nur effektvoll vorführen, sondern auch zu überlisten versuchen.[46]

In seinem epochalen Experiment ersetzt Torricelli Empedokles' Wasserheber durch ein langes Rohr, das auf einer Seite geschlossen, auf der anderen offen ist. In dieses Rohr füllt Torricelli kein Wasser, sondern viel schwereres Quecksilber, hält dann die offene Seite zu, dreht das Rohr,

Vakuum-Experimente

taucht es in eine Schale mit Quecksilber und gibt die Öffnung unten wieder frei. Was dann passiert, ist eine Sensation: Im Unterschied nämlich zur oben geschlossenen und unten offenen Klepshydra, aus der das Wasser nicht nach unten fließt, bewegt sich das Quecksilber im Rohr nach unten und fließt heraus. Bei einer Höhe von 76 Zentimetern sinkt der Quecksilberspiegel im Rohr nicht weiter ab. Oberhalb aber ist erstmals in der Geschichte ein künstlich hergestellter luftleerer Raum entstanden.

Und da es egal ist, welches Volumen dieser Raum je nach Höhe und Form des Rohrs hat, kann der Grund für das Sinken und Stehenbleiben nicht oberhalb des Quecksilbers liegen, sondern einzig und allein im Verhältnis zwischen dem Gewicht des Quecksilbers und dem Gewicht der Luft, das auf die Oberfläche des Quecksilbers in der offenen Schale drückt. Anders gesagt: Wenn das Quecksilber bei 76 Zentimetern Höhe aufhört zu sinken, muss dem Gewicht dieser 76 Zentimeter langen Quecksilbersäule das Gewicht der entgegengesetzt wirkenden Luft entsprechen. Wenn aus Empedokles' Klepshydra also unten kein Wasser fließt, liegt das nur daran, dass das Gewicht des Wassers geringer als der Luftdruck ist, der von unten gegen das Sieb drückt. Nicht irgendein *Horror vacui* verhindert das Herausfließen des Wassers, sondern die zu geringe Höhe des Rohrs.

Der französische Philosoph, Mathematiker und Physiker Blaise Pascal hat dann statt Quecksilber wie Empedokles wieder Wasser, dafür aber Röhren von etwa 13 Metern Länge verwendet, die er mit Hilfe kippbarer Schiffsmasten vor Publikum aufrichten ließ. Das Ergebnis: Analog zu Torricellis Quecksilber-Experiment hört der Wasserspiegel nicht bei 76 Zentimetern, sondern bei 10,3 Metern auf zu sinken, da Wasser um den Faktor 13,5 weniger wiegt als Quecksilber. Da Wein wiederum weniger als Wasser wiegt, liegt der Flüssigkeitsspiegel beim Wein noch höher. Welche Eigenschaften aber hat der Raum oberhalb der jeweiligen Flüssigkeitsspiegel? Für Torricelli wie Pascal ist klar, dass es sich um einen luftleeren Raum, ein Vakuum, handelt. Dass dieses Vakuum kein Gewicht hat, zeigt Pascal mit Hilfe einer langen Spritze: Taucht man die Spritze in Quecksilber und zieht den Kolben nach oben, folgt das Quecksilber nicht über die von Torricelli ermittelten 76 Zentimeter hinaus. Egal, wie weit man den Kolben der Spritze nach oben zieht – das Quecksilber bleibt auf der Höhe der 76 Zentimeter stehen, und der leere Raum oberhalb des Flüssigkeitsspiegels vergrößert sich immer mehr. Da das Gewicht der Spritze aber mit zunehmendem Vakuum stets gleichbleibt, folgt daraus, dass das Vakuum schwerelos ist.

Berühmt wurde Pascals Nachweis der Leere innerhalb der Leere (»vide dans le vide«). Dazu stellte Pascal Torricellis Quecksilber-Barometer in den Vakuum-Bereich eines zweiten, größeren Quecksilber-Barometers. Worum es Pascal über Torricelli hinaus ging, war die Frage nach dem Luftdruck als einer variablen Größe. Ohne jeglichen Luftdruck innerhalb der künstlichen Umgebung des »vide dans le vide«-Experiments sinkt die Quecksilbersäule des inneren Barometers erwartungsgemäß auf den Nullpunkt des Quecksilberniveaus in der Schale. Wie aber verhält sich die Quecksilbersäule in natürlicher Umgebung je nach Höhenlage, in der das Experiment stattfindet? Die Antwort war eigentlich klar: Je höher man steigt, desto geringer das »Gewicht« der umgebenden Luft, desto niedriger also die Quecksilbersäule. Zum Beweis ließ Pascal seinen Schwager das Torricelli-Experiment an der tiefsten Stelle von Clermont-Ferrand und auf dem Berg Puy de Dôme in Höhe von 850 Metern durchführen. Und in der Tat: Da die Luftmassen, die sich über uns befinden, in größerer Höhe geringer sind, nimmt auch das »Gewicht« der Luft, der Luftdruck, mit zunehmender Höhe ab. Die Quecksilbersäule sank auf dem Puy de Dôme also tiefer als die 76 Zentimeter, die auf Meeresspiegelhöhe bei normalen Wetterbedingungen gelten. Konsequent weitergedacht bedeutete dies nebenbei, dass jenseits der nach oben immer dünner werdenden Luftmassen unserer Atmosphäre, im Weltall, ein leerer, luftdruckloser Raum vorzufinden sein müsste.

Ähnlich spektakulär wie Pascals Experimente waren die Experimente des Politikers, Physikers und Erfinders der Luftpumpe, Otto von Guericke. Wie bei Torricelli und Pascal wurde das von den Atomisten 2000 Jahre zuvor »spekulativ geforderte Leere« von Otto von Guericke »experimentell hergestellt«[47]. Am berühmtesten wurde sein Experiment mit den Magdeburger Halbkugeln, das er 1654 mit sechzehn Pferden während des Reichstags in Regensburg vorführte. Dabei setzte er die beiden Halbkugeln aufeinander und saugte über ein Ventil die Luft heraus, so dass im Hohlraum zwischen den Halbkugeln ein Vakuum entstand. Da die Luft auf jeden Quadratzentimeter den gleichen Druck ausübt, der Druck also mit zunehmender Querschnittsfläche der Kugel steigt, konnte von Guericke berechnen, wie viele Pferdekräfte nötig sind, um dem Luftdruck entgegenzuwirken und die beiden Halbkugeln wieder auseinanderzuziehen. Acht Pferde auf jeder Seite reichten zur Verblüffung der Zuschauer nicht aus, um den allein vom äußeren Luftdruck zusammengehaltenen leeren Raum zu zerstören.

Angesichts solcher gewaltigen Kräfte, die scheinbar aus dem Nichts kamen, zeigte sich von Guericke anders als die scholastische Philosophie höchst fasziniert von der Leere und vom Nichts. »Es hat also jegliches Ding seine Stätte im Nichts«, schreibt er in seinen *Neuen (sogenannten) Magdeburger Versuchen über den leeren Raum*, »und wenn Gott das Gefüge der Welt, das er schuf, wieder zunichte machte, bliebe an seiner Stelle nichts als das Nichts, das Unerschaffene (wie es vor Anfang der Welt gewesen).« Für von Guericke ist das Nichts »aller Weisheit voll. Wo das Nichts ist, endet der Könige Machtgebot; das Nichts kennt kein Unglück. [...] Das Leere heißt man ein Nichts und den nur vorgestellten Raum, ja der Raum selbst soll ein Nichts sein.«[48]

Die Metaphern und metaphysischen Aufladungen der Leere kommen also nicht nur von außen, sie sind bei den Experimentalphysikern selbst bereits omnipräsent. Otto von Guerickes *Versuche über den leeren Raum* sind ein feierliches Amalgam aus empirischer Wissenschaft, stolzem Erfindergeist, politischen Seitenhieben gegen die scheinbare Macht der Könige und einer großen Portion protestantischer Theologie. Was für von Guericke zählt, ist die Macht hinter den Dingen. Kontinuierliches Sein und Werden wie in der griechischen Philosophie weichen dem Nichts als wirkender, disruptiver Kraft. Gott ist dabei nur ein anderer Name für diese gewaltige schöpferische und auch zerstörerische Kraft, die wie der Luftdruck aus dem Nichts kommt und die das scheinbar sichere Gefüge der Welt jederzeit wieder zunichte machen kann.

Metaphern der Leere

Während Otto von Guericke »seine Vakuumexperimente zwanglos mit einem radikal bildlosen, protestantischen Gottesbegriff verbinden (konnte), worin Gott mit dem Nichts koinzidiert«, war es der katholische Pascal, der »die Perspektive des Menschen in einer leeren Unendlichkeit radikal reflektierte«. Charakteristisch für die Diskussion im 17. Jahrhundert ist insgesamt nach Hartmut Böhme das »semantische Changieren zwischen Leere und Nichts«, das »nicht nur den alten Gedanken der *creatio ex nihilo* aufnimmt, sondern den metaphysischen Nihilismus gleichsam physikalisch untermauert«.[49]

Was die leere Unendlichkeit des Weltalls angeht, hatte Aristoteles in *Über den Himmel* noch argumentiert, dass es jenseits des Himmels, außerhalb unserer Welt, keine Körper gebe und es deshalb auch keine Leere außerhalb unserer Welt geben könne, da die Leere bei den Atomisten ja als Voraussetzung für die Existenz und die Bewegung von Körpern definiert ist. Erstaunlicherweise hatte bereits die mittelalterliche Naturphilosophie diese aristotelische Leugnung einer außerweltlichen Leere nicht einfach übernommen. Bei allem *Horror vacui* galt für die Annahme eines leeren, unendlichen Weltalls theologisch auch schon vor der Neuzeit kein Denkverbot.[50] Mit den Vakuum-Experimenten im 17. Jahrhundert wurde diese Annahme dann auch physikalisch erhärtet: Was sprach gegen die Möglichkeit eines materie- und luftleeren Raums oberhalb der Erdatmosphäre, wenn es einen solchen Raum bereits in Röhren hier auf der Erde gab? Und war es nicht einfach nur folgerichtig, von der Existenz eines solchen Raums im Weltall auszugehen, wenn man nachweisen konnte, dass der Luftdruck mit zunehmender Höhe abnahm?

Weder theologisch noch physikalisch ist für einen Denker wie Pascal die Existenz eines leeren, unendlichen Weltalls problematisch. Zum Problem wird die kosmische Leere durch den anthropologischen und ethischen Blick auf die menschliche Existenz. Wie sollen, wie können wir richtig und ohne Eitelkeit leben angesichts der Tatsache, dass wir eine so unbedeutende Position zwischen der Unendlichkeit des Alls und der Unermesslichkeit des atomaren Mikrokosmos einnehmen? »Denn was ist schließlich der Mensch in der Natur? […] Er ist gleichermaßen unfähig, das Nichts zu sehen, dem er entrissen wurde, und das Unendliche, das ihn verschlingt.«[51]

Pascals *Pensées* wimmeln nur so von solchen Bildern des Verlorenseins und Verschlungenwerdens, in denen die Metaphorik des Nichts und Nichtigen die der Leere mehr oder weniger abgelöst hat. Im Unterschied zu Otto von Guericke ist der Begriff des Nichts bei Pascal eindeutig negativ konnotiert. Der Begriff der Leere taucht jenseits der physikalischen Studien bei Pascal vor allem immer dann auf, wenn es um die Verurteilung menschlicher Zerstreuung und Ablenkung geht: Der Mensch, der seine Mittelposition zwischen Nichts und Unendlichkeit permanent verdrängt und sich vor nichts so sehr fürchtet wie vor der Langeweile, ist für Pascal »innerlich so leer«, dass die »geringste Kleinigkeit« ausreicht, sich zu zerstreuen[52]; auch ein mächtiger, scheinbar glücklicher König ist »ohne Zerstreuung ein Mensch voller Elend« und umgibt sich mit Spielen und Vergnügungen, »damit keine Leere entstehe«.[53] Seit Pascal taucht die

Metapher der inneren Leere geradezu inflationär auf. Auch Pascals Beispiel vom König wird als Topos der Kritik am vergnügungssüchtigen, gelangweilten Adel vor allem im bürgerlichen Zeitalter eine zentrale Rolle spielen. Aber nicht nur die bürgerliche Adelskritik, auch ganz allgemein die seit dem 18. Jahrhundert untrennbar mit der Moderne verbundene Kulturkritik als Kritik an Substanzverlust und Entfremdung kommt seit Pascal nicht mehr an Bildern der Leere vorbei. Die Rede von der *inneren Leere*, vom *leeren Herzen* und vom *Leerlauf* der modernen Welt mit all ihren Angeboten, die uns permanent in Unruhe versetzen und vom vermeintlich Eigentlichen ablenken, wird dabei so notorisch und populär, dass die kulturkritischen Metaphern der Leere ihrerseits zu leeren Phrasen zu werden drohen.

Natürlich kommt Pascals Welt- und Menschenbild kulturgeschichtlich nicht aus dem luftleeren Raum, sondern hat Vorbilder, die bis zum Prediger Salomo reichen. In der gesamten Kultur des Barock wimmelt es von ambivalenten Bildern der Vergänglichkeit und Nichtigkeit alles Irdischen. Auch die Kritik an den Reichen und Arroganten gibt es lange vor Pascals *Pensées* – etwa bei Luther, wenn er in der Nachfolge des jesuanischen Nadelöhr-Gleichnisses »die Reichen leer ausgehen« lässt und allen Hochmütigen zwar zugesteht, dass sie »voll« sein mögen »mit ihrer zeitlichen, kurzen, vergänglichen Weisheit«, sie aber »hinsichtlich der ewigen Weisheit« für »leer« hält.[54] Wichtig für die Verlagerung der Leere nach innen ist vor der neuzeitlichen Bewusstseinsphilosophie, vor Pietismus und Psychologie bereits im Mittelalter ein Mystiker wie Meister Eckhart. Leere ist bei ihm analog zur Physik räumlich gedacht, meint aber keinen Raum der äußeren, sondern der inneren Natur, der Seele: »Leer sein aller Kreatur ist Gottes voll sein, und voll sein aller Kreatur ist Gottes leer sein«, lautet ein zentrales Credo von Meister Eckhart.[55] Innere Leere ist also gerade nicht wie bei Pascal die problematische Kehrseite einer von Unruhe und Oberflächlichkeit geprägten Kultur. Wie im Daoismus oder bei den Atomisten ist Meister Eckharts Begriff der Leere positiv gedacht und beschreibt kein Defizit, sondern die Voraussetzung für Erleuchtung. Was ihn aber mit Pascal verbindet, ist die Feier der göttlichen Fülle, für die unsere Seele in der Abgeschiedenheit geleert werden muss und die einer falschen Fülle der Welt entgegengesetzt wird.

Die europäische Geschichte des Leere-Begriffs wird solche metaphysischen und kulturkritischen Entgegensetzungen bis in die Gegenwart hinein nicht mehr los. Im semantischen Changieren zwischen Leere und

Nichts, zwischen ontologischer und experimenteller Bejahung einerseits, *Horror vacui* und gähnendem »Abgrund«[56] andererseits schlägt sich die wechselvolle Geschichte des Leere-Begriffs nieder. Ästhetisch interessant wird es immer dann, wenn es auf der Bedeutungsebene um genau dieses Changieren geht. William Shakespeare zum Beispiel verhandelt in seinen Komödien und Tragödien immer wieder den Diskurs von Leere und Nichts und schlägt gerade aus den Ambivalenzen poetisches Kapital. So antwortet König Lears jüngste Tochter Cordelia auf die Frage des Vaters, welche seiner drei Töchter ihn am meisten liebe und was sie, Cordelia, im Wettbewerb der Schwestern um Lears Erbe zu sagen habe, mit: »Nichts, edler Vater.«

Lear: Nichts?
Cordelia: Nichts.
Lear: Aus nichts wird nichts. Sag etwas, noch einmal.[57]

Dabei ist gerade Cordelias einsilbiger Verzicht auf den eitlen und verlogenen Liebeswettbewerb Ausdruck ihrer Liebe zum Vater. Das aber versteht er nicht, zitiert nur den alten vorsokratischen Spruch, dass das Seiende nicht durch etwas Nicht-Seiendes entstehen könne, und bringt damit die tragische Handlung in Gang, die am Ende in Cordelias und Lears Tod mündet. Shakespeares Stücke stehen in vielfältigen Verhandlungen mit den Diskursen ihrer Zeit, so auch mit den physikalischen und theologischen Diskussionen um 1600 über die Leere und das Nichts. Der Pascal'sche Abgrund der Leere wird dabei von Shakespeare wohl am radikalsten in *Macbeth* in Szene gesetzt. Im moralischen Vakuum eines über Leichen gehenden Machtstrebens gibt es frei nach Gottfried Benn am Ende nur zwei Dinge: die Leere und unsere Gespenster. Fast schon wie bei Samuel Beckett erscheint das absurde Theater des Lebens dabei wie eine Geschichte, »Told by an idiot, full of sound and fury / Signifying Nothing«.

Wie im nächsten Kapitel zu sehen sein wird, arbeitet sich auch die Epoche um 1800 hartnäckig an der Leere und am Nichts ab. Das moralische Vakuum, das ein leerer, gottloser Himmel erzeugt, gehört dabei zu den drängendsten Problemen. Die Lücken und Leerstellen in der Welt und im Herzen drohen im Zuge dessen immer entsetzlicher zu werden. Andererseits aber führt gerade der moderne *Horror vacui* zu neuen, kühnen Ideen und befeuert die Einbildungskraft wie nie zuvor.

II. Substanzverluste

»so verlieren wir uns in eine bodenlose Leere,
[...] und indem wir so uns selbst ergreifen wollen, erhaschen wir,
mit Schaudern, nichts, als ein bestandloses Gespenst.«
Arthur Schopenhauer, *Die Welt als Wille und Vorstellung*[1]

Die Gipfel und hohen Bergflächen im Schnee, die Thäler hinunter graues Gestein, grüne Flächen, Felsen und Tannen. Es war naßkalt, das Wasser rieselte die Felsen hinunter und sprang über den Weg. Die Äste der Tannen hingen schwer herab in die feuchte Luft. Am Himmel zogen graue Wolken, aber Alles so dicht, und dann dampfte der Nebel herauf und strich schwer und feucht durch das Gesträuch, so träg, so plump.[2]

Wo sind wir hier? Was ist das für eine trostlose, menschenleere Landschaft? Wir befinden uns am Anfang einer Erzählung, die 1839 in der Zeitschrift *Telegraph für Deutschland* in mehreren Fortsetzungen erschien und ihrer Zeit so weit voraus war, dass erst das 20. Jahrhundert in den parataktischen Reihungen, den Rhythmen und Klängen dieser Prosa, in den fast abstrakten Flächen ihrer Bilder, im doppeldeutigen Grauen der hier beschriebenen Welt das radikal Neue entdeckte.

Es handelt sich bei der Erzählung um Georg Büchners *Lenz*. Ihre Hauptfigur ist Jakob Michael Reinhold Lenz, ein Dichter des Sturm und Drang, der sich fünfzig Jahre vor Büchners politischem Exil ebenfalls in Straßburg aufhielt und bei einer Reise in die Vogesen Anfang 1778 »halb verrückt wurde«.[3]

Büchner also richtet seinen Blick zurück auf die große Epoche der Aufklärung. Aber er erzählt nicht etwa von Amerika und dem »pursuit of Happiness« der Unabhängigkeitserklärung von 1776; er erzählt nicht von James Cook, der sich 1778 auf großer Weltreise im Pazifik befindet; er erzählt auch nicht vom brodelnden Paris, wo in den Salons über die Freiheit diskutiert wird, die man sich dann 1789 in Europa erstmals nimmt. Büchner erzählt nicht vom Optimismus der Aufklärung, von all den Aufbrüchen in Europa und Übersee. Büchner richtet seinen Blick vielmehr in die nasskalte, neblige Provinz. Sein Held ist kein Entdecker oder Revolutionär. Und wovon er erzählt, ist nicht Freiheit oder Glück, sondern »entsetzliche Leere«.[4]

In der »atheistischen Halbnacht«

Schon in einem anderen berühmten Text über einen anderen Unglücklichen des 18. Jahrhunderts, in Johann Wolfgang Goethes Roman *Die Leiden des jungen Werthers*, ist von einer entsetzlichen inneren Leere die Rede: »Ach diese Lücke! Diese entsetzliche Lücke, die ich hier in meinem Busen fühle«, schreibt Werther am 19. Oktober, wenige Monate vor seinem Selbstmord, und es ist klar, dass er sich wie so oft etwas vormacht, wenn er fortfährt mit der Bemerkung: »Ich denke oft, wenn du sie nur Einmal, nur Einmal an dieses Herz drücken könntest, diese ganze Lücke würde ausgefüllt seyn.«[5]

Büchners *Lenz* zitiert Goethes *Werther* immer wieder, und auch Lenz trauert einer Frau hinterher, die unerreichbar ist und einen anderen liebt – ein Leere-Topos, der bis zur Pop-Kultur der Gegenwart reicht.[6] Aber die Leere in Büchners *Lenz* ist nicht nur die unerfüllbare Sehnsucht des unglücklich Verliebten oder Verlassenen. Es ist zwar eine innere, ans Subjekt gebundene Leere, sie wird unmissverständlich »in ihm«[7] verortet. Zugleich aber bewegt sich dieses Subjekt mit seinen entsetzlichen Lücken auch »im Leeren« und »Nichts«[8] einer äußeren Welt, bei der nicht mehr zu unterscheiden ist zwischen Realität und Projektion.

Über Pascals Abgrund der eigenen Nichtigkeit geht diese Erfahrung der Leere insofern hinaus, als sie im 18. Jahrhundert – lange vor Nietzsches Formulierung vom Tod Gottes – mit einem vor allem in Frankreich verbreiteten atheistischen Diskurs einhergeht. Goethe etwa schreibt im Rückblick von *Dichtung und Wahrheit* über die Lektüre des französischen Aufklärers Paul Thiry d'Holbach und seiner Schrift *Système de la nature*: »Allein wie hohl und leer ward uns in dieser tristen atheistischen Halbnacht zu Mute, in welcher die Erde mit allen ihren Gebilden, der Himmel mit allen seinen Gestirnen verschwand.«[9] Büchner wiederum zitiert genau diese Goethe-Stelle, wenn er seine Hauptfigur bei seinen Irrgängen durchs Gebirge explizit mit dem Atheismus konfrontiert: »Lenz mußte laut lachen, und mit dem Lachen griff der Atheismus in ihn und faßte ihn ganz sicher und ruhig und fest [...] – es war ihm Alles leer und hohl [!], er mußte laufen und ging zu Bette.«[10]

Auch in Ludwig Tiecks *Aufruhr in den Cevennen* führt der Gang durchs karge, verlassene Gebirge zur Erfahrung des Atheismus – und zum Lachen:

[...] kein Baum, kein Strauch weit umher, kaum einzelne Grashalme auf dem dürren weißen Kalkboden, und so weit das Auge reicht, Blöcke, Gruppen, Massen von Kalksteinen in allen Formen [...]. Ich konnte mich nicht zähmen, ich mußte unaufhaltsam dem Triebe folgen, und mich durch lautes Lachen erleichtern. Da war kein Gott, kein Geist mehr, da war nur Albernheit, Wahnwitz und Fratze in allem, das kreucht, schwimmt und fliegt, am meisten in dieser Kugel, die denkt, sinnt und weint, und unterhalb frißt und käut.[11]

Wie bei Büchner richtet sich die Wahrnehmung auf weite, leere Flächen und auf die Formen der unbelebten Natur. Beseelt oder zweckmäßig zum Besten eingerichtet ist in dieser Natur gar nichts mehr. Wenn der Himmel leer ist, ist es auch die Erde – und umgekehrt. Die vielgestaltige Schöpfung der *Genesis* wird wieder auf Anfang gestellt, zu sehen ist kein lebendiges Gewimmel, kein organisches Wachstum, weder Flora noch Fauna, sondern nur Ödnis und Zerstörung. Nichts verweist in einer solchen Natur auf Gott oder zeugt von seiner schöpferischen Kraft. Stattdessen geht der Blick von den weißen Kalksteinmassen zur »Kugel«, d. h. zum ebenfalls aus Calcium bestehenden menschlichen Schädel als anatomischem Sitz von Sinnlichkeit und Verstand – und weiter nach unten, weg von »Geist« und Gehirn, dorthin, wo die Kugel aus Haut und Knochen »frißt und käut«. Tiecks Ich-Erzähler entpuppt sich hier also als Vertreter einer materialistischen Weltsicht, wie sie im 18. Jahrhundert von Denkern wie d'Holbach oder La Mettrie vertreten wurde. Natur erscheint aus dieser Sicht als nach mechanischen Gesetzen ablaufendes System, der menschliche Körper als Maschine. Kein Gott hat dieses System und diese Maschine eingerichtet. Die Steine sind nicht, wie etwa der Hofmeister Pangloß in Voltaires *Candide* behauptet, von Gott erschaffen worden, damit der Mensch sie behauen und schöne Schlösser daraus bauen kann.[12] An die Stelle physikotheologischer Zweckmäßigkeit oder pantheistischer Vergöttlichung der Natur tritt die in die Neuzeit übersetzte Sicht der Atomisten: Die Welt setzt sich aus Körpern zusammen und ist kausal erklärbar aus den Verbindungen und Abstoßungen dieser Körper. Für einen Gott ist da kein Platz. Sogar die in der Aufklärung verbreitete Annahme des Deismus, dass das mechanisch funktionierende Ganze wenigstens am Anfang von einem Uhrmacher-Gott geschaffen worden sei, der sich dann aus dieser besten aller möglichen Welten zurückgezogen habe, hat spätestens mit dem Erdbeben von Lissabon im Jahr 1755 ihre Strahlkraft verloren.[13]

Woher aber kommt bei Büchner und Tieck das Lachen? Es entsteht aus der Fallhöhe zwischen der Vorstellung einer ehemals göttlichen, beseelten Natur und dem kalten, materialistischen Blick auf Steine und Knochen. Wenn die Anschauung hinter den abstrakten Formen der Natur keine metaphysischen Kräfte mehr ausmachen kann, erweisen sich die entsprechenden metaphysischen Begriffe, »Gott« und »Geist«, als ebenso abstrakt und leer. Durch die Entzauberung verwandelt sich das ehemals Geglaubte ins Lächerliche.

Poetologisch führt das Lachen um 1800 zum Begriff des Witzes. In seiner *Vorschule der Ästhetik* weist Jean Paul auf die subversive, metaphysikkritische Dimension des Witzes hin. Als kombinatorische, erfinderische Kraft der Sprache nämlich, die nicht nur komische, sondern generell überraschende Effekte erzeugt und für poetische Freiheit sorgt, ist der Witz für Jean Paul ein »Geister- und Götter-Leugner«. Das liegt daran, dass er »an keinem Wesen Anteil (nimmt), sondern nur an dessen Verhältnissen; er achtet und verachtet nichts; alles ist ihm gleich, sobald es gleich und ähnlich wird«.[14] Der Witz in Kunst und Literatur ist ein verkleideter Priester, »der jedes Paar kopuliert«.[15] Die ästhetische Paarung selbst, die überraschende Kombination unterschiedlichster Wörter und Bildfelder, ist dabei der Witz – man denke etwa an Wortspiele, anagrammatische Verschiebungen, an Vergleiche und Metaphern, aber auch allgemein an Assoziation und Abschweifung.

Kein Wunder jedenfalls, dass die digressiven, abschweifenden Texte im 18. Jahrhundert eine Blütezeit erleben. Wenn beispielsweise in Jean Pauls Roman *Blumen-, Frucht und Dornenstücke oder Ehestand, Tod und Hochzeit des Armenadvokaten F. St. Siebenkäs* im ersten sogenannten Blumenstück eine atheistische Abschweifung eingeflochten wird – die berühmt-berüchtigte *Rede des toten Christus vom Weltgebäude herab, daß kein Gott sei* –, dann geht es dabei nicht nur inhaltlich um die Abwesenheit des göttlichen Vaters, sondern die Rede selbst erweist sich mit ihrem sprachlichen Witz, mit ihren Bildern und Vergleichen, ihren

Sprüngen und Querverweisen, als »Geister- und Götter-Leugner«, der im Grunde nur eines anbeten kann: sich selbst.[16] Indem die digressiven Texte des 18. Jahrhunderts sich in erster Linie für Verhältnisse und enzyklopädische Querverweise, für Unterbrechungen und Zwischenräume interessieren – ein Interesse, das zum Beispiel bei Laurence Sterne nicht nur am Anfang und Ende, sondern mitten im Roman Spielraum für leere Seiten lässt –, richten sie ihren Witz gegen das Erreichen irgendwelcher narrativen Ziele und untergraben die (lückenlose) Autorität jeder auktorial daherkommenden Erzählinstanz. Dieser Zusammenhang von Leere, Lachen und Subversion zieht sich dann, wie noch zu sehen sein wird, bis zu den dadaistischen und popkulturellen Lockerungen im 20. Jahrhundert.

Der Letzte Mensch (I)

Witz als Esprit, als spielerische, kreative Kraft meint etwas Performatives, geht einher mit bestimmten ästhetisches Verfahren einer *Ars combinatoria* und ist nicht an irgendwelche ›witzigen‹, lustigen Inhalte gebunden – obwohl der Witz auch von dieser Möglichkeit, wenn man etwa an all die komischen Zu- und Zwischenfälle bei Diderot oder Sterne denkt, immer wieder Gebrauch macht. Genauso gut aber kann sich der Witz als Gleich- und Ähnlichmacher auf die düsteren Bilder aus der Tradition des *Horror vacui* und der Apokalypse stürzen. Jean Pauls *Rede des toten Christus* ist ein beeindruckendes Beispiel dafür. Als witziger, d. h. an Verhältnissen und Differenzen interessierter Text kann er nicht einfach den Atheismus predigen oder die Apokalypse als narrative Schließung behaupten. Allein dadurch, dass die Rede als Traumerzählung eines Erzähler-Ich gerahmt wird, steht sie von vornherein in Anführungszeichen. Auch die von ihr enzyklopädisch aufgerufene Bildwelt der biblischen Apokalypse folgt einer kulturell so bekannten Topik, dass der endzeitliche Ernst und das Pathos transzendentaler Obdachlosigkeit immer als sekundäre Rede, als Zitat spürbar bleibt. Schon in der Offenbarung des Johannes tauchen ja die Bilder eines verfinsterten und sternenlosen Himmels auf, die Jean Paul beschwört und die bis heute unzählige Netflix-Dystopien prägen: »[…] da geschah ein großes Erdbeben, und die Sonne wurde finster wie ein schwarzer Sack, und der ganze Mond wurde wie Blut, und die Sterne des Himmels fielen auf die Erde«.

Auch das Ich bei Jean Paul sucht im »ausgeleerten Nachthimmel die Sonne«, aber im Unterschied zur Offenbarung des Johannes berichtet der im Traum auf den Kirchenaltar herabgekommene Christus davon, wie er »mit den Milchstraßen durch die Wüsten des Himmels« geflogen sei und wie er aufgeblickt habe »zur unermeßlichen Welt nach dem göttlichen *Auge*«, wie diese Welt ihn aber »mit einer leeren bodenlosen *Augenhöhle*« angestarrt habe, »denn Er ist nicht!«[17] Man nehme also die bereits in der Bibel zu findende Metaphorik des Kosmologischen und Eschatologischen, lasse aber nicht nur Sterne herunterfallen und eine Sonnenfinsternis hereinbrechen, sondern spinne die Entleerungen und Verfinsterungen einfach ›witzig‹ weiter und lande schließlich – in einem Traum und ironischerweise dem göttlichen Sohn in den Mund gelegt – bei der Predigt eines vaterlosen Himmels, beim Bild einer leeren Augenhöhle, einem schwarzen Loch.

Voltaire sprach in seinem *Candide* spöttisch von der »Metaphysico-theologico-kosmolonarrologie«[18] und meinte damit eine von Leibniz' Vorstellung der besten aller möglichen Welten geprägte und von Aufklärern wie Christian Wolff popularisierte Philosophie, die mit ihren lückenlosen Deduktionen noch den banalsten oder schrecklichsten Phänomenen ihren Platz in der göttlichen Ordnung zuweisen konnte. Die »Kosmolonarrologie« wird um 1800 von Autoren wie Jean Paul fortgesponnen, und das Metaphysisch-Theologische ist als Zitat stets präsent – was aber abhanden gekommen scheint, ist der das Erzählen regierende Glaube an die göttliche Ordnung. Ermöglicht werden dadurch entfesselte, albtraumhafte Bilder einer radikalen Endzeit ohne göttlichen Richter und einer kosmologischen Leere, die alles umfasst.

Bei Jean Paul gibt es neben dem Ich immerhin noch den wortreich und gebildet redenden Christus, außerdem die Schatten der Toten und die aus ihren Gräbern steigenden Kinder, die allesamt Waisen sind. Das Ich aber ist auf dem Gottesacker der einzige noch lebende Mensch. Dieser Topos des Letzten Menschen ist es, der um 1800 immer wieder mit der Vorstellung kosmologischer Leere einhergeht. Auch in Büchners *Lenz* gibt es Szenen, die diesen Topos zitieren, wenn Lenz allein durchs Gebirge streift, weit entfernt vom geordneten Leben der gläubigen Gastgeberfamilie, in einer auf geometrische Formen und Grauwerte reduzierten, fast abstrakten Natur: »so weit der Blick reichte, nichts als Gipfel, von denen sich breite Flächen hinabzogen, und alles so still, grau, dämmernd; es wurde ihm entsetzlich einsam, er war allein, ganz allein«.[19]

Auch im Märchen der Großmutter in Büchners *Woyzeck* ist das Kind »ganz allein«, und dieses Alleinsein bezieht sich nicht nur darauf, dass das Kind eine Waise ist, sondern wird kosmologisch gedacht:

Es war einmal ein arm Kind und hat kei Vater und kein Mutter war Alles tot und war Niemand mehr auf der Welt. Alles tot, und es ist hingangen und hat gerrt Tag und Nacht. Und wie auf der Erd Niemand mehr war, wollt's in Himmel gehen, und der Mond guckt es so freundlich an und wie's endlich zum Mond kam, war's ein Stück faul Holz und da ist es zur Sonn gangen und wie's zur Sonn kam, warn's klei golde Mücke, die warn angesteckt wie der Neuntöter sie auf die Schlehe steckt und wie's wieder auf die Erd wollt, war die Erd ein umgestürzter Hafen und war ganz allein und da hat sich's hingesetzt und gerrt und da sitzt' es noch und ist ganz allein.[20]

Bis hin zu Friedrich Nietzsche – »Irren wir nicht wie durch ein unendliches Nichts? Haucht uns nicht der leere Raum an?«[21] – oder einem Weltraum-Film wie *Gravity* von Alfonso Cuarón reicht die Topik von Einsamkeit und kosmologischer Leere. Einer der wichtigsten Texte um 1800 in dieser Bildtradition ist Lord Byrons Poem *Darkness*. Wie bei Jean Paul wird die Phantasmagorie des Gedichts als Traum erzählt: »I had a dream, which was not all a dream«, und durch die Rahmung der Traumerzählung erteilt sich der Text wie bei Jean Paul die Lizenz zu einem Feuerwerk apokalyptischer Bilder:

[...] The world was void,
The populous and the powerful was a lump,
Seasonless, herbless, treeless, manless, lifeless –
A lump of death—a chaos of hard clay.
The rivers, lakes and ocean all stood still,
And nothing stirr'd within their silent depths;
Ships sailorless lay rotting on the sea,
And their masts fell down piecemeal; as they dropp'd
They slept on the abyss without a surge –
The waves were dead; the tides were in their grave,
The Moon, their mistress, had expired before;
The winds were wither'd in the stagnant air,
And the clouds perish'd; Darkness had no need
Of aid from them – She was the Universe.[22]

Bereits 1802 schreibt der englische Dichter Samuel Taylor Coleridge in einem Brief an Sara Hutchinson, dass sein Sohn den ganzen Tag daran denke, was wäre, »wenn es Nichts gäbe! Wenn alle Männer & Frauen & Bäume & Gräser und Vögel & Tiere & der Himmel & der Erdboden, wenn alles verschwunden wäre«.[23] Der paradoxe Witz ist natürlich auch bei dieser radikalen Entleerung der Welt, dass *ex negativo* in einer Art inverser Schöpfungsgeschichte genau das sprachlich aufgefahren wird, was eigentlich zum Verschwinden gebracht werden soll: »Männer & Frauen & Bäume & Gräser« etc. Auch in Byrons *Darkness*-Gedicht füllen die Bilder nach der Aussage »The world was void« die Welt unserer Phantasie, und was sich einprägt, ist inmitten der dunklen, menschenleeren Welt etwas durchaus (noch) Substantielles: die verrottenden Schiffe mit Masten, die stückweise herunterfallen – so wie dieser radikale Text eben auch nur stückweise die Leere in Szene setzen kann.

Da das Gedicht einen erzählerischen, zeitlichen Verlauf hat, gehen der relativen Leere und Dunkelheit am Schluss nicht nur irgendwelche verrottenden Schiffe voraus. Der Topos vom Letzten Menschen ist in genau diesem erzählerischen Vorfeld vor dem im Grunde unerzählbaren endgültigen Ende angesiedelt. Und dieses Vorfeld ist trotz aller kosmologischen Metaphern sehr konkret auf der Erde verortet. Im Fall von Byrons *Darkness*-Gedicht liegt das nicht zuletzt daran, dass es in Europa ein sehr konkretes, ungewöhnliches Wetter-Ereignis gab, im Zuge dessen die im Gedicht dargestellte Dunkelheit und Kälte alles andere als bloß metaphorisch erscheint: 1815 war der indonesische Tambora-Vulkan ausgebrochen, und die gewaltige Schwefelwolke der Explosion verdüsterte 1816 nicht nur weite Teile der Welt, sondern ließ auch die Temperaturen spürbar sinken.[24]

Zwar beginnt Byrons Gedicht nach der Traum-Rahmung mit einem kosmologischen Blick. Doch im Folgenden wird der Blick auf das noch vorhandene Leben auf dieser eisigen Erde und die aussterbenden Letzten Menschen gerichtet. Die Throne der Könige etwa werden auf dieser Erde nur noch als Brennholz gegen die Kälte gebraucht. Alle Häuser der Menschen brennen, und auch die Wälder werden in Brand gesteckt, bis nur noch Asche übrig ist. In dieser kalten Welt ist keine Liebe übrig: »no love was left«, und in ihrem Hunger fangen die Menschen an, sich gegenseitig zu essen: »The meagre by the meagre were devour'd, / Even dogs assail'd their masters.« Bevor die Welt dann schließlich vollkommen menschenleer wird, bleiben noch zwei Letzte Menschen übrig, die aber nicht – wie es etwa das eschatologische Konzept der Arche in der Sintflut-Geschichte vorsieht – zu einem sich fortpflanzenden Paar oder wenigstens zu sich tröstenden Freunden werden. Nein, die beiden letzten auf dieser Erde verbliebenen Menschen sind *Feinde*, die beim Anblick des anderen zu schreien anfangen und schließlich sterben wie alle anderen auch.

»Seit 1800«, so der Literaturwissenschaftler Manfred Schneider, »kommt die Literatur nicht mehr von dem Gedanken los, dass es einmal wieder eine menschenleere Welt geben könnte.«[25] Einer der ersten Texte, in denen dieser Gedanke ›witzig‹ und bildgewaltig entfaltet wird, ist Jean Pauls Erzählung *Die wunderbare Gesellschaft einer Neujahrsnacht* aus dem Jahr 1801:

Es gibt einmal einen letzten Menschen – er wird auf einem Berg unter dem Äquator stehen und herabschauen auf die Wasser, welche die weite Erde überziehen – festes Eis glänzet an den Polen herauf – der Mond und die Sonne hängen ausgebreitet und tief und nur blutig über der kleinen Erde, wie zwei trübe feindliche Augen oder Kometen [...] Schau auf zum Himmel, letzter Mensch! Auf deiner Erde ist schon alles vergangen – deine großen Ströme ruhen aufgelöset im Meere.[26]

Der erste Roman, der sich ganz dem Topos vom Letzten Menschen widmet, ist Jean-Baptiste Cousin de Grainvilles *Le Dernier Homme*. 1823 erscheint Thomas Campbells Poem *The Last Man*. Drei Jahre später veröffentlicht Mary Shelley, die 1816 die Auswirkungen des Tambora-Ausbruchs zu Gast bei Lord Byron in Genf miterlebte und dort ihren Roman *Frankenstein oder Der moderne Prometheus* schrieb, ihren zweiten Roman *The Last Man*. Schon *Frankenstein* war als moderne Prometheus-Geschichte ein trauriges Buch über die Schattenseiten des Fortschritts. *The Last Man* überträgt diese Trauer auf ein Endzeit-Szenario, in dem der Traum vom Fortschritt bereits ausgeträumt ist, bevor er sich zum Wohl aller Menschen in der Welt verbreiten kann. Was sich stattdessen verbreitet, ist eine die gesamte Weltbevölkerung auslöschende Pandemie. Der einzige Überlebende ist Lionel Verney, ein kultivierter Europäer, der durch die leere Welt nach Rom reist. Nicht nur ist in so einer großen Stadt die Wahrscheinlichkeit am größten, vielleicht doch noch andere Überlebende zu finden. Rom ist als »Hauptstadt der Welt« auch »die Krönung der Errungenschaften des Menschen«. Jeder Stein, jedes

Gebäude zeugt in Rom von den kulturellen Leistungen des Menschen; »die Stimme der Vergangenheit strömt in stillen Schwingungen von diesen stummen Dingen aus«.[27] Diese Form gespeicherter Vergangenheit ist neben Bildern und Büchern schon mal besser als nichts. Worum es Verney geht, ist klagloses Tätigsein im Geist all der kulturellen Errungenschaften früherer Generationen. Zwar lebt er auch deshalb weiter, weil er in »dieser leeren Welt« durchaus noch die sichtbaren Gesetze eines »unsichtbaren Gottes« erkennt; was ihn aber tagein tagaus motiviert, ist das kultivierte Leben eines modernen Menschen, der vor der großen Seuche gemeinsam im Kreis Gleichgesinnter auf der Seite des Fortschritts stand. Als Letzter Mensch einer untergegangenen Kultur reitet Lionel Verney in der Campagna und geht auf die Jagd, er besucht Galerien und Bibliotheken, immerhin hat er einen Hund als Gefährten, und er schreibt seine Geschichte auf, die die Geschichte des vorliegenden Romans ist. Nach Abschluss seines Schreibprojekts allerdings, durch das die früheren Gefährten wenigstens auf dem Papier kurzzeitig wieder auferstehen, fühlt Verney erneut, wie allein er ist. Der Langeweile versucht er am Ende des Romans dann dadurch zu entkommen, dass er »Gefahr« und »Veränderung« auf weiteren Reisen sucht. Und auch wenn es keine Hoffnung mehr auf die Vielfalt und Abwechslung unter Menschen gibt, will Verney wenigstens »Zeuge der vielfältigen Erscheinungsformen sein, die die Elemente annehmen können«.[28] Wenn es also schon keine Menschen mehr gibt, sorgen wenigstens Erde, Feuer, Wasser und Luft für die nötige Abwechslung. Immerhin sind Endzeiten ja seit jeher die besten Zeiten für Erdbeben und Vulkanausbrüche, für Eiszeiten und Überschwemmungen, für Kometeneinschläge und Sonnenfinsternisse.

Wobei solche Ereignisse »von der schrecklichen Art«, wie Immanuel Kant in seinem Aufsatz *Das Ende aller Dinge* schreibt, eigentlich nicht am sich hinziehenden Ende einer Endzeit stehen, sondern eher »*Vorzeichen des jüngsten Tages*« sind.[29] Allerdings ist Kant, den die Vorstellung vom Ende aller Dinge vor allem in moralischer Hinsicht interessiert und der in den christlichen Endzeit-Vorstellungen bei allem Schrecklichen eher »noch etwas *Liebenswürdiges*«[30] sieht, noch nicht mit Lord Byron oder Mary Shelley konfrontiert. So wenig ein Subjektphilosoph wie Kant mit dem Verschlungen- und Vernichtetwerden des Ich in der daoistischen oder buddhistischen Philosophie anfangen kann, »von welchem Zustande die Vorempfindung zu haben, sinesische Philosophen sich in dunkeln Zimmern, mit geschlossenen Augen, anstrengen«[31], so absurd und unmoralisch wäre Kant wohl ein Gedicht wie Lord Byrons *Darkness* vorgekommen. Für Kant nämlich gibt es nur zwei Endzeit-Konzepte: das *unitaristische*, das allen Menschen am Ende »durch mehr oder weniger lange Büßungen« ewige Seligkeit verheißt; oder das (von ihm moralphilosophisch favorisierte) *dualistische*, das nur einigen Auserwählten ewige Seligkeit, dem Rest aber ewige Verdammnis in Aussicht stellt. Ein apokalyptisches Narrativ, »wornach alle *verdammt* zu sein bestimmt wären, konnte wohl nicht Platz finden, weil sonst kein rechtfertigender Grund da wäre, warum sie überhaupt wären erschaffen worden; die *Vernichtung* aller aber eine verfehlte Weisheit anzeigen würde, die, mit ihrem eignen Werk unzufrieden, kein ander Mittel weiß, den Mängeln desselben abzuhelfen, als es zu zerstören«.[32] Um 1800 aber wird eine solche nachträgliche und vollständige Zerstörung der Schöpfung, die Vernichtung *aller* Menschen plötzlich denkbar und erzählbar. Und wenn dabei (vorerst noch) ein Letzter Mensch übrigbleibt, ist er kein selig Auserwählter mehr wie Noah in seiner Arche, sondern selbst ein Verdammter, der sich in einem Albtraum aus Leere und Langeweile wiederfindet.

Die Leere des Subjekts

Was Jean Paul über den Witz gesagt hat, gilt für die Aufklärung insgesamt: Sie ist, auch wenn die meisten Aufklärer keine Atheisten waren, ein »Geister- und Götter-Leugner«. Das Zwielichtige der Epoche hat nicht zuletzt mit den Substanzverlusten und Entleerungen zu tun, die sie in Gang setzt. Diese Entleerungen betreffen *religionskritisch* Himmel und Jenseits[33], sie betreffen *moralphilosophisch* die Frage, wie wir ohne Religion unser Zusammenleben regeln sollen, sie betreffen aber auch *bewusstseinsphilosophisch* die seit Descartes aufgeworfene Frage nach dem Subjekt. Denn, so paradox es zunächst klingen mag: Die Leere ist, wenn man sich die bewusstseinsphilosophischen Gründungsdiskurse genauer anschaut, geradezu konstitutiv für das Subjekt – ausgerechnet für die Instanz also, die seit Descartes' *Ich denke, also bin ich* das grundlegende *fundamentum inconcussum*, das einzig zuverlässige und unerschütterliche Fundament für unser Denken und Handeln liefern soll.

Am Anfang der neuzeitlichen Bewusstseins- und Subjektphilosophie steht bezeichnenderweise die radikale Abstraktion von der gegenständlichen Außenwelt. Thomas Hobbes denkt diese Abstraktion, die von den täuschenden Sinnen zu Erkenntnissicherheit führen soll, bezeichnenderweise als Vernichtung der Welt. Das Subjekt der Erkenntnis wird entsprechend in einem leeren Raum verortet und ist ähnlich wie der Letzte Mensch ein (erkenntnistheoretisch) Übriggebliebener. »Die Philosophie der Natur werden wir am besten«, so Hobbes in seiner Schrift *Vom Körper*, »mit der Privation beginnen, d. h. mit der Idee einer allgemeinen Weltvernichtung. Gesetzt also, alle Dinge wären vernichtet, so könnte man fragen, was einem Menschen (der allein von dieser Weltvernichtung ausgenommen sein soll) noch als Gegenstand philosophischer Betrachtung und wissenschaftlicher Erkenntnis übrig bliebe oder was zum Aufbau der Wissenschaft zu benennen dann noch Anlaß hätte.«[34]

Auch Descartes geht in seinen *Meditationen* von einer solchen Weltvernichtung aus und bezieht sie auch auf das Subjekt. So wie die Gehirne von Verrückten durch den »Dampf aus ihrer schwarzen Galle« so geschädigt sein können, dass sie sich einbilden, mit Purpur bekleidet zu sein, obwohl sie eigentlich nackt sind, und so wie ich als Träumender davon überzeugt sein kann, mit einem Mantel bekleidet am Ofen zu sitzen, obwohl ich »ohne Kleider zwischen meinen Laken liege«[35] – genauso kann alles, was ich für wahr halte, eine Täuschung sein, die Fiktion womöglich eines böswilligen Betrüger-Gottes. Aus diesem Grund gilt es erst einmal *Tabula rasa* zu machen und von allem zu abstrahieren, was angeblich existiert. Das rationalistische Projekt der Erkenntnissicherung beginnt deshalb mit der doppelten Annahme, dass sowohl die Welt da draußen, »Himmel, Luft, Erde, Farben, Figuren, Klänge und alles Äußere«, als auch der eigene Körper ein bloßes »Spiel der Träume« ist. Das Ich muss sich so betrachten, als hätte es »keine Hände, keine Augen, kein Fleisch, kein Blut, keinerlei Sinn«.[36] Erst dann, wenn das Ich sich diesem »tiefen Strudel«[37] der Abstraktion ausgesetzt und an allem gezweifelt hat, bleibt als Kandidat für den gesuchten archimedischen Punkt der Erkenntnis nur noch der Geist selbst übrig, der all das denkt und bezweifelt.

Für Descartes ist dieser Geist als *res cogitans*, als denkende Sache, eine Substanz. Sie ist (zunächst) das einzig Sichere, das gesuchte Fundament, das sich nicht als Einbildung eines Verrückten oder eines Träumenden erweist und das nicht das trügerische Gespenst eines böswilligen Demiurgen ist. Descartes' Pointe lautet also zunächst: Man kann und muss an allem zweifeln, nur am Akt des Zweifelns selbst und damit an der Existenz eines Bewusstseins, in dem all das stattfindet, kann man nicht zweifeln.

Zwar erweist sich der Strudel der Vernichtung und Entleerung der körperlichen Welt in den folgenden Argumentationsschritten als methodisch eingehegter Zweifel, der die Annahme des Betrüger-Gottes im Nachhinein wieder zurücknimmt und einerseits erstaunlich zweifelsfrei mit Hilfe des ontologischen Gottesbeweises zur Existenz Gottes, andererseits zur Existenz einer Welt ausgedehnter Körper gelangt. Dennoch, auch wenn der Zweifel nur methodisch zu verstehen war und der die Ordnung der Welt garantierende Gott im Zentrum der Descartes'schen Metaphysik eigentlich nie in Frage stand, der Rationalismus sich also weder vorm Träumen noch vorm Verrücktwerden wirklich fürchten muss, wirkt der ganze Erschütterungs- und Vernichtungsaufwand am Anfang der *Meditationen* nicht erst aus heutiger Sicht ziemlich *crazy*.

Schon Foucault hat in *Wahnsinn und Gesellschaft* in Descartes' Aufwand am Anfang seiner *Meditationen* einen »Gewaltakt«[38] gesehen, der im 17. Jahrhundert mit großen gesamtgesellschaftlichen Gewaltakten einhergeht und vor allem ein Ziel hat: den Wahnsinn aus der Welt der neuzeitlichen Rationalität auszuschließen. Für Jacques Derrida hingegen ist Foucaults Descartes-Interpretation nicht radikal genug. In *Cogito und Geschichte des Wahnsinns*[39] zeigt Derrida in einer minutiösen Foucault- und Descartes-Lektüre, dass es in den *Meditationen* nicht einfach nur um den gewaltsamen Ausschluss des Wahnsinns geht, sondern um das Wahnsinnigwerden der Philosophie selbst. Denn, so Slavoj Žižek: »Universeller Zweifel, bei dem ich den Verdacht habe, dass die ganze Welt eine Illusion ist, ist der größte Wahnsinn, den man sich vorstellen kann.«[40]

Am Ursprung der neuzeitlichen Subjektphilosophie und Rationalität also stehen Gewalt und Wahnsinn. Eine tief ansetzende Vernunftkritik sieht deshalb bei einem Denker wie Descartes alles das vorgezeichnet, was der Prozess der Rationalisierung, ausgehend von Europa, in den folgenden Jahrhunderten angerichtet hat: Der mit dem Cogito verbundene Solipsismus steckt uns bis heute so tief in den Knochen, dass wir dem Objekt keinen Vorrang vor dem Subjekt einräumen können und unser prinzipielles In-der-Welt-Sein als soziales, leibliches oder ökologisches Abhängig- und Verwundbarsein immer wieder verdrängen.

Für Slavoj Žižek machen wir es uns mit dieser vernunftkritischen Erzählung allerdings zu einfach: »natürlich, das cartesianische Ego, das selbsttransparente Subjekt der Vernunft, ist eine Illusion, seine Wahrheit ist das dezentrierte, gespaltene, endliche, in einen nicht-transparenten Kontext geworfene Subjekt«.[41] Aber mit Derrida insistiert Žižek darauf, dass am Anfang der Subjektphilosophie kein machtvoller Akt der Souveränität steht, sondern ein zum Scheitern verurteilter Exzess: Was passiert, wenn dieser Exzess, dieser Strudel der Entleerung und Vernichtung nicht methodisch kontrolliert werden kann? Wo landen wir, wenn das Cogito nicht über den Zweifel hinaus zu einer *res cogitans*, also zu einem substantiellen Kern des Ich führt?

Zweifel am Substanzbegriff tauchen in der modernen Philosophie erstmals mit dem Empirismus auf. Da menschliches Erkennen für den Empirismus auf Erfahrung und sinnlicher Wahrnehmung beruht, ist der Weg zu bleibenden, überzeitlichen Substanzen philosophisch versperrt. Das liegt daran, dass unsere Wahrnehmungen oder *perceptions* immer wieder zeitlich unterbrochen sind und lediglich die Konstatierung von Ähnlichkeiten zwischen einzelnen Sinnesdaten erlauben. Weder eine feste Gegenständlichkeit in der Außenwelt noch – in der Selbstwahrnehmung – ein identisches, unveränderliches Ich lässt sich auf der Grundlage diskontinuierlicher, fortwährend unterbrochener *perceptions* erkennen. Wie die Annahme der Existenz externer Substanzen basiert auch die Annahme der Existenz eines identischen, substantiellen Ich auf der Verwechslung von Ähnlichkeit und Identität. Zwar ist die Annahme eines identischen Ich eine lebenspraktisch und moralisch wichtige Fiktion, erkenntnistheoretisch jedoch stellt das Ich für einen Empiristen wie David Hume nichts anderes als ein Bündel unterschiedlicher Wahrnehmungen dar: »a bundle or collection of different perceptions«[42] – ohne substantiellen Kern. Und weil das so ist, steht plötzlich ein Zweifel im Raum, der für einen Rationalisten wie Descartes noch undenkbar war: der durch die zeitliche Differenz aufkommende Verdacht, dass es womöglich keinen Zusammenhang zwischen früheren und aktuellen Selbstwahrnehmungen, zwischen vergangenem und gegenwärtigem Ich gibt, »that the present self is not the same person with the self of that time«.[43]

Die Geschichte der Substanzverluste von Hume bis Nietzsche, Ernst Mach & Co. ist vielfach erzählt worden.[44] Vielleicht aber ist eine andere Geschichte mindestens genauso interessant: die Reflexion und weitere Entfesselung des Descartes'schen Exzesses innerhalb der idealistischen Philosophie von Kant bis Hegel. Auch bei Kant markiert ja das »Ich denke« wie bei Descartes den »höchste[n] Punkt«[45] einer Philosophie, die sich primär als Erkenntnistheorie versteht. Mit Hume entsubstantialisiert Kant zwar das Ich des Cogito, denkt es aber anders als Hume als ein transzendentalphilosophisches Prinzip, das als Einheit der Apperzeption die notwendige Bedingung aller Erkenntnis ist. Humes Frage, »ob bei den verschiedenen inneren Veränderungen des Gemüts […] der Mensch, wenn er sich dieser Veränderungen bewußt ist, noch sagen könne, er sei ebenderselbe«, ist daher für Kant eine »ungereimte Frage; denn er kann sich dieser Veränderungen nur dadurch bewußt sein, daß er sich in den verschiedenen Zuständen als ein und dasselbe Subjekt vorstellt, und das Ich des Menschen ist zwar der Form (der Vorstellungsart) nach, aber nicht der Materie (dem Inhalte) nach zwiefach«.[46]

Allerdings kann die immer schon vorausgesetzte Vorstellung ein und desselben Subjekts nicht ihrerseits vorgestellt oder gedacht werden, da man »dasjenige, was ich voraussetzen muß, um überhaupt ein Objekt zu erkennen, nicht selbst als Objekt erkennen« kann.[47] Nach Kant nämlich gehört zu jeder objektiven Erkenntnis sowohl sinnliche Anschauung als auch begriffliche Synthesis mittels der Kategorien. Beides aber ist beim »Ich denke« logisch ausgeschlossen: Kategorial – also etwa im Rückgriff auf die Relationskategorie der Substanz – kann das »Ich denke« deshalb nicht bestimmt werden, weil die »Apperzeption […] selbst der Grund der Möglichkeit der Kategorien« ist. Und auch der für die gegenständliche Erkenntnis konstitutiven sinnlichen Anschauung entzieht sich das »Ich denke«, weil die transzendentale Einheit der Apperzeption als höchster, unbedingter Punkt der Anschauung logisch vorausgesetzt ist.[48]

In seiner Kritik der rationalen Psychologie zeigt Kant konsequent auf, dass jeder Versuch, das Descartes'sche Ich des »Ich denke« im Sinne objektiver Erkenntnis zu denken, einer »Subreption des hypostasierten Bewußtseins«[49] gleichkommt, bei der das logische Subjekt mit dem realen Subjekt, die logische Identität des Ich mit der numerisch-empirischen Identität des Ich verwechselt wird. Hinter dieser Verwechslung verbirgt sich nach Kant ein *Circulus vitiosus*:

> Da ich aber, wenn ich das bloße Ich bei dem Wechsel aller Vorstellungen beobachten will, kein ander Correlatum meiner Vergleichungen habe, als wiederum mich selbst, mit den allgemeinen Bedingungen meines Bewußtseins, so kann ich keine andere als tautologische Beantwortungen auf alle Fragen geben, indem ich nämlich meinen Begriff und dessen Einheit den Eigenschaften, die mir selbst als Objekt zukommen, unterschiebe, und das voraussetze, was man zu wissen verlangte.[50]

Das reine Ich ist daher für Kant eine zwar notwendige, aber »gänzlich leere Vorstellung«, ein »x, welches nur durch die Gedanken, welche seine Prädikate sind, erkannt wird, und wovon wir, abgesondert, niemals den mindesten Begriff haben können«.[51]

Für Kants Kritik der reinen Vernunft stellt diese Leerstelle kein Problem dar, das innerhalb der transzendentalphilosophisch gezogenen Erkenntnisgrenzen gelöst werden könnte – wie sich ja insgesamt Kants kritische Philosophie gegen all die leeren Begriffe und Vorstellungen richtet, die die metaphysische Tradition mit ihren Gesten der Substantialität in die Welt gesetzt hat: »Vorher«, so Kant in seiner den Kritizismus einläutenden Schrift *Träume eines Geistersehers, erläutert durch Träume der Metaphysik*, »wandelten wir wie *Demokrit* im leeren Raume, wohin uns die *Schmetterlingsflügel* der Metaphysik gehoben hatten, und unterhielten uns daselbst mit geistigen Gestalten. Itzt, da die *stiptische* [zusammenziehende, S. M.] Kraft der Selbsterkenntnis die seidene Schwingen zusammengezogen hat, sehen wir uns wieder auf dem niedrigen Boden der Erfahrung und des gemeinen Verstandes; glücklich! wenn wir denselben als unseren angewiesenen Platz betrachten, aus welchem wir niemals ungestraft hinausgehen, und der auch alles enthält, was uns befriedigen kann, so lange wir uns am Nützlichen halten.«[52]

Die idealistische Philosophie nach Kant ist dann mit dem ihr transzendentalphilosophisch angewiesenen Platz alles andere als zufrieden, will aber auch nicht hinter Kant zurückfallen und leere, also vorkritische, dogmatische Begriffe produzieren. Subjektphilosophisch ist natürlich vor allem die Leerstelle des Ich unbefriedigend. Was nämlich, so der Vorwurf von Fichte und anderen, ist von einer Philosophie zu halten, bei der sich ausgerechnet der »höchste Punkt« des Ich als »opake Entität [...] dem Erkennen versperrt«?[53] Weil sich das Denken des höchsten Punktes nicht mit dem von Kant hinterlassenen leeren x abfinden kann, wird es mit Žižek gesprochen *exzessiv*. Gerade die idealistischen Exzesse nach Kant geraten dabei umso radikaler und dramatischer in den Strudel der Leere.

Für die Frühromantiker zum Beispiel bleibt das Ich sich selbst notwendig unzugänglich: Es kann seinen Ursprung, seine Identität niemals erreichen, weil es den Umweg über die Differenz nehmen muss. Dabei besteht die Pointe der frühromantischen Subjekttheorie darin, dass diese Differenz nicht mehr rein bewusstseinsphilosophisch als Subjekt-Objekt-Relation gedacht wird, sondern an die Sprache gekoppelt ist. Das reine Selbstbewusstsein, das bei Fichte in dem obersten Grundsatz des

Ich = Ich zum Ausdruck kommt, ist eben dieser sprachliche Ausdruck selbst: *Ich bin Ich* ist nichts anderes als ein Satz, der durch die grammatische Differenz von Subjekt und Prädikatsnomen aus der Identitätsaussage eine Differenzaussage macht. »Wir verlassen das Identische um es darzustellen«, heißt es in Novalis' Fichte-Studien.[54] Jede Darstellung des Ich verfehlt also dieses Ich, um das es ›eigentlich‹ geht. Die Leerstelle des Ich kann niemals eingeholt und endgültig gefüllt werden, sondern bleibt auf fortwährende Supplemente angewiesen. Andererseits aber gibt es gar kein Ich ohne den Umweg über die sprachliche Darstellung. Gerade dadurch, dass sich das Ich nicht selbstreflexiv einholen lässt, der eigene Ursprung also verloren ist, setzt sich die Sprache in Bewegung, um diesen Ursprung – in der Terminologie der Zeit um 1800 gesprochen: das »Höchste«, das »Absolute«, den »Geist« – zu erreichen. Paradoxerweise aber ist es genau diese unhintergehbare sprachliche Bewegung selbst, die eine Ankunft beim Ursprung und die absolute Transparenz des Ich verhindert. In Friedrich Schlegels *Gespräch über die Poesie* bringt die Figur Amalia diese selbstsubversive Logik eines ans Medium der Sprache gebundenen Ursprungsbegehrens auf den Punkt, wenn sie vom »gefährliche[n] Umweg« spricht, »der gar zu oft den Sinn für das Höchste tötet, ehe das Ziel erreicht ist«.[55]

Auch bei den Frühromantikern also bleibt das Ich wie bei Kant eine Leerstelle. Der Unterschied zu Kant aber liegt in der Verzeitlichung dieser Leerstelle und der Kopplung des Ich an Einbildungskraft und Sprache. Dabei wiederholt die exzessive Darstellung des Ich qua Einbildungskraft die ›ursprüngliche‹ Leere in Form permanenter Unterbrechungen, wiederkehrender kleiner Lücken am Anfang und Ende des jeweils nächsten, stets bloß fragmentarischen Darstellungsversuchs. Zu füllen ist die Leerstelle dabei nie, und bei einem endgültigen Kern des Ich kommen wir niemals an. Mit der berühmten Formulierung aus Novalis' Roman *Heinrich von Ofterdingen* gesagt: »›Wo gehn wir denn hin?‹ ›Immer nach Hause‹«.[56]

Auch diese Geschichte der Dekonstruktion der Subjektphilosophie ist vielfach erzählt worden und führt von den Frühromantikern über Nietzsche bis hin zum Poststrukturalismus. Hegel spielt dabei in der Regel keine Rolle. Er gilt als letzter Systemphilosoph mit Großer Erzählung, als Denker der Substanz und Versöhnung und nicht als Denker von Bruch, Lücke und Fragment. Hegel hat aber auch Sätze wie die folgenden gesagt:

Der Mensch ist diese Nacht, dies leere Nichts, das alles in ihrer Einfachheit enthält – ein Reichtum unendlich vieler Vorstellungen, Bilder, deren keines ihm gerade einfällt –, oder die nicht als gegenwärtige sind. Dies die Nacht, das Innere der Natur, das hier existiert – *reines Selbst*, – in phantasmagorischen Vorstellungen ist es rings um Nacht, hier schießt dann ein blutig Kopf, – dort eine andere weiße Gestalt plötzlich hervor, und verschwindet ebenso – Diese Nacht erblickt man, wenn man dem Menschen ins Auge blickt – in eine Nacht hinein, die *furchtbar* wird, – es hängt die Nacht der Welt hier einem entgegen.[57]

Was diese Passage aus den *Jenaer Systementwürfen* von 1805/06 zeigt – Friedrich Schlegel war bereits 1801 aus Jena abgereist, Novalis war im gleichen Jahr gestorben –, ist die noch spürbare frühromantische Seite des Systemphilosophen oder allgemeiner gesagt: die radikale Unruhe und Negativität der Hegel'schen Dialektik. Wie die Frühromantiker verweist Hegel mit seiner Formulierung vom Menschen als Nacht und leeres Nichts auf die »Unmöglichkeit einer *signifikanten* (das Selbst auszeichnenden) Repräsentation«.[58] Kants leerer höchster Punkt gerät also nicht nur bei Schlegel und Novalis, sondern auch bei Hegel in Bewegung und entzieht sich im zeitlichen Verlauf jeder endgültigen Darstellung. In den Worten der *Phänomenologie des Geistes* und bezeichnenderweise mit Verweis auf den leeren Raum der Atomisten:

Die Ungleichheit, die im Bewußtsein zwischen dem Ich und der Substanz, die sein Gegenstand ist, stattfindet, ist ihr Unterschied, das *Negative* überhaupt. Es kann als der *Mangel* beider angesehen werden, ist aber ihre Seele oder das Bewegende derselben; weswegen einige Alte das *Leere* als das Bewegende begriffen, indem sie das Bewegende zwar als das *Negative*, aber dieses noch nicht als das Selbst erfaßten.[59]

Was bei Kant zwar scharf als leeres x festgehalten, dann aber erkenntnistheoretisch ausgegrenzt und damit entschärft wird, erscheint bei Hegel als unhintergehbare, nicht auszugrenzende, Žižek würde sagen: traumatische Urszene der Subjektivität. Kurzum: Wir entkommen der eigenen Leere nicht, mehr noch: Wir *sind* diese Leere, und noch die tollsten Selbstinszenierungen tilgen das grundlegende Scheitern nicht, das am Anfang aller Selbstbehauptungen und Bildungsprozesse steht. »Was«, fragt Žižek, »wenn das *Scheitern zuerst kommt*, was, wenn das ›Subjekt‹

nichts anderes ist als die Leere, die Lücke, die durch das Scheitern der Reflexion eröffnet wird?« All die Bilder, die wir von uns haben, wären dann womöglich »nur sekundäre ›Füller‹ dieser ursprünglichen Lücke«, und »jedes jubilatorische ›Das bin ich!‹« enthielte dann »schon den Samen des ›Das bin *nicht* ich!‹«.⁶⁰

Ethik der Leere?

Beim Rückblick auf das 18. Jahrhundert sieht man nicht erst seit der *Dialektik der Aufklärung* von Max Horkheimer und Theodor W. Adorno immer beides: Freiheit und Guillotine, Menschenrechte und Rassismus, Kant und de Sade. Auch das eben aufgerufene Vokabular aus dem Umkreis der idealistischen Subjektphilosophie – *Mangel, leeres Nichts* und *Nacht der Welt* – klingt nicht gerade optimistisch und scheint anzuzeigen, dass die neuzeitliche Metaphorik des *Horror vacui* um 1800 ins Dunkle und Nihilistische führt.

Doch schon Hegels Hinweis auf die Leere als »das Bewegende« macht deutlich, dass man sich vor Festlegungen und eindeutigen Bestimmungen hüten sollte. Wie ambivalent die Leere ist, zeigt sich besonders an den Begriffen, Bildern und Narrationen um 1800. Keine andere Epoche – von der Moderne im 20. Jahrhundert abgesehen – hat sich so offen und radikal, mit allen Mitteln der Einbildungskraft und Reflexion, auf die Unruhe und Unbestimmtheit eingelassen, die von der Leere ausgeht. Gerade das Scheitern von Repräsentation und Identifikation bedeutet dabei immer auch eine Öffnung. Und die mit der Leere verbundene Negativität hat bei allem Tragischen und Traumatischen stets auch etwas Befreiendes. Vielleicht jedenfalls hat so ein positives, jubilatorisches »Das bin ich!« etwas viel Beängstigenderes als das mit der Leere verbundene »Das bin *nicht* ich!«. Vor allem bei jubilatorischen Identifikationen und Adressierungen wie »Das bist du!«, »Das seid ihr!« und »Das sind wir!« zeigt sich sehr schnell: Das Problem ist nicht die Leere, sondern, im Gegenteil, die Behauptung substantieller Werte und Identitäten.

Dennoch werden die Entleerungen der Aufklärung vielfach beklagt. So schreibt der französische Moralist Galiani: »Wir sind durch unsere Aufklärung eher arm als reich geworden, wir wissen, daß eine Unmenge Dinge, die unsere Väter für wahr ansahen, falsch sind, und wir wissen sehr wenig wahre, die sie nicht wußten. Diese Leere ist in unserer Seele und in unserer Phantasie geblieben, sie ist, glaube ich, der wahre Grund unserer Traurigkeit.«[61] Eine von Anfang an mit der Aufklärung verbundene und auch immer wieder unmissverständlich gegen die Aufklärung gerichtete Erzählung lautet: Die von ihr ausgehenden Substanzverluste sind gleichbedeutend mit einem den gesellschaftlichen Zusammenhalt gefährdenden moralischen Vakuum, mit drohendem Sittenverfall und einer nicht mehr zu kontrollierenden Entfesselung des Bösen. Die herrschaftskritische, wesens- und götterleugnende Seite der Aufklärung, so die Klage, kann an die Stelle gelungener Entzauberung und Entleerung keine neue substantielle Sittlichkeit setzen und öffnet deshalb dem entfesselten Bösen Tür und Tor. Selbst ein Aufklärer wie John Locke befürchtet in seinem *Brief über Toleranz*: »The taking away of God, though but even in thought, dissolves all.«[62] Alles also löst sich auf, wenn wir, und sei es nur in einem ›witzigen‹ Gedankenspiel, Gott wegnehmen.

Auch ein Philosoph wie Hegel sieht zwar in der Aufklärung eine notwendige Entwicklungsstufe der Vernunft, weiß aber um den Preis der von der Aufklärung ausgehenden Entzauberungen. Die Kontrastfolie im Bereich der Sittlichkeit ist dabei für Hegel vor allem die antike Polis. In der Antike nämlich war die Berufung auf Tugend und Moral (angeblich) noch in der Substanz der Polis verwurzelt. Mit dem Wegfall dieser Substanz gerät diese Berufung, so Hegel, zur »Leerheit der mit dem Weltlaufe kämpfenden Rednerei«.[63]

Hegel denkt dabei natürlich an den Tugendterror der Französischen Revolution; man kann aber auch generell an all die Despoten und Demagogen des 20. und 21. Jahrhunderts denken. Von Charlie Chaplins »Schtonk«-Beschwörung in *Der große Diktator* wird im Kapitel über die Moderne noch die Rede sein.

Auch Horkheimer und Adorno gehen davon aus, dass die Morallehren der Aufklärung mit säkularen Mitteln nicht die sittlichen Kräfte ersetzen können, die sich (angeblich) einst der Religion oder Polis verdankten. Kants kategorischer Imperativ steht nicht nur auf verlorenem Posten in einer Gesellschaft, die dem Diktat einer instrumentell verkürzten, lediglich formalistischen Vernunft folgt. Vielmehr zeigt sich im kategorischen Imperativ selbst bereits die Herrschaft jener bloß formalistischen Vernunft, die uns letztlich keine Antwort zu geben vermag auf die beiden großen Fragen: Was soll ich tun? Und wie regeln wir unser Zusammenleben? Nicht zufällig zitieren Horkheimer und Adorno im zweiten Exkurs der *Dialektik der Aufklärung* eine Passage aus Kants *Metaphysik der Sitten*, in der Kant, über den eigenen Formalismus hinausgehend, die lebensweltliche Substanz zweier großer sittlicher Kräfte aufruft und dabei das drohende Nichts der Immoralität an die Wand malt:

Vermöge des Prinzips der *Wechselliebe* sind sie [die Menschen, S. M.] angewiesen, sich einander beständig zu *nähern*, durch das der *Achtung*, die sie einander schuldig sind, sich im *Abstande* von einander zu erhalten, und, sollte eine dieser großen sittlichen Kräfte sinken: »so würde dann das Nichts (der Immoralität) mit aufgesperrtem Schlund der (moralischen) Wesen ganzes Reich, wie einen Tropfen Wasser trinken« (wenn ich mich hier der Worte *Hallers*, nur in einer andern Beziehung, bedienen darf).[64]

Als »Kronzeuge«[65] für das drohende Nichts der Immoralität wird immer wieder der Marquis de Sade angeführt. Schon zu Lebzeiten empörte Sade die repräsentativ-feudale wie die bürgerliche Öffentlichkeit und war viele Jahre in der Bastille und in der Irrenanstalt von Charenton eingesperrt. Ende des 19. Jahrhunderts wurde er dann nicht zufällig wegen seiner gewaltverherrlichenden, pornographischen Schriften in Richard von Krafft-Ebings *Psychopathia sexualis* zum Namensgeber für den Sadismus. Für Horkheimer und Adorno hingegen war Sade nicht als Paradigma einer sexuellen Pathologie interessant, sondern gerade deshalb, weil er die sichere Grenze zwischen Normalität und Pathologischem in Frage stellte. Für die Philosophen der Kritischen Theorie gehörte Sade zu den »dunklen Schriftstellern des Bürgertums«, die deshalb so erhellend sind, weil sie es nicht allein den Gegnern überlassen, sich über die Aufklärung und die mit ihr verbundene ›Normalität‹ zu entsetzen.[66]

Aber stimmt das? Brauchen wir für dieses Entsetzen wirklich noch de Sade? Was ist aus heutiger Sicht noch interessant oder gar provozierend an diesem manischen Vielschreiber des 18. Jahrhunderts, der seine grausamen Phantasien in dem Roman *Die 120 Tage von Sodom* in winziger Schrift auf einer zwölf Meter langen Papierrolle im Kerker der Bastille niederschrieb?

Falls der Marquis de Sade heute noch von Interesse ist, dann vielleicht wegen der auch bei ihm zu beobachtenden »Leerheit der mit dem Weltlaufe kämpfenden Rednerei«, von der Hegel spricht. Leerheit, das kann man von Sade wie von kaum einem anderen lernen, kann sich über viele tausend Seiten erstrecken. *Mansplaining* ist keine Sache von guten Argumenten oder straffem Storytelling, sondern zeichnet sich vor allem durch eine nicht enden wollende Rhetorik der Wiederholung aus. Man kann darin mit gutem Willen wie Foucault ein unendliches Sprechen sehen, das auf Homer oder Borges verweist und die Literatur jeder »ontologischen Schwere« enthebt.[67] Man kann das »endlose Geblöke der Wörter«[68] bei Sade aber auch als Hinweis auf eine »Rednerei« verstehen, die historisch in dem Moment inflationär zu werden beginnt, wo man die Substanzverluste der Moderne einfach nicht wahrhaben will und die Leere tragischerweise gerade dadurch reproduziert, dass man sie panisch mit diversen Ersatz-Substanzen und Schein-Dichotomien stopft – halb wissend darum, dass die ganze Anstrengung völlig haltlos ist.

Diese Rednerei bezieht sich üblicherweise auf zu verteidigende Werte des Guten. Sie kann sich aber auch, wie de Sade zeigt, auf zu verteidigende Werte des Bösen richten. Horkheimer und Adorno haben insofern durchaus recht mit ihrer Sade-Lektüre, als die ›böse‹ Rednerei viel klarer die Gewalt erkennbar werden lässt, die sich ganz genauso in der Rhetorik der Guten und Tugendhaften verbirgt. Spätestens wenn die Guillotinen und Konzentrationslager errichtet werden, zeigt sich dann auch hier, wohin all die inbrünstigen Litaneien immer wieder aufs Neue führen.

Zur Leerheit dieser modernen Rednerei gehört *erstens* immer das Beschwören irgendwelcher Werte oder Substanzen. Auch der Marquis de Sade, so sehr er scheinbar aufklärerisch Gott zur »Chimäre« erklärt[69], kann nicht anders, als immer wieder von *der* Natur, *dem* Bösen oder *den* Frauen zu reden. Es gehört *zweitens* die Struktur eines endlosen »Und dann« dazu, das sich nicht weiter um Fragen der Logik oder Kohärenz schert. *Drittens* zeigt sich die Leere insbesondere immer dann, wenn die Objekte der Rede konstruiert werden müssen: Die Porträts der Opfer, so Roland Barthes, stoßen stets nur auf »leere Zeichen« aus der Phraseologie der umgebenden Kultur.[70] Mit Hannah Arendt und weniger semiotisch gesagt: Die Dummheit der Sade'schen Rednerei liegt in ihrem Unwillen, »sich je vorzustellen, was eigentlich mit dem anderen ist«.[71] *Viertens* gehört zu Sades Rede ein scheinbar dauererregter und ›heißer‹, in Wahrheit aber eiskalt-künstlicher Leerlauf des permanenten Vergleichens. Der »Same« der Libertins fließt nicht, wie es in *Die 120 Tage von Sodom* heißt, wegen der »anwesenden Objekte«, sondern zum einen wegen all der Abwesenden, denen die Genüsse der Libertins versperrt sind, und zum anderen wegen des Unglücks der anwesenden Opfer. Anders gesagt: Je moralischer und tugendhafter die Gesellschaft drumherum, desto größer die Distinktionsgewinne der Libertins; und je lauter die Schmerzensschreie der Opfer, desto größer das Glück der Vergewaltiger.[72] Die »Möglichkeit eines genüßlichen Vergleichs«[73] – darum geht es den Libertins in den *120 Tagen von Sodom*, wobei der Vergleich nur dann Genuss bietet, wenn er mit Ungleichheit und Distinktion, mit Asymmetrie und Definitionshoheit einhergeht. Und da sich die Glückseffekte eines permanenten Vergleichens nicht nur auf die Unerreichbarkeit des eigenen Glücks für die anderen beziehen, sondern auch selbstbezüglich auf frühere Vergleichserlebnisse, wohnt dem Sade'schen Projekt eine ruhe- und letztlich ziellose Steigerungslogik inne. Man könnte auch von Sucht sprechen. Freiheit jedenfalls sieht anders aus. Von Gleichheit zu schweigen.

Das Vergleichen übrigens galt Sades Zeitgenossen und philosophischem Gegenpol Jean-Jacques Rousseau als Inbegriff zivilisatorischer Verderbtheit. Nichts ist schlimmer für den großen Kritiker der bürgerlichen Gesellschaft als deren Hang zu Konkurrenz und Vergleich, zum fortwährenden Schielen auf die Werte, Meinungen und Lebensweisen der anderen. Aber ob man dem Vergleich nun affirmativ wie Sade oder kritisch wie Rousseau gegenübersteht, es bleibt das Faktum eines permanenten Vergleichens und Messens, das um 1800 zu einer neuartigen Unruhe und Dynamik führt und die Welt seither weit stärker umgewälzt hat als der Sturm auf die Bastille. Gemeint ist damit nicht einfach die globale Revolution des Kapitalismus, von der in den folgenden Kapiteln dieses Buchs im Grunde fast ununterbrochen die Rede sein wird. Gemeint ist viel allgemeiner eine seit der Epoche um 1800 unhintergehbare »Unruhe der Welt«[74], mit der wir immer noch zu leben lernen müssen.

Rousseaus »Zurück zur Natur« ist dabei mit Sicherheit keine Option. Genauer gesagt: Indem es als Option angeboten wird – und das wird es seit über zweihundert Jahren –, trägt es ironischerweise selbst zur Unruhe mit bei. Über Rousseau und Sade hinaus ginge es vielleicht eher darum, das Vergleichen bewusst zu kultivieren – im Wissen darum, dass es jenseits dieser Vergleiche nichts Substantielles gibt, an das wir uns halten können, und dass wir an einer solchen Kultur seit den Ideen der Französischen Revolution nur als Gleiche teilnehmen können, sich also hinter unserem Wunsch nach Distinktion, Differenz und Singularität keine dem Vergleich entzogene Autorität befindet, die privilegierte Positionen wie die der Sade'schen Libertins legitimieren könnte. Worum es ginge, wäre ein offenes Vergleichen ohne Gewalt, bei dem man »ohne Angst verschieden sein kann«[75], im Bewusstsein, dass immer auch andere Vergleiche und Wertsetzungen möglich sind.

Angesichts einer solchen Kultur erscheint Kants angeblich so weltfremde und bloß formalistische Ethik durchaus folgerichtig und angemessen. Denn was sollte die unterschiedlichen Wertsetzungen, Meinungen und Gegenmeinungen der Gesellschaft sonst zusammenhalten als eine Ethik, die nicht auch noch irgendwelche Werte proklamiert, sondern inhaltlich bewusst leer bleibt. Kants kategorischer Imperativ bietet in seinen unterschiedlichen Formulierungen ja nicht mehr und nicht weniger als eine Art Prüfverfahren für unsere Handlungen an, sein liberaler Ausgangspunkt sind aber unsere individuellen, höchst diversen Maximen. »*[H]andle nur nach derjenigen Maxime, durch die du zugleich wollen kannst, daß sie ein allgemeines Gesetz werde*« und »*Handle so, daß du die Menschheit, sowohl in deiner Person, als in der Person eines jeden anderen, jederzeit zugleich als Zweck, niemals bloß als Mittel brauchest*«[76] – seit diesen beiden im 18. Jahrhundert von Kant erfundenen Imperativen kommen wir als Individuen mit unseren eigenen Meinungen, Maximen und Interessen an zwei zentralen Fragen nicht vorbei: Wäre das Individuelle auch universalisierbar oder würde es sich im Falle der Verallgemeinerung gegen sich selbst wenden? Und instrumentalisiere ich womöglich meine Mitmenschen für meine eigenen Zwecke, missachte damit also nicht nur deren, sondern auch die von mir selbst immer schon vorausgesetzte Autonomie? Das Erstaunliche ist, dass diese beiden schlichten Fragen, die nichts Inhaltliches vorgeben, auch im 21. Jahrhundert nichts von ihrer Relevanz eingebüßt haben.

Immanuel Kants Vorschlag, sich nicht in einem Krieg um Ideale zu verausgaben, den schon im 18. Jahrhundert niemand mehr gewinnen konnte, sondern sich stattdessen auf ein universales Entscheidungsverfahren zu verständigen, nach dem jeder einfach das, was er ohnehin vorhat, auf Verantwortbarkeit prüfen kann, ist ebendeshalb so einzigartig, weil es beides respektiert: die Vielseitigkeit, ja, auch Zerrissenheit des Menschen zwischen tausend Plänen und Träumen und die Forderung nach einem eindeutigen Maßstab für die Handlungsentscheidungen.[77]

Philosophen wie Jürgen Habermas haben Kants genialen Vorschlag im 20. Jahrhundert weitergedacht und aus der Not einer von Horkheimer und Adorno beklagten formalistischen Vernunft die minimalistische Tugend eines nüchternen Blicks auf Rechte und Verfahren gemacht. Die dadurch ermöglichte Perspektive ist zwar unverzichtbar, wenn man sich

Ethik der Leere?

nicht im Streit um Werte verzetteln und den Blick für unvernünftige, ungerechte Strukturen schärfen will. Die liberale Nüchternheit in der Nachfolge des Kant'schen Formalismus hat allerdings auch ihren Preis: Sie verliert nicht nur, wie der Philosoph Omri Boehm gezeigt hat, Kants metaphysisches Erbe aus den Augen und bringt nicht zufällig vor allem den emphatischen Begriff der Pflicht zum Verschwinden[78]; sie verweigert uns in ihrer inhaltlichen Enthaltsamkeit auch jedwede Auskunft darüber, was uns glücklich machen und unserem Leben einen Sinn geben könnte. »Die kommunikative Vernunft«, so Habermas, »inszeniert sich nicht in einer ästhetisch gewordenen Theorie als das farblose Negativ trostspendender Religionen. Weder verkündet sie die Trostlosigkeit der gottverlassenen Welt, noch maßt sie sich selbst an, irgend zu trösten.«[79]

Worin ein gutes und glückliches Leben besteht – dazu kann eine von Kant ausgehende Ethik deshalb nichts sagen, weil alle Bestimmungen des Guten nur durch individuelle Erfahrung gewonnen werden können. Wo die Philosophie so tut, als könnte sie über diese individuelle Erfahrung hinaus noch prinzipiell und inhaltlich verbindlich vom Glück und vom Guten sprechen, überschreitet sie die Grenzen der praktischen Vernunft und wird dogmatisch. Genauer gesagt: Sie landet in einem Dilemma. Denn inhaltlich ausgeführte und mit einem allgemeinen Geltungsanspruch versehene Konzeptionen von Glück und gutem Leben führen entweder zu einem, so Habermas, »unerträglichen Paternalismus«, weil sie von einer konkreten, höchst partikularen Empirie ihren Ausgang nehmen und diese dann gewaltsam auf andere Kontexte übertragen; oder aber sie bleiben, wenn sie mit ihren inhaltlichen Ausführungen zurückhaltender umgehen, viel zu vage und leer – und unterlaufen damit genau das, worum es ihnen eigentlich geht: einen inhaltlich gehaltvollen Begriff des Guten.[80]

»Für die konkrete Lebensführung des einzelnen ergeben sich aus der Philosophie«, so die Auskunft des Philosophen Martin Seel, »keine prägnanten Antworten«.[81] Dennoch versuchen Denker wie Seel anders als Habermas am Projekt einer modernen Glücksphilosophie festzuhalten – und zwar im Rahmen einer Theorie der Moral. Denn: »Wir können nicht sagen, was moralische Rücksicht heißt, wenn wir nicht sagen können, worauf sich diese Rücksicht bezieht. Sie bezieht sich auf die Möglichkeit eines guten Lebens für alle die, die moralisch zu berücksichtigen sind.«[82] Damit eine solche Theorie nicht hinter Kant zurückfällt, kann sie nur minimalistisch ausfallen und bleibt, um nicht unerträglich paternalistisch zu werden, bewusst zurückhaltend bei der Formulierung konkreter Lebensziele und Glücksgüter. Der Gefahr der Leere versucht eine solche Theorie dadurch zu begegnen, dass sie durchaus emphatisch über »Weisen der Lebensbewältigung«[83] nachdenkt und das Glück nicht inhaltlich ausbuchstabiert, sondern lediglich in seinen *Formen* zu bestimmen versucht. Seel unterscheidet dabei vor allem zwischen zwei Formen: Beim *Glück im episodischen Sinn* geht es um die ambivalente Struktur, die darin liegt, dass wir einerseits die Erfüllung bestimmter Ziele anstreben, dass Glück und Erfüllung aber andererseits viel mehr sind als bloß verwirklichte Wünsche und Pläne; Überraschung und Kontingenz, das Auftauchen neuer Wünsche und Möglichkeiten, die vor der Erfüllung noch gar nicht auf der Rechnung standen, sind mindestens genauso wichtig für episodisches Glück wie das Erreichen vorab definierter, selbst gesteckter Ziele. Das *Glück im prozessualen Sinn des Lebensvollzugs* stellt darüber hinaus nicht etwa die Summe des episodischen Glücks dar, sondern die paradoxe Verbindung von Erfüllung und Begehren: Viel wichtiger als das Erreichen von Zielen sind das Verlangen, die Sorge und Neugier im Vorfeld der Ziele. Ohne inhaltlich konkret zu werden, bestimmt Seel das gute Leben als eines, das aus »wechselvolle[n] Anteilnahmen«[84] besteht: offen für Neues und Ungeahntes, irritierbar und verletzbar, frei und gebunden, bestimmt und unbestimmt zugleich. Man könnte auch sagen: Kein Glück ohne Leerstellen der Bestimmung. Und so wie erst bei Kant »das andere Subjekt notwendig (wird), um meine eigene Identität zu definieren«[85], wie es also keine Subjektivität ohne Intersubjektivität gibt, so gibt es auch kein solipsistisches, sozial abgeschottetes Glück.

Bei den genannten Leerstellen der Bestimmung gibt es nicht nur erstaunliche Berührungspunkte mit poststrukturalistischen Ethik-Versuchen im 20. Jahrhundert.[86] Die mit der Kant'schen Tradition einhergehenden Minimalismen führen auch zu interessanten Verbindungen zwischen Ästhetik, Ethik und Politik. Denn was Kant in seiner *Kritik der Urteilskraft* entwickelt, ist nichts Geringeres als die radikale Verabschiedung eines (deduktiv) sicheren Wissens über Kunst und Literatur. Kant zufolge ist das Geschmacksurteil immer nur als »ein einzelnes Urteil vom Objekt« möglich.[87] Im Unterschied also zum logischen Urteil hat das Geschmacksurteil keine objektive Gültigkeit. In der unzulässigen Gleichsetzung beider Urteilstypen liegt der Grundfehler jeder Regelpoetik, die ausgehend von bestimmten Axiomen (zum Beispiel: »Alle streng alternierenden Gedichte sind schön«) mit Notwendigkeit zu jedem Einzelfall

Ethik der Leere? 61

(»Dieses Gedicht ist streng alternierend«) ein entsprechendes ästhetisches Urteil bildet (»Dieses Gedicht ist schön«). Im Bereich der Geschmacksurteile gibt es nach Kant aber keine vorab feststehenden Axiome, Einzelfall und Urteil fallen hier gewissermaßen zusammen: Das Geschmacksurteil ist ein Urteil, so Kant, das wie das Beispiel »einer allgemeinen Regel, die man nicht angeben kann, angesehen wird«.[88] Statt Objektivität für sich zu beanspruchen, zielen ästhetische Urteile auf das intersubjektive Einverständnis aller Menschen mit Geschmack ab. An die Stelle universaler Regeln tritt die Idee eines Gemeinsinns, der »unser Gefühl an einer gegebenen Vorstellung ohne Vermittelung eines Begriffs *allgemein mitteilbar* macht«.[89]

Die Verbindung von Ästhetik und Ethik liegt also nicht einfach in irgendwelchen moralisch relevanten Inhalten der Kunst, über die wir uns zu verständigen versuchen, sondern in dieser Verständigung selbst. Mit ihrer strukturellen Abwesenheit normativ vorgegebener Axiome bietet die von Kant beschriebene Urteilspraxis eine Art Übungsraum für das Selbstdenken und Zuhören, für das Zögern, Streiten und Offenlassen, für die Anerkennung von Mehrdeutigkeit und oft auch von Ratlosigkeit. Gerade die Leerstelle ästhetisch verbindlicher Regeln führt dazu, dass wir Ungewissheiten auszuhalten lernen und das Gespräch suchen müssen. Keine demokratische Kultur ohne solche ästhetischen Ungewissheitserfahrungen und ohne das Gespräch darüber.[90]

Nicht zufällig wird die Demokratie als politische Organisationsform um 1800 im Zuge der beschriebenen Substanzverluste in ihrer modernen Form erstmals emphatisch gedacht und vehement ausprobiert. Denn die Demokratie ist die einzige Staatsform, die sich gewissermaßen um die Leere herum organisiert. Im Vergleich zur Monarchie, in der sich die Macht in der Figur des Königs oder Kaisers verkörpert, wird der Ort der Macht in der Demokratie, so der französische Demokratietheoretiker Claude Lefort, »zu einer Leerstelle«.[91] Die Unmöglichkeit der endgültigen Bestimmung und Repräsentation, die für das Subjekt um 1800 gilt, gilt so gesehen auch für die Demokratie.

Der Philosoph Martin Saar spricht in diesem Zusammenhang von einer »Leere im Herzen des Demokratischen«[92]. Diese Leere zeigt sich *erstens* als Leerstelle der Herrschaft; Demokratie bezeichnet dann im Grunde gar keine Regierungs- oder Herrschaftsform mehr, sondern nur noch – fundamental unbestimmt – deren unendliche Kritik. *Zweitens* meint die Leere der Demokratie, dass es kein einheitliches Volk als kollektives Subjekt gibt, sondern lediglich eine heterogene, vielfältige Menge einzelner Subjekte; entsprechend kann »keine Interessensvertretung [...] ganz in ihrem Namen sprechen«[93], es gibt immer einen Rest, eine nicht ausreichend berücksichtigte Minderheit oder Perspektive. *Drittens* läuft unser Wunsch nach einer Regierungsform zur Lösung von Problemen bei der Demokratie notwendigerweise fortwährend ins Leere. Demokratie stellt nicht einfach Verfahren, Regeln, Techniken zur Lösung gesellschaftlicher Probleme bereit und sorgt am Ende für Ruhe und Ordnung. Vielmehr muss sich »dieses grundlose, subjektlose Projekt« gerade deshalb immer wieder seiner selbst vergewissern, »weil es keinen inneren Kern, kein Wesen hat«.[94] Demokratie ist so gesehen auch die Herstellung und Dehnung von Zeit-Räumen, durch die sich Kritik und Perspektivendifferenz entfalten können. Wie das Zögern und Zaudern »Zeichen von Denken und Humanität« sind[95], sind sie auch die Lebenselixiere der Demokratie. Die kostbaren, zu verteidigenden Orte dafür sind das Parlament oder die parlamentarische Untersuchungskommission, aber auch eine möglichst diverse, kritische Öffentlichkeit und eine unabhängige dritte Gewalt, die hartnäckiges Fragen und Nachhaken, abwägendes Urteilen und nicht zuletzt auch die Revision von Urteilen ermöglicht.[96]

Arbeit und Langeweile

Schon einer der wichtigsten Demokratietheoretiker des 18. Jahrhunderts, Jean-Jacques Rousseau, hat die Leere und Negativität der Demokratie vorweggenommen, als er in seinem *Brief an d'Alembert* auf die Frage, was der Gegenstand öffentlicher Schauspiele in einer Republik sein könnte, »Rien, si l'on veut«, »Nichts, wenn man will« geantwortet hat. Dieses »Nichts« allerdings hat für Rousseau nichts Erschreckendes, sondern lenkt den Blick aufs Performative. Wichtiger als die Inhalte und zu lösenden Probleme ist die Verwandlung der Zuschauer in Darsteller, ist die Erfahrung der freien Assoziation und sozialen Verbundenheit. Für Rousseau ist diese demokratische Erfahrung der Leere ein Fest.

Was werden aber schließlich die Gegenstände dieses Schauspiels sein? Was wird es zeigen? Nichts, wenn man will. Mit der Freiheit herrscht überall, wo viele Menschen zusammenkommen, auch die Freude. Pflanzt in der Mitte eines Platzes einen mit Blumen bekränzten Baum auf, versammelt dort das

Volk, und ihr werdet ein Fest haben. Oder noch besser: stellt die Zuschauer zur Schau, macht sie selbst zu Darstellern, sorgt dafür, daß ein jeder sich im andern erkennt und liebt, daß alle besser miteinander verbunden sind.[97]

Wie aber ist so eine Feier der Republik mit dem alltäglichen Leben der bürgerlichen Gesellschaft vereinbar? Dieses Leben ist ja insofern wenig feierlich, als es sich vor allem über Arbeit definiert: »Das bürgerliche Subjekt«, so der Soziologe Andreas Reckwitz, »ist primär ein Arbeitssubjekt.«[98] Und all die Arbeitssubjekte werden um 1800 in der Regel nicht als miteinander verbundene, feiernde Darsteller der Republik, einer sie unmittelbar angehenden ›öffentlichen Sache‹, sondern als individuelle Nutzenmaximierer gedacht. Vergesellschaftung findet dabei nicht über Rousseaus Schauspiele und Feste statt, sondern über eine sich immer stärker ausbreitende Vermarktlichung. Komplementär zu dieser Vermarktlichung entsteht eine hoch aufgeladene, immer wichtiger werdende Sphäre des Privaten, ein (auch rechtlich) geschützter Raum, in dem die über den Markt vertriebenen Produkte konsumiert oder als Eigentum inszeniert werden und in den die (männlichen) Arbeitssubjekte all die über den Markt nicht zu stillenden Bedürfnisse nach Sinn und Trost auslagern, wodurch um 1800 neuartige, kleinfamilial organisierte Formen patriarchaler Intimität entstehen. Wie, so die bereits am Anfang der modernen Demokratiegeschichte aufgeworfene Frage, soll so ein Arbeits- und Intimitätssubjekt zu einem geübten Darsteller innerhalb der Demokratie werden, wie wird aus dem bürgerlichen Nutzenmaximierer ein mündiger *Citoyen*?

Um 1800 wimmelt es von solchen Fragen, die auf fundamentale Zerrissenheiten, Leerstellen und »Friktionen«[99] des bürgerlichen Subjekts verweisen. Eines der Spannungsfelder, in denen sich das bürgerliche Subjekt bewegt, hat mit der bereits erwähnten »Unruhe der Welt« zu tun, die das »Ergebnis einer bemerkenswerten kulturellen Inversion«[100] ist. Diese Umkehrung liegt in der enormen kulturellen Aufwertung der Arbeit: Während die herrschenden Klassen früherer Epochen in der Nicht-Arbeit, in Müßiggang und zweckfreier Zerstreuung, das entscheidende Distinktionsmerkmal zu allen anderen, untergeordneten Klassen sahen, sieht die aufsteigende Klasse des Bürgertums gerade in der Arbeit, in den durch Leistung, Disziplin und Professionalität erzeugten Werten der eigenen Arbeit die entscheidende Legitimationsquelle der bürgerlichen Existenz. Was im Zuge dieser kulturellen Inversion radikal abgewertet wird, ist jede Form von Langeweile und ungenutzter, leerer Zeit.

Auch Kant ist ein entschiedener Gegner der Langeweile und proklamiert bürgerliche Selbsttechniken, die bei aller inhaltlichen Offenheit doch sehr streng auf bestimmte Formen der Lebensführung ausgerichtet sind: Was wir, so Kant in dem Abschnitt *Von der langen Weile und dem Kurzweil* in seiner *Anthropologie in pragmatischer Hinsicht*, im Leben insgesamt und im Alter im Besonderen zu tun haben, ist das »Ausfüllen der Zeit durch planmäßig fortschreitende Beschäftigungen, die einen großen beabsichtigten Zweck zur Folge haben«.[101] Worum es also geht, ist ein bestimmtes Arbeitsethos, sind Pläne und Projekte. Wolfgang Herrndorf würde sagen: *Arbeit und Struktur*.[102]

Auf diese Weise ist am Ende des Lebens vielleicht so etwas wie Zufriedenheit erreichbar; im Verlauf des Lebens aber ist (absolute) Zufriedenheit »als tatlose *Ruhe* und Stillstand der Triebfedern«[103] unerreichbar und für Kant auch gar nicht erstrebenswert. Die Unzufriedenheit der zweckrationalen Projektemacher ist allerdings eindeutig der Unzufriedenheit und Unruhe derjenigen vorzuziehen, die bloß nach »Genuß aller Art« jagen und dabei früher oder später gelangweilt vom »Grauen (horror vacui)« angesichts der eigenen »Leere an Empfindungen« erfasst werden. Nichts ist für Kant schlimmer als diese Leere im eigenen Kopf – das verbindet den »üppige[n] Mensch[en]« in Frankreich oder England mit dem »Karaibe[n]«, der »stundenlang mit seiner Angel sitzen« und an gar nichts denken kann.[104]

Selbst bei Rousseau, dessen Bild vom Naturzustand der »Karaiben« deutlich positiver als bei Kant ausfällt, findet sich das bürgerliche Arbeitsethos. Gerichtet ist es auch bei ihm, wie bei so vielen bürgerlichen Denkern des 18. Jahrhunderts, gegen aristokratische Formen der privilegierten Nicht-Arbeit. »Wer im Müßiggang verzehrt, was er nicht verdient hat, stiehlt es«, so Rousseau – ein Gedanke, der bis heute nichts von seiner Sprengkraft verloren hat und der politisch mindestens zu einer radikalen Besteuerung per se unverdienter Erbschaften führen würde.[105]

Zu den Zerrissenheiten und Friktionen der bürgerlichen Subjektkultur trägt das Arbeitsethos deshalb bei, weil die Sache mit der Langeweile und Leere nicht so einfach zu externalisieren ist, wie es zunächst den Anschein hat. Langeweile und Leere sind nicht einfach als Dekadenzphänomene einer überholten aristokratischen Kultur oder als Eigenschaften ›primitiver‹ Völker abzutun, von denen man sich unterscheiden will, vielmehr nisten sie sich mitten in der bürgerlichen Subjektkultur selbst ein. Wenn Goethes Werther über das »glänzende Elend der Langeweile«

klagt und die Menschen verachtet, »deren ganze Seele auf dem Ceremoniel ruht«, richtet er sich noch unverkennbar gegen das aristokratische Leben bei Hofe, wohin es ihn am Anfang des zweiten Romanteils verschlagen hat.[106] Noch fünfzig Jahre später verortet Büchners *Leonce und Lena* die Langeweile in den Leerläufen höfischer Zeremonien, die es ja auch tatsächlich durch das ganze lange 19. Jahrhundert hindurch trotz 1789 und 1848 weiterhin gibt. Dennoch zeigt gerade Büchners *Leonce und Lena*, dass sich das Problem der Langeweile nicht mit der Abschaffung der alten Feudalstrukturen erledigen wird.

Komm Leonce, halte mir einen Monolog, ich will zuhören. Mein Leben gähnt mich an, wie ein großer weißer Bogen Papier, den ich vollschreiben soll, aber ich bringe keinen Buchstaben heraus. Mein Kopf ist ein leerer Tanzsaal, einige verwelkte Rosen und zerknitterte Bänder auf dem Boden, geborstene Violinen in der Ecke, die letzten Tänzer haben die Masken abgenommen und sehen mit totmüden Augen einander an.[107]

Wie in Büchners *Lenz* verblüffen auch hier die modernen Bilder: der Kopf als leerer Tanzsaal, die geborstenen Violinen. Vor allem aber verweist das Bild des großen weißen Papierbogens, »den ich vollschreiben soll«, auf eine normative Ordnung, die allererst mit der bürgerlichen Subjektkultur installiert wird: den verinnerlichten Zwang, keinem vorgegebenen Text zu folgen, sondern die Geschichte des eigenen Lebens selbst zu schreiben und kreativ zu sein.[108] Anders gesagt: Je mehr man arbeiten oder gar kreativ sein muss, desto spürbarer werden Leerlauf und Langeweile.

Vor dem Hintergrund dieser neuen normativen Ordnung entstehen neue mentale Herrschaftsformen und neue Formen des Unglücks. Die gegen den Adel gerichteten Begriffe und Bilder wechseln dabei zum Teil ihre Positionen, so dass der alte adlige Müßiggang fast schon wieder befreiend und fortschrittlich wirkt. Wenn Goethe in *Dichtung und Wahrheit* über den Dichter Lenz schreibt, er habe beim »Abarbeiten in der Selbstbeobachtung« »alle übrigen Un- oder Halbbeschäftigten« übertroffen[109], wird der ganze Stress deutlich, der dadurch entsteht, dass das Arbeiten als »Abarbeiten« nach innen verlagert wird. Hinzu kommt, dass diese Form der bürgerlichen und eben nicht aristokratischen Psycho-Arbeit eigentlich nur für Pubertät und Adoleszenz vorgesehen ist. Auch die »Un- und Halbbeschäftigten« müssen irgendwann im Sinne Kants den einen oder anderen »großen beabsichtigten Zweck« vorweisen und dürfen nicht endlos, so Goethe, »viele Stunden verschlendern«. Wenn Goethe kritisiert, dass die Tage bei Lenz »aus lauter Nichts zusammengesetzt sind«[110], verortet er dessen Abarbeiten in der Selbstbeobachtung gerade nicht auf der Seite echter, bürgerlicher Arbeit, sondern auf der Seite einer vergeudeten, leeren Zeit, die keinen Zweck und kein Ziel hat. Schon im *Werther* hat Goethe mit einer solchen Form der pubertären Leere, die permanent mit angelesenen Bildern gestopft wird, abgerechnet. Im Rückblick von *Dichtung und Wahrheit* grenzt er sich als reifer, erfolgreicher Schriftsteller vollends davon ab; auf der Gegenseite stehen die psychisch Labilen und Erfolglosen wie Lenz. Auch Hegels fast zeitgleiche Kritik an der romantischen Subjektivität, sein Vorwurf, das ironische, romantische Ich sei eitel, »hohl und leer«[111], externalisiert die Negativität, die doch bei Hegel eigentlich die innere Struktur des Subjekts bestimmt.

Vor diesem normativen Hintergrund sind Leere und Langeweile beileibe nicht zu verklären. Schon in Büchners *Lenz* führen sie – lange vor den Diagnosen vom erschöpften Selbst und der Müdigkeitsgesellschaft[112] – zu »Angst« und »Erschöpfung«.[113] Auch die Langeweile eines Letzten Menschen wie bei Mary Shelley stößt nicht nur an die Grenzen der Erzählbarkeit, sondern auch an die Grenzen des Suizids. Oder aber die Langeweile schlägt um in Gewalt und Aggression, die sich nicht nach innen und autoaggressiv gegen das eigene Selbst, sondern kalt und zynisch nach außen und gegen andere wendet – ein Topos, der von de Sades gelangweilten Libertins bis hin zu Bret Easton Ellis' *American Psycho* reicht.

Dennoch steckt in der Langeweile um 1800 auch ein subversives Potential. Zum einen nämlich eröffnet die Langeweile ein alternatives Zeit-, Erzähl- und Lebensmodell, das mit seiner Aufwertung *zweckfreier* Praktiken[114] vom romantischen Taugenichts über die Figur des Flaneurs und Bartlebys legendäres »I would prefer not to« bis hin zur Wiederentdeckung von Entnetzung, Entschleunigung und Nichtstun im 21. Jahrhundert reicht. Wie noch zu sehen sein wird, findet insbesondere in der Epoche der ästhetischen Moderne, in den Erzählverweigerungen und narrativen Pausen der Literatur, in den Zeit-Bildern des modernen Films, aber auch in den Experimenten mit gegenstandsloser Malerei und musikalischer Stille, eine große Aufwertung der leeren Zeit und Langeweile statt. Und nicht zufällig lässt sich ein so strenger Modernist wie Adorno gerade beim Thema Arbeit und Produktivität zu einem seiner seltenen Glücksbilder hinreißen: »Einer Menschheit«, so Adorno in seinen *Minima Moralia*,

welche Not nicht mehr kennt, dämmert gar etwas von dem Wahnhaften, Vergeblichen all der Veranstaltungen, welche bis dahin getroffen wurden, um der Not zu entgehen, und welche die Not mit dem Reichtum erweitert reproduzierten. Genuß selber würde davon berührt, so wie sein gegenwärtiges Schema von der Betriebsamkeit, dem Planen, seinen Willen Haben, Unterjochen nicht getrennt werden kann. Rien faire comme une bête, auf dem Wasser liegen und friedlich in den Himmel schauen, »sein, sonst nichts, ohne alle weitere Bestimmung und Erfüllung« könnte an Stelle von Prozeß, Tun, Erfüllen treten [...].[115]

Zum anderen verweist die Langeweile auch auf die Leere der bürgerlichen Marktgesellschaft, auf das hohle »Ceremoniel«, das es dort zum Beispiel in Form von Bullshit-Jobs genauso wie in der (neo-)feudalen Klasse der Aristokraten und Superreichen gibt, das aber aufgrund anderer Ansprüche und Kreativitätsnormen mit innerem »Streit«[116] und Erschöpfung einhergeht. Selbst bewusste Auszeiten, Sabbaticals und Gap Years sind Teil der eigenen Vermarktung, hinter der per se keine substantiellen Werte, sondern nur volatile, unzuverlässige Tauschwerte und Konjunkturen stehen.

Die Leere der Marktgesellschaft hat mit diesem Volatilen, mit dem Spektakulären und Spekulativen zu tun, das sich nicht erst in der *new economy*, sondern von Anfang an bereits in der *old economy* hinter der Fassade von Professionalität, Moral und Berechenbarkeit verbirgt. Leere – das ist marktwirtschaftlich gesehen der immer mögliche Ruin und Bankrott.[117] Viele Geschichten des 19. Jahrhunderts handeln genau davon: von haltloser Spekulation und totalem Ruin, von Hochstapelei und der Hohlheit sämtlicher bürgerlicher Institutionen, allen voran der Ehe. Wie die bürgerliche Marktgesellschaft die Not mit dem Reichtum erweitert reproduziert, so gehen gerade mit den Hoffnungen und Beschleunigungen der bürgerlichen Epoche auch neue Formen der Leere und Melancholie einher.[118]

III. Die Leere im Jahrhundert der Dinge

»Die Schöpfung hat sich so breit gemacht, da
ist nichts leer, Alles voll Gewimmels.«
Georg Büchner, *Dantons Tod*

Für eine Kulturgeschichte der Leere scheint es auf den ersten Blick keine ungeeignetere Epoche als das 19. Jahrhundert zu geben. Industrialisierung und Urbanisierung, die zunehmende Massenproduktion in den Fabriken und die Bevölkerungsexplosion in den Metropolen lassen das vorangestellte Motto von Georg Büchner in einem anderen Licht erscheinen: Nicht die Schöpfung, sondern der Kapitalismus macht sich im 19. Jahrhundert so breit, dass nichts mehr leer ist, sondern »Alles voll Gewimmels«. Wobei mit Gewimmel, sozialgeschichtlich betrachtet, nicht nur die auf engstem Raum lebenden und arbeitenden Proletarier in Manchester oder die »Massen« in Großstädten wie Paris gemeint sind; mit Gewimmel ist auch der beschleunigte Personen- und Güterverkehr per Eisenbahn und Dampfschiff, die Entstehung des modernen Tourismus samt Baedeker, Postkarte und Briefmarke oder das moderne Warenhaus gemeint, kurz gesagt: all die im 19. Jahrhundert neu entstehenden Technologien und Orte der Zirkulation – und auf der Ebene der transportierten, zirkulierenden Güter jede Menge neues Zeug. Nicht zufällig spricht Hartmut Böhme in seiner Studie über *Fetischismus und Kultur* vom 19. Jahrhundert als dem »Saeculum der Dinge«.[1]

Wirtschaftsgeschichtlich entspricht diesem Jahrhundert der Dinge eine ungeheure Entfesselung der Produktivkräfte, deren kapitalistische Dynamik niemand treffender beschrieben hat als Karl Marx und Friedrich Engels in ihrem 1848 veröffentlichten *Kommunistischen Manifest*:

Unterjochung der Naturkräfte, Maschinerie, Anwendung der Chemie auf Industrie und Ackerbau, Dampfschiffahrt, Eisenbahnen, elektrische Telegraphen, Urbarmachung ganzer Weltteile, Schiffbarmachung der Flüsse, ganze aus dem Boden hervorgestampfte Bevölkerungen – welches frühere Jahrhundert ahnte, daß solche Produktionskräfte im Schoß der gesellschaftlichen Arbeit schlummerten.²

Da dieser Prozess, in dem nach Marx und Engels »alles Ständische und Stehende verdampft«³, permanent Grenzen überschreitet, breitet sich die mit ihm verbundene Dynamik nicht nur weltweit, sondern auch in allen Lebensbereichen aus. Leere als ungenutzte, verschwendete Zeit, als Langeweile und Leerlauf, oder Leere als noch unerschlossener Raum, als (scheinbare) *terra nullius* oder unberührte Natur, ist in diesem Prozess nicht vorgesehen. Andererseits wird gerade in einer Welt des zunehmenden Gewimmels, in einer Welt der beschleunigten, globalen Produktion immer neuer Dinge und Wissensbereiche, in einer Welt, die *positivistisch* alles Gegebene der Gegenwart und *historistisch* alles Gefundene der Vergangenheit anhäuft, die Leere besonders attraktiv. Man könnte vielleicht sagen: Die Leere ist im 19. Jahrhundert einer der unheimlichen Begleiter des zunehmenden Gewimmels – ein Begleiter, der so befremdlich und unerwünscht wie faszinierend und ästhetisch produktiv sein kann.

Großstadt und Melancholie

Einer der Motoren, durch die Leere in künstlerische Produktivität verwandelt werden kann, ist seit jeher die Melancholie. Nach Sigmund Freud geht die Melancholie, die im Unterschied zur Trauer ihren eigenen Grund nicht durchschaut, mit einer »aufdringlichen Mitteilsamkeit« einher.⁴ Walter Benjamin spricht in Bezug auf das deutsche Trauerspiel von »Ostentation«.⁵ Melancholie also zeigt sich im kreisenden, potentiell unendlichen Reden über einen Objektverlust, bei dem sich der Akzent »vom verlorenen, nicht darstellbaren Objekt auf den signifikativen Prozeß der artistisch inszenierten Nichtdarstellbarkeit selbst« verlagert.⁶ In dieser artistisch-libidinösen Struktur der Melancholie ist ihre seit Aristoteles immer wieder diskutierte Nähe zur künstlerischen Produktion angelegt – und auch ihr lustvoller Hang zu den immer gleichen Bildern von Verlust, Lücke, Leere und Tod.

Spätestens seit Walter Benjamin allerdings wird diese allgemeine Struktur der Melancholie auch historisch gesehen und hat ihren spezifisch modernen Ort nicht zufällig im 19. Jahrhundert. Die Autoren, auf die sich Benjamin dabei vor allem beruft, sind Edgar Allan Poe und Charles Baudelaire.

Geradezu idealtypisch melancholisch umkreist Poes berühmtestes Gedicht *The Raven* mit seinem wiederholten »nevermore« und seiner durchgängig schwarzen Farbsymbolik den Tod einer klanglich passenden Frauenfigur namens »Lenore«: »here I opened wide / the door; – / Darkness there and nothing more.«[7] Bis hin zum Gedankenstrich als sichtbarem Zeichen von Leere und Abwesenheit berauscht sich Poes Gedicht an seiner eigenen Artistik und benutzt das Todes- und Verlustmotiv für die Produktion und Komposition eines schön klingenden Textes. Das hat in seiner Verlagerung vom Inhalt zur Form durchaus etwas Modernes. Historisch entscheidend ist aber aus Benjamins Sicht, dass die Melancholie im modernen Erfahrungsraum der Großstadt verortet ist – und diese Verortung fehlt in *The Raven*.

Ganz anders dagegen Baudelaires Sonett *A une Passante* aus dem Gedichtband *Les Fleurs du Mal*. In Paris, der Hauptstadt des 19. Jahrhunderts, gibt es keinen abgeschlossenen, vertrauten Raum als Ausgangspunkt mehr, in dem das melancholische Subjekt der Dunkelheit draußen gemütlich die Tür öffnet. Das Subjekt ist vielmehr selbst ruhelos draußen unterwegs. Der Objektverlust und die Leere passieren im Personen- und Warenverkehr auf der Straße, buchstäblich im Vorübergehen: »Un éclair ... puis la nuit! – Fugitive beauté« / »Ein Blitz ... Und dann die Nacht! – Flüchtige Schönheit.«[8] Auch hier also wie in *The Raven* mit den Auslassungspunkten und dem Gedankenstrich gleich zwei graphische Markierungen der Leere und das Bild der Nacht. Das Setting aber ist ein ganz anderes: Während das lyrische Ich bei Poe in einem ruhigen Raum mit Tür und Fenster, Sessel und Kissen durch den hereinfliegenden Raben damit konfrontiert wird, dass die Geliebte niemals wiederkehrt, bewegt sich das lyrische Ich bei Baudelaire auf einer Straße, die rings umher betäubend heult (»La rue assourdissante autour de moi hurlait«), und die bewunderte Frauenfigur ist lediglich eine vorübergehende Fremde, eine Passantin, die sogleich wieder in der Anonymität der großen Stadt verschwindet. Mit Poes »nevermore« korrespondiert zwar Baudelaires »jamais«, aber dieses Niemals ist anders als bei Poe mit einem »vielleicht« versehen, da ein Wiedersehen in der großen Stadt zwar höchst unwahrscheinlich, aber nicht unmöglich, also kontingent ist. Und auch wenn der Zufall zu keinem Wiedersehen führt, sind doch immer wieder andere, ähnliche Zufälle möglich. Baudelaires melancholisches Gedicht feiert diese Kontingenz als Inbegriff der anbrechenden Moderne: »Die Modernität ist das Vergängliche, das Flüchtige, das Zufällige, die eine Hälfte der Kunst, deren andere Hälfte das Ewige und Unwandelbare ist.«[9] Doch auch bei Poe gibt es literarische Erkundungen dieser Kontingenz. Eine seiner Erzählungen, die nicht erst Benjamin, sondern bereits Baudelaire selbst wegen ihrer Modernität und der damit verbundenen Figur des durch das Gewimmel wandernden Flaneurs besonders bewundert hat, ist Poes *The Man of the Crowd*.

Der Ich-Erzähler der Geschichte hat gerade eine längere Krankheit überwunden und befindet sich in einer Stimmung, die demonstrativ als »das Gegenteil von *ennui*« ausgegeben wird.[10] Was aber macht dieser Ich-Erzähler? Er sitzt in London in einem Café und beobachtet durchs Fenster die vorübereilenden Passanten. Genau genommen beobachtet er sie nicht einfach, sondern typisiert sie und verwandelt sie in Personifikationen für übergeordnete Begriffe. Mit Benjamin gesprochen: Das Beobachtete wird »unterm Blick der Melancholie« allegorisch; es verwandelt sich in ein totes, fixiertes Zeichen, dem der Allegoriker eine bestimmte Bedeutung und Wertung zuschreibt.[11] Das allegorische Verfahren verrät also – trotz des angeblich überwundenen *ennui* – den Melancholiker.

Nachdem dieser Melancholiker als Ich-Erzähler zunächst nur abstrakt über die Passanten als »Herden-Ganzes« nachgedacht hat, widmet er sich mit vermeintlich »minuziösem Interesse« den »unzähligen Varietäten« vor dem Fenster: Da gibt es zunächst die eher müßigen und die rastlosen »Durchschnittler der Gesellschaft«, die den Ich-Erzähler nicht weiter interessieren: »Adlige, Kaufleute, Advokaten, Krämer und Börsenjobber«. Schon interessanter sind dann die unteren Vertreter, die, so »die beste Definition dieser Klasse«, bereits abgelegte Manieren wie Second-Hand-Kleider auftragen, und die höheren »Clerks«, die mit ihrer bequemen Kleidung »etwas ausgesprochen Honoriges« ausstrahlen. Die Taxonomie des Beobachters geht daraufhin immer weiter »abwärts«, wobei der Ort des jeweiligen Sozialtypus auf der gesellschaftlichen »Leiter« immer deutlicher am Äußeren ablesbar zu sein scheint: Die »Rasse der Taschenmarder« erkennt der Ich-Erzähler zum Beispiel an ihren Manschetten, die »Spieler und Spekulanten« an ihren vergoldeten Ketten, Dandys haben lange Locken, »jüdische Händler« blitzende »Habichtaugen«, junge Mädchen schaudern mit traurigen Augen vor den Blicken der »Rohlinge« zurück, und die »schminkebesudelte alte Vettel« versucht krampfhaft, jung zu erscheinen.

Nicht zufällig greift der Text auch bei solchen allegorischen Vermessungen der Gesellschaft am Ende auf den Gedankenstrich zwischen den aufgelisteten »Varietäten« zurück – als Zeichen dafür, dass hier völlig beliebig, komplett stereotyp und »ohne strenge Vorstellung eines Ziels Bruchstücke ganz unausgesetzt«[12] aneinandergereiht und gehäuft werden. Auch wenn der Text noch so viele Begriffe auffährt und konkrete soziale Phänomene zu beleuchten vorgibt – die behauptete Anschauung bleibt ebenso blind, wie die Begriffe leer bleiben. Das »windige Schwadronieren des Gorgias«, von dem der Erzähler sich anfangs abzugrenzen versucht – es gilt für ihn selbst.

Dieses Windige und Leere spiegelt sich dann konsequent in dem Mann, dem der Erzähler nach Abbruch seiner Beobachtungen neugierig durch die halbe Stadt folgt. »Ist er ein Verbrecher, den die Einsamkeit schreckt? Ist er ein Schwachkopf, der sich selbst nicht ertragen kann?«, fragt Baudelaire in seinem Essay über Edgar Allan Poe.[13] Für Poes Erzähler immerhin ist die Sache klar: Nachdem er dem Fremden viele Stunden lang gefolgt ist, ohne dass sich für ihn (und für den über mehrere Seiten folgenden Leser) die anfangs erhoffte »wilde Geschichte« offenbart hätte, erscheint ihm der Fremde schließlich als personifizierter *Man of the Crowd*: als jemand, den es wie einen Süchtigen fortwährend ins »Gewühl« und »Gewimmel« der Stadt treibt. Über dieses Getriebensein hinaus ist seine Seele unlesbar, etwaige Geheimnisse, wilde Geschichten oder gar Verbrechen bleiben »ohne Klärung«, die Neugier, die sich anfänglich auf den Fremden richtete, läuft erschöpft ins Leere.

Die Frage aber ist, ob der Erzähler selbst dieser Leere entkommt, wenn er am Ende unter die erzählte Verfolgungsjagd wie in einer Art *subscriptio* das Urteil setzt: »Er ist der Massenmensch.« Denn erstens ist die Getriebenheit des Fremden ja nur eine Verdopplung der Getriebenheit des Erzählers, und zweitens mag die allegorische Lesart des Fremden als »Massenmensch« zwar von der substantiellen Macht einer moralischen Zuschreibung zeugen, doch auch diese Zuschreibung ist wie die antisemitischen, misogynen und kulturkritischen Typisierungen des Anfangs lediglich eine Worthülse aus dem Lexikon der Gemeinplätze. Der Erzähler also ist mit seinen Begriffen aus der Crowd massenmedial verbreiteter Phrasen des 19. Jahrhunderts auch nichts anderes als ein »Massenmensch«, und seine titelgebende Allegorie geht, mit Benjamin gesagt, am Ende leer aus.

Eigentumsmüdigkeit

Leere, so scheint es zunächst, ist im 19. Jahrhundert aufs Gewimmel der Großstadt angewiesen. In der bereits zitierten Passage aus Baudelaires *Der Maler des modernen Lebens* ist von der »große[n] Wüste der Menschen« die Rede, die der Flaneur in der Großstadt »unablässig durchwandert«, und in Poes *Man of the Crowd* wird das Bild vom »tumultuosenden Meer von Menschenköpfen« verwendet. Um urbane Massenphänomene zu beschreiben, greifen die Texte also auf Metaphern zurück, die sich scheinbar paradoxerweise aus den Bildfeldern menschenleerer, glatter Räume[14] wie Wüste und Meer speisen. Eine ähnliche Paradoxie gilt für die Sphäre der Zirkulation. Gerade da, wo es nur so wimmelt von Zeug und Plunder aller Art, »tauschen die Dinge«, wie Benjamin in seinem großen *Passagen-Werk* schreibt, »den Kaspar-Hauser-Blick mit dem Nichts«. Hervorgerufen wird dieses »Blickwispern« durch die zahlreichen Spiegel in den Pariser Passagen, die zweideutig vom »Nirwana« herüberwinken.[15] Man kann sich dabei aber auch die vollgestopften, ebenfalls oft mit Spiegeln behängten Interieurs des 19. Jahrhunderts vorstellen. Charakteristisch für diese überladenen Interieurs ist dem Kulturwissenschaftler Günter Oesterle zufolge das eklektizistische Zusammenstellen unterschiedlichster Stile vom geschwungenen Rokoko im Damenzimmer bis zur eckig-schweren Neorenaissance in der Herrenbibliothek, vor allem aber die Überfülle von Dingen aus aller Welt, die auf Sideboards und ›Nippestischchen‹ ausgestellt und inszeniert wird:

Die Veränderung der Wohnatmosphäre von der Empirezeit im ersten Drittel des 19. Jahrhunderts mit der evidenten Balance von möblierter Fülle und raumfreilassender Offenheit zu einer historistischen Überfülle der Möblierung und Dingausstellung in der zweiten Hälfte des 19. Jahrhunderts dürfte eine der augenfälligsten Veränderungen der Innenraumgeschichte des 19. Jahrhunderts sein.[16]

Da sich diese bürgerlichen Innenräume nicht nur in der Großstadt, sondern auch in der Provinz befinden, zeigt sich die Leere im Jahrhundert der Dinge nicht nur im urbanen Erfahrungsraum. Marx und Engels stellen der kapitalistischen Dynamik der Moderne zwar den »Idiotismus des Landlebens« gegenüber.[17] Dennoch gibt es einen Autor, der ausgehend von der Idiotie des deutschen Landlebens wie kein anderer im Jahrhundert der Dinge schonungslose Blicke mit dem Nichts getauscht hat: Wilhelm Raabe.

Worauf zum Beispiel schaut der Apotheker Philipp Kristeller in Raabes Erzählung *Zum wilden Mann*, während er in seiner mit allerlei Bildern, Möbeln und Plunder vollgestopften Stube sitzt und die Stirn melancholisch auf seine Hand stützt? Er schaut auf einen leeren Lehnstuhl ihm gegenüber.[18] Der scheinbar harmlos-provinzielle Text holt also gleich am Anfang ein ziemlich schweres Zeichen aus dem kulturellen Gedächtnis: den leeren Thron aus der Offenbarung des Johannes (22, 1–5). Dieser leere Thron steht bei Raabe aber nicht eschatologisch für das kommende Reich Gottes, sondern rückwärtsgewandt und sehr profan für eine ökonomische Schuld. In einer Runde mit befreundeten Vertretern der Dorfgemeinschaft erzählt Kristeller die Geschichte des leeren Lehnstuhls und geht damit an den Nullpunkt seiner bürgerlichen Karriere zurück. Vor mehr als dreißig Jahren nämlich hatte der Apotheker buchstäblich »gar nichts«;[19] das von einem leichtsinnigen Vormund verwaltete väterliche Erbe in Höhe einiger Tausend Taler war »bis auf ein Minimum verschwunden«.[20] Durch einen Zufall aber begegnet Kristeller einem geheimnisvollen Fremden, der ihm und seiner Verlobten Johanne 9500 Taler in Form von Staatspapieren und Schuldverschreibungen vermacht, bevor er – wie viele andere Figuren im Raabe'schen Erzählkosmos – nach Übersee aufbricht. Mit diesem Kapital, das Kristeller und seine Verlobte nicht als Geschenk, sondern als »Darlehen« verstehen, gründet der Apotheker seine Existenz. Johanne allerdings stirbt, bevor die Apotheke bezogen werden kann, und Kristellers Schwester zieht »an ihrer Stelle« in das Haus mit ein. Mitten im fortschrittsgläubigen 19. Jahrhundert handelt Raabes Erzählung *Zum wilden Mann* also von der Bodenlosigkeit der bürgerlichen Existenz, indem sie die ökonomische Karriere des Apothekers – im Rückblick – mit einem höchst dubiosen *gift* und dem Tod der Braut starten lässt. Der leere Thron ist der von den Brautleuten reservierte Platz für den womöglich irgendwann zurückkehrenden Geldgeber. Und natürlich kommt der mysteriöse Gönner genau dann zurück, als Kristeller seine Geschichte zu Ende erzählt hat, und verlangt das teuflische ›Geschenk‹ mit Zinseszins zurück. Die Leere, »die das Interieur ermöglicht hatte«, so Günter Oesterle, »frisst es nun im Folgenden wieder auf«.[21] Die ökonomische Bodenlosigkeit des Anfangs wiederholt sich folgerichtig am Ende, wenn Kristeller das gesamte, im Lauf seiner bürgerlichen Karriere angesammelte (aber offenbar nicht gewinnbringend vermehrte) Eigentum versteigert:

Ein kahleres Haus gab es nachher nicht im Orte. Nur der Inhalt der Büchsen und Gläser der Offizin blieb verschont; die Freunde und Bekannten aber überlegten und mutmaßten nach allen Richtungen hin und kamen zuletzt sämtlich auf die nicht ganz unwahrscheinliche Vermutung, dass ihr Freund, Herr Philipp Kristeller, in schlechten Papieren ganz heimlich spekuliert und sich verspekuliert habe.[22]

Auch in Raabes 1896 erschienenem Roman *Die Akten des Vogelsangs* wird ein kompletter bürgerlicher Haushalt leergeräumt. Mitten in der sogenannten Gründerzeit also erzählt Raabes Roman nicht vom Gründen und Aufsteigen, sondern vom Verbrennen und Vernichten. Getrieben von einer für ihn typischen »Eigentumsmüdigkeit«[23], entrümpelt Velten Andres, eine der Hauptfiguren des Romans, nach dem Tod der Mutter das gesamte Elternhaus und entsorgt mit all den Gegenständen und Erinnerungsstücken der familiären Herkunft die gesamte bürgerliche Vorstellung einer »soliden Existenz«.[24]

An den Wänden deuteten auf abgeblaßten Tapeten dunklere Flecken an, wo Bilder gehangen hatten. [...] Der späte Enkel sehe sich in seinen eigenen vier Wänden um, denke sich alles fort, was in irgendeiner Weise was zu sagen, was vertraute und vertrauliche Form und Farbe für ihn hat, und erlasse es mir, von diesem Aufräumen malerisch weiterzuschreiben.[25]

Einer von Raabes Zeitgenossen, die sich diesem Aufräumen malerisch gestellt haben, war der dänische Künstler Vilhelm Hammershøi. Seine Bilder vom kahlen, reduzierten *Interieur. Strandgade 30*, die nur wenige Jahre nach Raabes *Die Akten des Vogelsangs* entstanden sind, könnten auch in Velten Andres' leergeräumtem Elternhaus gemalt worden sein. Ikonographisch gehen sie einerseits zurück auf die »anwesende Abwesenheit« der holländischen Malerei des 17. Jahrhunderts[26], sie verweisen andererseits aber auch bereits auf bestimmte Bildwelten des 20. und 21. Jahrhunderts: von den radikalen Reduktionen der Moderne über die (fast) leeren Räume Edward Hoppers bis hin zu den filmischen Leerräumen bei Antonioni oder Sofia Coppola, von denen noch die Rede sein wird.

Was genau ist aber das Beunruhigende an Velten Andres' großer Entleerung des geerbten Elternhauses? Dass es bei dem »Autodafé«[27] nicht nur um die Tat eines verrückt gewordenen Außenseiters, sondern um eine viel umfassendere Entleerung geht, benennt niemand im Roman so klar wie die Ehefrau von Velten Andres' Freund Karl Krumhardt: Zu Recht weist sie ihren Mann darauf hin, dass er, der dem Freund bereitwillig bei der Entsorgung des bürgerlichen Haushalts hilft, doch auch gleich die Fotografien von ihr und dem erstgeborenen Sohn, ja im Grunde sogar, konsequent weitergedacht, sie und den Sohn selbst im Ofen verbrennen könnte.[28] Wie die Bürger von Vogelsang bei aller Befremdung durchaus neidisch auf Veltens Freiheit sind, lässt auch der Text insgesamt keinen Zweifel an der Faszination, die Velten auf seinen Freund ausübt – eine Faszination, die aus der Sicht der Ehefrau verständlicherweise höchst beunruhigend ist: »Wie kann ich mich beruhigen, wenn solch ein Unhold dich mir unter den Händen austauscht und allmählich zu einem andern macht?«[29] Darüber hinaus aber besteht das Beunruhigende darin, dass das gesamte von der Familie zusammengetragene und vererbte Zeug »ohne eine *Bedeutung*«[30] für den letzten Nachkommen ist. Krumhardts Ehefrau ahnt, dass auch sie als »Eigentum« des Mannes jederzeit bedeutungslos, also überflüssig werden kann, noch schlimmer: vielleicht immer schon war. Veltens Indifferenz den Dingen gegenüber offenbart die Unzuverlässigkeit zukünftiger, generationeller Bedeutungsübertragung und damit die Unzuverlässigkeit bürgerlich gesetzter Zeichen und Konventionen überhaupt: Wenn die eigenen Kinder irgendwann nicht mehr wertzuschätzen wissen, was man selbst aufgebaut hat, wird das eigene Tun womöglich tatsächlich keine Bedeutung gehabt haben.

Das Erhabene

Einer der Autoren des Realismus, bei dem paradoxerweise gerade die programmatische und demonstrative Nähe zu den Dingen in eine als schrecklich wahrgenommene Leere kippt, ist Adalbert Stifter. In einer berühmten Passage seiner autobiographischen Erzählung *Aus dem bairischen Walde* setzt er mitten in der Epoche des Realismus die Unerkennbarkeit der Realität in Folge eines mehrtägigen Schneesturms in Szene.[31]

Ich kehrte meine Aufmerksamkeit nach außen. Die Gestaltungen der Gegend waren nicht mehr sichtbar. Es war ein Gemisch da von undurchdringlichem Grau und Weiß, von Licht und Dämmerung, von Tag und Nacht, das sich unaufhörlich regte und durcheinander tobte, Alles verschlang, unendlich groß zu sein schien, in sich selber bald weiße fliegende Streifen gebar, bald ganz weiße Flächen, bald Ballen und andere Gebilde, und sogar in der nächsten Nähe nicht die geringste Linie oder Grenze eines festen Körpers erblicken ließ. Selbst die Oberfläche des Schnees war nicht zu erkennen. Die Erscheinung hatte etwas Furchtbares und großartig Erhabenes. Die Erhabenheit wirkte auf mich mit Gewalt und ich konnte mich von dem Fenster nicht trennen.[32]

Vor dem Schneesturm allerdings, im Sommer 1866, scheint die Welt am Fuß des Dreisesselberges im bayrischen Wald, wohin der Ich-Erzähler nach einer Kur in Karlsbad gereist ist, noch in Ordnung zu sein: »Man glaubt, die Welt ist voll Ruhe und Herrlichkeit.«[33] Diesem Glauben entspricht ein für Stifters Erzählen typisches Abschreiben, Aufzählen, Benennen und Katalogisieren der »unfaßbare[n] Menge der Dinge«, zunächst wie bei der Schilderung des Schneesturms vom Fenster aus, dann aber auch aus der »Nähe« beim Gehen. Das Inventar der sommerlichen Landschaft reicht dabei von den Kirchen der Ortschaften über zahlreiche Baumarten wie Tanne, Fichte, Buche und Erle bis hin zu Felsformationen, Granitblöcken und Schluchten. Allerdings wird diese Ordnung der Dinge nicht erst mit dem einsetzenden Schneesturm brüchig, sondern weist schon vorher bedrohliche Vorzeichen auf: Dem Weiß des späteren Schnees entspricht etwa das Weiß der Steine auf den Wiesen; die Entgrenzung, von der in der Schneesturm-Passage die Rede ist, wird bereits im Sommer erfahren, wenn beim Blick in den »Schlund« einer Schlucht die »Grenzfläche zwischen Wasser und Luft [...] nicht zu erkennen ist«; auch der Begriff der »Erhabenheit«[34] taucht bereits vor dem Schneesturm auf; und das spätere »Bild des weißen Ungeheuers«[35] wird bereits im »ungeheuern Gesichtskreise«[36] vorweggenommen.

In ihrem Buch *Whiteout. Schneefälle und Weißeinbrüche in der Literatur ab 1800* vertritt die Literaturwissenschaftlerin Sabine Frost die These, dass das scheinbar den Dingen zugewandte Erzählen im ersten Teil der Erzählung völlig abstrakt und damit leer bleibt[37]: Nicht erst der »Schneefall und das Schneeflirren setzen demnach [...] das Erzählen außer Kraft«, vielmehr stellen sie »dessen Scheitern rückwirkend aus«.[38] Die Welt ist also schon im ersten Teil nicht lesbar, die endlosen Substantiv-

Listen der sommerlichen Vermessung der Welt machen die »Gestaltungen der Gegend« genauso unsichtbar wie das endlose Schneegestöber, das dann folgt. Was für die Epoche des Realismus insgesamt charakteristisch ist, gilt auch für Stifter: Die Welt wird ›realistisch‹ beschworen und der praktizierte Realismus zugleich zum Problem.

Da es sich bei Stifters Erzählung um einen reflektierten Text handelt, hat er für dieses Problem auch einen Namen, der aus der Tradition der ästhetischen Theorie stammt: »Erhabenheit«. Durch das Erhabene erfahren wir, darüber sind sich alle Theoretiker des Erhabenen von Burke über Kant und Schiller bis Adorno und Lyotard einig, zunächst vor allem unsere eigene Begrenztheit. Kant unterscheidet dabei in seiner *Kritik der Urteilskraft* das mathematisch Erhabene vom dynamisch Erhabenen. Ersteres überfordert unser Erkenntnis- und Vorstellungsvermögen, weil es uns mit dem schlechthin Großen oder Unendlichen konfrontiert.[39] Letzteres bezieht sich auf die Erfahrung der Natur als bedrohliche, furchterregende Macht.[40] In seiner Schrift *Vom Erhabenen* greift Friedrich Schiller Kants Unterscheidung auf und schlägt ein anderes Begriffspaar vor: das theoretisch Erhabene und das praktisch Erhabene. Beim theoretisch Erhabenen »steht die Natur als *Objekt der Erkenntnis* im Widerspruch mit dem Vorstellungstriebe«, beim praktisch Erhabenen steht die Natur »als *Objekt der Empfindung* im Widerspruch mit dem Erhaltungstrieb«.[41] Das Erhabene überfordert also entweder unsere »*Fassungskraft*« oder es gefährdet unsere »*Lebenskraft*«; seiner Macht gegenüber verschwindet »die unsrige in nichts«.[42] Als Beispiele für erhabene Erkenntnisobjekte nennt Schiller einen »ungeheuer« hohen Turm oder Berg oder auch einen »Ozean in Ruhe«; ein »Ozean im Sturm« hingegen ist ein Beispiel für ein erhabenes Objekt der Empfindung, weil es auch unsere Selbsterhaltung bedroht und damit zu einem »Gegenstand der Furcht« wird.[43]

Was Kant und Schiller an der Wende zum 19. Jahrhundert noch säuberlich zu differenzieren versuchen, ist in Stifters Erzählung *Aus dem bairischen Walde* untrennbar verbunden: Wenn das »Gemisch da von undurchdringlichem Grau und Weiß« als »unendlich groß« erscheint, verweist das zunächst auf den Begriff des mathematisch oder theoretisch Erhabenen; wenn der Schneesturm dann aber als etwas »Furchtbares« wahrgenommen wird, bewegt sich Stifters Text im Register des dynamisch oder praktisch Erhabenen. Dieser Übergang vom Erkenntnisproblem des unendlich Großen zum Selbsterhaltungsproblem angesichts einer übermächtigen, furchtbaren Natur ist poetologisch insofern konsequent, als der von Schiller benannte »Widerspruch mit dem Vorstellungstriebe« in einem Text des poetischen Realismus eigentlich nicht vorgesehen ist. Der poetische Realismus will ja dem Programm nach beides: die Welt, auch die Natur, angemessen, realistisch abbilden und in dieser Abbildung zugleich symbolisch von einer hinter den Dingen liegenden Welt der Ideen erzählen. Das Erhabene steht für das Scheitern beider Ansprüche: Wenn die Welt unendlich groß und in ihrem Grau und Weiß fast monochrom erscheint, hat ein auf einzelne, differenzierte Dinge fokussierter Realismus *erstens* keinen Ausgangspunkt und kein Ziel mehr. Er läuft buchstäblich ins Leere. *Zweitens* geht es bei Kant und Schiller zwar wie im poetischen Realismus um die Welt der Ideen hinter den Dingen, aber wenn Kant das Erhabene als Gegenstand der Natur definiert, »dessen Vorstellung das Gemüt bestimmt, sich die Unerreichbarkeit der Natur als Darstellung von Ideen zu denken«[44], zerreißt genau diese Unerreichbarkeit das symbolische Band zwischen Realismus und Idealismus, zwischen Mimesis und Metaphysik. Der poetische Realismus will zum Allgemeinen der Ideen ja gerade nicht erst durch radikale Überforderungen und Grenzerfahrungen gelangen, sondern durch die Erfahrung des repräsentativen Besonderen mitten in der ›normalen‹ Welt. Das Erhabene also – als »Unerreichbarkeit der Natur«, als »Widerstand gegen das Interesse der Sinne«[45] – markiert nicht nur im Sinne des theoretisch Erhabenen ein Erkenntnisproblem, sondern es bedroht auch ganz praktisch – als poetologisch Furchtbares – das gesamte realistische Erzählprogramm.

Gemalte Leere

Auffällig oft tauchen im 19. Jahrhundert Bilder dessen auf, was Edmund Burke in seiner *Philosophischen Untersuchung über den Ursprung unserer Ideen vom Erhabenen und Schönen* »privation« nennt.[46] Bei Burke wird auch erstmals explizit das Erhabene mit der Leere verknüpft: »Alle *gänzlichen* Privationen haben etwas Großartiges, weil sie alle schrecklich sind: Leere [Vacuity], Finsternis, Einsamkeit, Schweigen.«[47] Auch Schiller ruft mit Verweis auf Vergils Unterwelt-Darstellung in der *Aeneis* – die gleiche Vergil-Passage zitiert Burke in seinem rund 40 Jahre vor Schiller erschienenen Text – Bilder der Leere auf: »Eine tiefe Stille, eine große

Leere, eine plötzliche Erhellung der Dunkelheit sind an sich sehr gleichgültige Dinge, die sich durch nichts als das Außerordentliche und Ungewöhnliche auszeichnen. Dennoch erregen sie ein Gefühl des Schreckens oder verstärken wenigstens den Eindruck desselben und sind daher tauglich zum Erhabenen.«[48]

Was aber, wenn diese Bilder nicht einfach nur um des Effektes willen gebraucht werden, also eben nicht der vollständigen Kontrolle eines von Schiller unterstellten Autor-Souveräns unterliegen und nicht eingebettet sind in eine große idealistische Ästhetik? Was, wenn das »Außerordentliche« der Leere an einzelnen Stellen zurückschlägt auf die sonstige, vermeintlich sichere, substantielle Ordnung? Oder wenn sich die Leere immer mehr ausbreitet und vom Ganzen Besitz ergreift?

In ihrem Buch *Gemalte Leere* sieht die Kunsthistorikerin Karen Bork die auffälligen Weiß- und Leerräume in der Historienmalerei des 19. Jahrhunderts im Zusammenhang einer Gattungskrise: Leere Stühle, leere Treppen, weiße Flächen, Lücken im Bildaufbau geraten plötzlich ins übliche Gewimmel heroischer Geschichten, weil die Helden der Vergangenheit nicht mehr so einfach als Vorbilder für die Gegenwart taugen. Die Folge ist, dass etwa die Mitte der Bilder als konventionelles Bedeutungszentrum und Ort repräsentativer, vorbildlicher Figuren immer mehr verwaist oder durch die Verlagerung der Aufmerksamkeit auf die Ränder und Schattenbereiche dezentriert wird.[49] Die Leere spielt dabei nicht nur deshalb eine wichtige Rolle, weil sie sich bevorzugt an bedeutungstragenden Orten wie der Bildmitte breitmacht. Sie ist auch deshalb so wichtig, weil sie im 19. Jahrhundert eine neue ästhetische Lizenz andeutet: die Lizenz zur gegenstandslosen Malerei mitten im Jahrhundert der Dinge.

Auch in Gottfried Kellers Roman *Der grüne Heinrich* wird erstaunlicherweise von der Möglichkeit gegenstandsloser Kunst erzählt; von ästhetischen Lizenzen und Freiheiten kann dabei aber keine Rede sein. Heinrich Lee, die Hauptfigur des Romans, wohnt während des Malerei-Studiums in einem »großen, saalartigen Raume mit hohen grauen Wänden« und scheint »mit einer düstern Leere und Schmucklosigkeit zu kokettieren«. Ausdruck dieser Koketterie ist ein mit grauem Papier bespannter Rahmen, der auf einer Staffelei steht. Am Fuß des Rahmens sind mit leichten Strichen »einige Föhrenstämme« angedeutet, »dann schien die Arbeit stehengeblieben«.

Über den ganzen übrigen leeren Raum schien ein ungeheures graues Spinnennetz zu hangen, welches sich aber bei näherer Untersuchung als die sonderbarste Arbeit von der Welt auswies. An eine gedankenlose Kritzelei, welche Heinrich in einer Ecke angebracht, um die Feder zu proben, hatte sich nach und nach ein unendliches Gewebe von Federstrichen angesetzt [...].[50]

Der realistische Erzähler der Geschichte distanziert sich von so einem »unsinnigen Mosaik« und sieht in ihm vor allem das Resultat eines »melancholischen Müßigganges« statt »wirkliche[r] Arbeit«. Diese kritische Distanz wird kurzzeitig dadurch konterkariert, dass zwei befreundete Brautpaare zu Besuch in die Werkstatt kommen und Heinrichs Freund Erikson eine Lobrede auf die »Abstraktion« und das Konzept der *creatio ex nihilo* hält. Das dargestellte, fast abstrakte Labyrinth ist für Erikson sogar noch zu sehr an die »abscheulichste Realität« geknüpft. Dann aber interveniert seine Frau Rosalie: »was befällt dich, wo willst du hin?«, und die beiden Brautpaare lassen Heinrich Lee wieder allein in seinem kahlen Raum zurück: »Er sah auf die Tür, durch welche sie verschwunden und welche mit ihrer weißgestrichenen Fläche vor seinen Augen schwirrte und flimmerte wie eine Leinwand, von welcher mit einem Zuge ein lebendiges Gemälde weggewischt worden.«[51]

Ozean und Polarkreis

Einen anderen, radikaleren Weg schlägt Edgar Allan Poes Roman *The Narrative of Arthur Gordon Pym of Nantucket* aus dem Jahr 1838 ein. Zu den Vorstellungen, die Schiller zufolge Grauen erregen und »zum Erhabenen zu gebrauchen« sind, gehört neben einer »weitausgebreitete[n] Wüste« oder einem »einsame[n], viele Meilen lange[n] Wald« auch »das Herumirren auf der grenzenlosen See«.[52] Und genau davon erzählt Poe in seinem einzigen Roman.

So wie das Erhabene vor allem eine Grenzerfahrung ist[53], geht es auch in Poes *Arthur Gordon Pym* um fortwährende Grenzgänge: zwischen Dichtung und Wahrheit, Realismus und Phantastik, Ernst und Parodie, Kontingenz und Providenz, Wissen und Ungewissheit, Kultur und Natur, Leben und Tod, Schwarz und Weiß, Lesbarkeit und Leere. Der große, mit schweren Zeichen aufgeladene Grenzbereich, auf den sich der Roman zubewegt, ist die *terra incognita* des 1838 noch unerforschten Südpols.

Doch bevor der Roman diesen finalen Grenzbereich auszuloten versucht und fragmentarisch ins Leere laufen lässt, reiht er bereits auf dem Weg zu seinem offenen Ende eine Leerstelle, eine Erzähllücke an die andere. Anders gesagt: Das Gewebe, das er mit seinem Seemannsgarn spinnt, weist auffällige Löcher und Nahtstellen auf. Und zwischen diesen Löchern und Nahtstellen spielen sich immer schrecklichere Geschichten ab.

Es fängt damit an, dass Pym mit seinem Freund Augustus zu einer nächtlichen Segeltour aufbricht, der Freund sich dabei aber als völlig betrunken und handlungsunfähig erweist, so dass die beiden im plötzlich aufkommenden Unwetter beinahe ertrinken. Ein ebenso plötzlich auftauchender Walfänger rettet die Freunde. Weiter geht es dann damit, dass Augustus auf dem Walfänger »Grampus« in See sticht und Pym als blinden Passagier unter Deck versteckt. Da Augustus tagelang nicht wie abgesprochen herunterkommt und Pym mit Nahrung versorgt, gerät Pym in eine Art Delirium. Der blinde Passagier wird zum lebendig Begrabenen. Unverhofft taucht Augustus dann aber doch noch auf. Wegen einer Meuterei an Bord konnte er nicht früher kommen. Zwar kann das Schiff zurückerobert werden, aber ein weiterer Sturm beschädigt den Walfänger so stark, dass Augustus, Pym und die beiden Mitstreiter Dirk Peters und Richard Parker wochenlang verloren auf See treiben. Als sie eine schwarze Brigg entdecken, keimt kurz Hoffnung auf, doch von dem vermeintlich rettenden Schiff geht ein höllischer Gestank aus: An Bord befinden sich keine Retter, sondern zahllose verwesende Leichen. Das schwarze Schiff stellt insofern eine Art Vorzeichen dar, als bald darauf Parker zum per Los bestimmten Opfer von Kannibalismus wird und Pyms alter Freund Augustus mit schwarz gewordenem Arm an einer Wundinfektion stirbt: »Erst einige Zeit, nachdem es dunkel geworden war, brachten wir die Energie auf uns zu erheben, und den Leib über Bord zu werfen. Der war inzwischen über allen Ausdruck widerwärtig geworden, und so weitgehend verwest, daß, als Peters ihn anzuheben versuchte, ihm ein ganzes Bein in der Hand blieb.«[54] Das also ist aus dem Erhabenen bei Poe geworden: die Unfähigkeit, sich zu erheben, um eine Leiche zu entsorgen, erschöpfte und verstümmelte Körper statt Metaphysik der Sitten. Und wenn die Verwesung dabei schon so weit fortgeschritten ist, dass »ein ganzes Bein in der Hand« bleibt, kippt das Grauenvolle in einen schwarzen, surrealen Humor.

Wie es der Zufall oder die »GÖttliche Gnade«[55] will, werden Pym und Peters dann aber doch noch gerettet. Mit der »Jane Guy«, einem britischen Robbenfänger, geht es Richtung südlicher Polarkreis, wo man in einer warmen, noch unerforschten Region auf eine Inselgruppe stößt. Die dort lebenden Schwarzen Bewohner, die eine merkwürdige Angst vor der Farbe Weiß haben, nehmen die Besatzung freundlich auf, locken sie aber in einen tödlichen Hinterhalt. Nur Pym und Peters können in ein labyrinthisches Höhlensystem entkommen, von wo sie mit einem Kanu aufs offene Meer flüchten, um sich mit der Strömung weiter Richtung Südpol und schließlich zu einem weißen, »grenzenlosen Katarakt« treiben zu lassen.⁵⁶

Wir wurden nahezu verschüttet von dem weißaschigen Schauer, der sich auf uns niederließ [...] Und nun rauschten wir in die Umarmungen des Kataraktes, wo just eine Klamm sich auftat, uns zu empfangen. Da aber erhob sich in unserm Pfade eine verhüllte menschliche Gestalt, sehr viel größer an Glied=Maßen, als sonst ein unter Menschen je Hausendes. Und die Tönung der Haut der Gestalt, war von der völligen Weißnis des Schnees.⁵⁷

Die Erzählung bricht daraufhin ab. In einer Schlussbemerkung vermeldet ein nicht mit Namen benannter Verfasser den Tod des Ich-Erzählers Arthur Gordon Pym. Die wenigen noch fehlenden Kapitel, die er zu Korrekturzwecken zurückgehalten hat, sind »unwiederbringlich verloren«. Der Herr, »dessen Name im Vorwort erwähnt wird«, gemeint ist der dort genannte »Mr. Poe«, lehnt die »Ausfüllung der Lücke« ab.⁵⁸

Zusammenfassend könnte man sagen, dass Poes wahnwitziger Roman eine Geschichte voller haarsträubender *plot twists*, Kausalitätslücken und Erzählflauten zum Besten gibt, die am Ende alle unsere Erwartungen an eine finale Auflösung der Handlung ins Leere, in die völlige »Weißnis des Schnees«, laufen lässt. Aber stimmt das denn?

Was stimmt, ist, dass der Roman uns nicht hinter den großen weißen Vorhang des Katarakts schauen lässt (wobei Katarakt interessanterweise nicht nur einen Wasserfall oder eine Stromschnelle, sondern auch eine Augenkrankheit, den Grauen Star, bezeichnet). Der weiße Raum jedoch, in den das Kanu rauscht, ist gar nicht leer. Vielmehr platziert der Text in diesem Raum ziemlich demonstrativ eine »verhüllte menschliche Gestalt« und erzeugt damit den Wunsch, diese Gestalt zu enthüllen, zu verstehen, was es mit diesem Wesen auf sich hat – in Analogie zu dem Wunsch, genauer zu erfahren, wie Pym das alles eigentlich am Südpol überlebt hat, um davon im Rückblick erzählen zu können. Oder ist das zu realistisch gedacht? Sind der weiße Vorhang, die verhüllte Gestalt, das gesamte Setting des Katarakts, die Farbe Weiß vielleicht nur allegorisch zu verstehen – so wie man die gesamte Schiffsreise von vornherein nicht nur realistisch, sondern auch allegorisch lesen kann? Als Allegorie aber wofür? Ist die »Klamm« womöglich ein vaginaler Ursprung der Welt, das Ganze am Ende also eine regressive Männerphantasie und die Gestalt eine verhüllte, weil tabuisierte Mutter-Imago? Geht es um Poes früh gestorbene Mutter? Oder um den eigenen Tod – zumal Arthur Gordon Pym und Edgar Allan Poe ähnlich klingende Namen sind? Oder verweisen die Ähnlichkeiten nicht doch eher auf die Weltliteratur als auf die eigene Biographie – zum Beispiel auf Horaz, der die Dichtung selbst mit einer Schifffahrt verglichen hat? Wäre das Hineinrauschen des Kanus in die »Umarmungen des Kataraktes« dann das drohende Ende der Dichtung im Schweigen? Oder im Gegenteil: eine ostentative, rauschhafte Feier der Einbildungskraft und Literatur? Eine Feier auch des Erhabenen, nachdem der parodistische Teil überstanden ist? Aber kann man noch – wie zum Beispiel Caspar David Friedrich in seinem berühmten *Eismeer* – die große Erhabenheit der Natur feiern, wenn zuvor im Naturzustand[59] an Bord Menschen gefressen, Körper verstümmelt und verweste Leichen von Möwen befallen werden? Ist das Weiß am Ende vielleicht, wie es in Herman Melvilles *Moby-Dick* heißt, »eine farblose Allfarbe der Gottlosigkeit«, das Ganze also eine nihilistische Allegorie auf die »herzlose Leere« des Weltalls?[60]

»Ishmaels Liste des Weißen, um dessen Bedeutung zu ergründen, erweist sich als offen und unabschließbar. Je mehr er auflistet, desto ungreifbarer und unbestimmbarer wird ihm das Wesen der Weiße.«[61] Was die Literaturwissenschaftlerin Sabine Frost über den Exkurs zur Farbe Weiß in Melvilles *Moby-Dick* sagt, gilt genauso für das weiße Schlusstableau in Poes *Arthur Gordon Pym*: Alle Versuche, Poes Romanschluss zu entziffern, sind zum Scheitern verurteilt. Man gerät beim Versuch einer Allegorese in die gleiche Bewegung wie die Erzählung selbst: Man reiht ein Deutungswrack ans nächste, ohne zu einem klaren Ziel, einem finalen Sinn des Ganzen zu kommen. So gesehen ist der Schluss und mit ihm der gesamte Roman auch eine Allegorie des Lesens. Wie die Schlussbemerkung ganz am Ende des Romans einer »minutiösen [ph]ilologischen Untersuchung« das Wort redet[62], so fordert das aus unzähligen Zitaten gewebte Seemannsgarn permanent zum Entziffern auf. Das Weiß am Ende mag auf die Auslöschung der Schrift, auf die Auslöschung von

Differenz überhaupt und damit auf den Tod verweisen. Als Zwischenraum war das Weiß aber die ganze Zeit beim Lesen schon da, und nur durch diesen Zwischenraum konnten sich überhaupt die einzelnen Buchstaben und Wörter – schwarz auf weiß – zu einem lesbaren Text fügen. Das Weiß also ist konstitutiv für die Lesbarkeit der schwarzen Schrift. Umgekehrt ist die Schrift aber auch konstitutiv für die weiße *terra incognita*. Denn irgendein Text, irgendein Reisebericht, irgendeine Erzählung, war immer schon da und hat seine Spuren hinterlassen.[63]

Ein Buch über nichts

Am 16. Januar 1852 schreibt Gustave Flaubert an Louise Colet einen der legendärsten Briefe der Weltliteratur. Erste Fassungen der *Éducation sentimentale* und der *Tentation de Saint Antoine* hat er bereits abgeschlossen in der Schublade liegen; seit Herbst 1851 arbeitet er an dem Roman, der 1857 als Buch erscheinen und ihn weltberühmt machen wird: *Madame Bovary*. Flaubert also wälzt gewaltige Stoffmassen, errichtet Erzählwelten voller Details, lebt mit seinen Figuren – und was erträumt er sich in dem Brief an Louise Colet? Er träumt von einem Buch über nichts.

Was mir schön erscheint und was ich machen möchte, ist ein Buch über nichts, ein Buch ohne äußere Bindung, das sich selbst durch die innere Kraft seines Stils trägt, so wie die Erde sich in der Luft hält, ohne gestützt zu werden, ein Buch, das fast kein Sujet hätte, oder bei dem das Sujet zumindest fast unsichtbar wäre, wenn das möglich ist.[64]

Für die Pariser Staatsanwaltschaft war das Sujet von Flauberts *Madame Bovary* bekanntlich alles andere als unsichtbar: Weil Emma Bovary im Roman gleich zweimal die Ehe bricht und sogar zur Religion ein eher erotisches Verhältnis hat, wird Flaubert wegen »Verstoßes gegen die öffentliche und religiöse Moral sowie gegen die Sittlichkeit« angeklagt. Aus juristischer Sicht also erzählt *Madame Bovary* nicht, wie im Untertitel behauptet, von den *Sitten in der Provinz (Mœurs de province)*, sondern von den Unsitten. Sowohl der Untertitel als auch die Anklage markieren ein deutliches, gesellschaftlich relevantes Sujet. Von einem Buch über nichts kann keine Rede sein.

Andererseits aber wimmelt es im Roman geradezu von Formulierungen, die um Wörter wie »Nichts« und »Leere«, »rien« und »vide«, kreisen. Am Anfang steht wie bei einer Versuchsanordnung das Registrieren einer ausgebliebenen Wirkung. Das Glück nämlich, das angeblich aus der anfänglichen Liebe folgen soll, wenn man verheiratet ist, stellt sich für die Titelheldin *nicht* ein. Liegt es vielleicht daran, dass die Liebesempfindung vor der Heirat nur eine Täuschung war, dass also auch schon die Ursache für die erhoffte, aber nicht erfolgte Wirkung *nicht* gegeben war? Gemeinsam mit seiner Protagonistin macht sich der Roman auf die Suche danach, was man »im Leben« eigentlich unter Wörtern des Glücks wie »*Seligkeit, Leidenschaft* und *Rausch*« versteht, Wörter, die Madame Bovary »in den Büchern«, d. h. in den als Schülerin gelesenen Liebesromanen, »so schön erschienen« sind.[65] Die Recherche in Romanform führt jedoch zum immer gleichen Ergebnis: Die anfänglich angenommene Liebe erweist sich als Illusion; was folgt, ist Nichts und Wiederholung, Langeweile und Leere, am Ende schließlich Selbstmord durch Arsen.

Ausgangspunkt dieses Kreislaufs von Illusion und Desillusion ist der enttäuschende Ehemann: Der einfache Landarzt Charles Bovary mag seiner Frau zwar treu ergeben sein und ein guter Kerl sein, aber er »lehrte einen nichts, konnte nichts, wollte nichts«.[66] Entsprechend webt die »lautlose Spinne« der Langeweile ihr Netz »über jeden Winkel« von Madame Bovarys Herz.[67] Auch der Ausflug nach La Vaubyessard, zum Schloss des Marquis d'Andervilliers, ändert daran nichts: Wie beim Walzer mit dem Vicomte besteht die maximale Form des Ausbruchs in einem verheißungsvollen Drehen, das wieder zurück zum Ausgangspunkt, nicht aber in ein anderes Leben führt. Dennoch steht das Fest im verklärenden Rückblick für das, was Wörter wie Leidenschaft und Rausch bedeuten könnten. Der Ausflug wird dabei allerdings selbst, je weiter er zurückliegt, zu einem leeren Zeichen: zu etwas, das ein »Loch« in Madame Bovarys Leben geschlagen hat.[68] In der Folge dreht sich der Roman und das Leben seiner Titelheldin im Grunde nur noch darum, dieses »Loch« zu füllen.[69]

Nach der Rückkehr in den Alltag wird Madame Bovarys Situation bezeichnenderweise mit »Matrosen in Seenot« verglichen, die im endlosen Meer auf einen rettenden Zufall warten. In wenigen Zeilen wird der Jahresverlauf von Frühling bis Herbst gerafft, ohne dass dieser Zufall etwa in Gestalt einer neuerlichen Einladung nach La Vaubyessard eintreten würde. So wenig sich ein rettendes Segel am Horizont zeigt, so sehr bleibt Madame Bovarys Herz nach der ausgebliebenen Einladung »wieder leer«. Was folgt, ist das »ewige Einerlei der Tage«: Bei ihr »geschah nichts, Gott hatte es so gewollt!«[70] Natürlich geschieht dann doch etwas – sichtbares, aber wenig überraschendes Sujet –, wenn Madame Bovary schwanger wird und mit ihrem Mann von Tostes nach Yonville zieht. Ebenso wenig überraschend ist, dass sie in dem neuen Dorf auf den jungen Kanzlisten Léon, ihren ersten potentiellen Liebhaber, trifft. Aber was Leidenschaft und Rausch mit Léon bedeuten könnten, wird im Roman zunächst aufgeschoben und erst später als zweiter Ehebruch erzählt.

Bis zu Léons frustrierter Abreise aus Yonville steht dieser aufgeschobene Ehebruch ganz explizit im Zeichen der Leere. Zwar fühlen sich die beiden Unglücklichen von Anfang an einander verbunden, weil sie ähnliche Bücher lesen. Aber so wie Léon beim Lesen »an nichts« denkt, so nebulös und vage bleibt die von beiden beschworene »Zuflucht« zu den »edlen Charakteren« der Literatur, zu »reinen Gefühlen und Bildern vom Glück«.[71] Symptomatisch dann die Schilderung – eine kalte Parodie des Topos vom lesenden Liebespaar –, wenn Léon »in schleppendem Ton und mit sorgsam erlöschender Stimme« vor Madame Bovary Liebesgedichte deklamiert, während ihr Ehemann mit dem Apotheker Homais Domino spielt:

[...] das Klackern der Dominosteine verdross ihn; Monsieur Homais war gut, er schlug Charles jedesmal haushoch. Hatten sie dreimal hundert Punkte erreicht, streckten sich beide vor dem Kamin aus und schliefen sogleich. Das Feuer verglomm in der Asche; die Teekanne war leer; Léon las noch immer.[72]

Von der leeren Teekanne führt der Text dann im nächsten Kapitel zu dem »leere[n] Gelände« einer Flachsspinnerei, wo nicht viel mehr passiert, als dass sich der Apothekersohn aus Versehen im Kalk die Schuhe weiß färbt: »Nichts war so wenig sehenswert wie diese Sehenswürdigkeit«, heißt es im Roman über die Flachsspinnerei, und aus Poes erhabenem Weiß am Südpol ist bei Flaubert ein banaler Kalkhaufen geworden.[73] Schließlich, bei Léons Abschied, bevor er nach Paris aufbricht, kommt es zu folgendem Dialog zwischen den noch verhinderten Ehebrechern. Der Kalk hat sich dabei als dicke weiße Schicht zwischen die an- und aufeinandergesetzten Textbausteine gelegt:

»Es wird regnen«, sagte Emma.
»Ich habe einen Mantel«, antwortete er.
»Ah!«[74]

In solchen Passagen realisiert Flaubert auf engstem Raum, wovon er in seinem Brief über ein »livre sur rien« geträumt hat. Karger, künstlicher und stilisierter geht es kaum. Hier passiert rein gar nichts außer den drei Dialogzeilen selbst, die demonstrativ nichts anderes als ihre eigene poetologische Konsequenz ausstellen.

Diese Konsequenz zeigt sich auch im weiteren Verlauf des Romans im fortwährenden Kreisen um die Leere. Metaphorisch zum Beispiel gähnt in Emmas Seele nach Léons Abschied »ein verschwommener Abgrund«, »gefüllt« mit nichts anderem als »Finsternis«. Und »der Gedanke an Léon« wird für Madame Bovary »zum Mittelpunkt ihrer Langeweile«; »er knisterte dort stärker als in der russischen Steppe ein Feuer, das Reisende im Schnee zurücklassen«.[75] Die innere Leere also als gähnender Abgrund und verschneite Steppe: topische Seelenlandschaften der Melancholie im 19. Jahrhundert.

Die Leere greift im Roman aber auch ganz buchstäblich um sich. Etwa wenn Emmas erster Liebhaber Rodolphe die gemeinsame Affäre beendet. Nachdem sie »wie ein Gespenst« entschwunden und er zu Hause angekommen ist, verblasst jede Erinnerung, und die Affäre wird zur Leerstelle: Bei Rodolphes Versuch, einen Abschiedsbrief zu schreiben, fällt Rodolphe partout »nichts ein«. Er holt deshalb eine Keksdose hervor, in der er diverse Briefe und Souvenirs seiner Eroberungen aufbewahrt, und liest »automatisch« nicht nur in Emmas Briefen, sondern auch in den Liebesbriefen der anderen Frauen. In manchen Fällen rufen die Worte Erinnerungen hervor; »doch mitunter wurde gar nichts in ihm wachgerufen«. Der Effekt insgesamt ist eine gegenseitige Relativierung des einstmals scheinbar Besonderen und Exklusiven. Entsprechend allgemein und indifferent fällt Rodolphes Brief an Emma aus, mit Formulierungen aus dem Wörterbuch der Gemeinplätze, inklusive Wassertropfen auf dem Papier als Tränenersatz.[76] Emmas desillusionierter Blick auf die Welt wird daraufhin – bei konsequenter Fortschreibung der Leere- und Drehsemantik sowie des additiv-parataktischen Satzbaus – folgendermaßen resümiert:

Auf der anderen Seite, über den Dächern, erstreckte sich das weite Land ins Unendliche. Tief unter ihr lag der leere Dorfplatz; die Steine des Trottoirs flimmerten, die Wetterfahnen der Häuser standen reglos; an der Straßenecke drang aus dem unteren Stockwerk eine Art Gesurr mit kreischenden Modulationen. Es war Binet, der drechselte.[77]

Neben dem Steuereintreiber Binet, der in seiner Freizeit hölzerne Kopien auf seiner Drehbank drechselt, verkörpert vor allem der Stoffhändler Lheureux das für den Roman so symptomatische Zirkulieren. So wie die Liebesbriefe zwischen Rodolphe und Emma eine Zeit lang munter zirkulieren, so gehen zwischen Emma und Lheureux die Waren aus Paris und die Wechsel und Schuldscheine hin und her. Der schlaue Händler hilft Emma dabei, die wiederkehrende Leere mit Ersatzobjekten, mit Mänteln, Seidenstoffen und Teppichen, zu füllen. Zwischendurch ist es zwar dann doch noch Léon, der als Ersatzobjekt dient. Aber nachdem auch diese Affäre gescheitert ist, nimmt die Verschuldung beim Stoffhändler ihren verhängnisvollen Lauf. Während der bürgerliche Besitz bei einem Autor wie Raabe versteigert oder verbrannt wird, wird er bei Flaubert restlos gepfändet. »Sie haben nichts mehr«[78], lautet Lheureux' finale Bilanz.

Die Feier der Dinge

Eisenbahnwaggons und Dampfmaschinen, eine Gussstahlkanone von Krupp, ein Vakuum-Kocher zur industriellen Zuckerherstellung, Baumwollmaschinen, hydraulische Pressen, Drehbänke, der erste Gasherd, ein Bett mit Rüttelfunktion, Sitzgarnituren von Thonet, ein elektrischer Telegraph von Siemens & Halske, ein Rettungsboot aus Kautschuk von Goodyear, Perücken und Pelze, Schmiedekunst aus Gold und Silber, Besen und Bürsten, Porzellanwaren, Präzisionsuhren aus der Schweiz, Schuhe und Taschen, Musikinstrumente, Puppen und Wiegen, Kaffee und Tee aus den Kolonien – 1851, wenige Monate vor Flauberts Brief über das »livre sur rien«, feierte sich das Jahrhundert der Dinge zum ersten Mal selbst.

Im Londoner Hyde Park hatte man in nur sechs Monaten eine 563 Meter lange, 124 Meter breite Halle aus Eisen und Glas errichtet, um erstmals in der Geschichte »den Standpunkt der industriellen und künstlerischen Entwicklung der ganzen Menschheit durch Proben ihrer Erzeugnisse« darzustellen.[79] Am 1. Mai 1851 wurde *The Great Exhibition* in London eröffnet. Es war der Beginn der großen Weltausstellungen im 19. Jahrhundert.

Walter Benjamin hat diese Weltausstellungen »Wallfahrtsstätten zum Fetisch Ware« genannt[80] und hatte damit insofern recht, als die Inszenierung von vornherein auch auf religiöse Überhöhung abzielte. Der Londoner »Kristallpalast« des Architekten Joseph Paxton war siebenmal größer als die St. Pauls-Kathedrale, und mit seinem 33 Meter hohen Kuppeldach aus Glas öffnete er die Welt der Dinge zum Himmel. In vielen Berichten zur Ausstellung war vom Märchen- und Traumhaften die Rede, was neben dem Schwebenden der Bauweise und der Lichtdurchflutung der Warenfülle vor allem an der Inszenierung bunter Kolonialwelten lag, die nicht nur die Schaulust erregten, sondern mit ihren Gewürzen und Parfums auch exotisch dufteten. Vom Nebengebäude allerdings stieg eine vertrauter riechende Rauchfahne auf, da sich dort die beiden Dampfkessel befanden, die die zahlreichen Maschinen im Glaspalast mit Energie versorgten.

Um alle ausgestellten Gegenstände zu sehen, hätte man die Ausstellung jahrelang besuchen müssen; keiner der Besucher konnte das Ganze überblicken. Theodor Fontane, der die Ausstellung ebenfalls besuchte, verglich deshalb den Gang durch den Glaspalast mit dem willkürlichen Durchblättern eines Bilderbuchs, bei dem man zwar ein paar Bilder mitnehme, das bei der »Masse« der Besucher aber vor allem zu »Begriffsverwirrung« führe.[81]

Noch unübersichtlicher, größer und populärer war fast 40 Jahre später, im Jahr 1889, die Weltausstellung in Paris, die auf dem Marsfeld, einem ehemaligen Exerzierplatz, stattfand. Über den Platz schrieb der französische Historiker Jules Michelet in seiner Geschichte der Französischen Revolution:

Das Marsfeld ist das einzige Denkmal, das die Revolution hinterlassen hat. Das Kaiserreich hat seine Säule und außerdem fast für sich allein den Triumphbogen; das Königtum hat seinen Louvre und den Invalidendom; die feudale Kirche vom Jahre 1200 thront noch in Notre-Dame; sogar die Römer haben ihre Thermen des Cäsar. Und die Revolution hat zum Denkmal – die Leere.[82]

Genau diese Leere im Herzen der Stadt ist 100 Jahre nach der Französischen Revolution die perfekte Voraussetzung für das Großprojekt der

Weltausstellung. Auf einer Gesamtfläche von 96 Hektar meldeten sich insgesamt 61 722 Aussteller aus aller Welt an, fast viermal so viele wie in London 1851. Gottlieb Daimler präsentierte seinen ersten Motor, Edison, der berühmte Vermarkter der Glühbirne, einen Phonographen, mit dem man erstmals die menschliche Stimme aufzeichnen konnte, und von Buffalo Bill war die legendäre Wild West Show zu bewundern. Die größte Sensation der Pariser Weltausstellung aber war der 312 Meter hohe Eiffelturm. Gebaut aus 18 000 Einzelteilen, zusammengehalten von 2,5 Millionen Nieten, war der von dem Ingenieur Gustave Eiffel konzipierte Turm zunächst einmal vor allem eine logistische Meisterleistung. 22 Ingenieure und 17 technische Zeichner erstellten 1700 Gesamtpläne und 3629 Zeichnungen. 500 Hüttenarbeiter gossen in den Eisengießereien in Pompey bei Nancy die einzelnen Elemente und verfrachteten sie per Eisenbahn nach Paris. Dort wurden die 18 000 Einzelteile mit ihren 7500 Tonnen Gesamtgewicht von etwa 200 Arbeitern zusammengesetzt. Die gesamte Bauzeit betrug etwas mehr als zwei Jahre, von Januar 1887 bis Ende März 1889.[83]

Fontanes »Begriffsverwirrung« in London galt erst recht für die noch viel unübersichtlichere Weltausstellung in Paris. Vor allem aber galt sie für den Eiffelturm, der das Eingangstor zum Ausstellungsgelände mit seinen riesigen Hallen bildete. Gustave Eiffel selbst hatte das Projekt anfangs, als ihm sein Ingenieur Maurice Koechlin die ersten Entwürfe zeigte, mit der Begründung abgelehnt, dass es keinen praktischen Nutzen habe. Erst als der Architekt Stephen Sauvestre dem Turm eine andere, viel klarere Struktur gab, war Eiffel begeistert und erklärte das Projekt zur Chefsache. Nützlicher war es damit aber nicht geworden, auch wenn der Turm für Wettermessungen und Telegraphie benutzt werden konnte. Auch um den Begriff der Schönheit stand es nicht besser: In einer Protestaktion kritisierten Künstler wie Guy Maupassant die »widerwärtige Säule aus verschraubtem Blech«. Eiffel hingegen behauptete, dass »die gebogenen Linien der vier Kanten des Bauwerks so, wie die Berechnung sie ergeben hat, den Eindruck der Schönheit machen werden«.[84] Schönheit durch Berechnung? Der Eiffelturm als Symbol für eine neue, moderne Ästhetik, die nicht mehr im Gegensatz zu den Konstruktionen und Berechnungen der Ingenieurskunst stand? Der 312 Meter hohe Turm aus Eisen als Eingangstor nicht nur zur Ausstellung auf dem Marsfeld, sondern auch zu einer neuen Epoche des Fortschritts?

Für den französischen Zeichen- und Kulturtheoretiker Roland Barthes stimmen alle diese Begriffe und treffen doch das Ganze letztlich nicht. Für Barthes nämlich ist der Eiffelturm ein gewaltiges, aus 7500 Tonnen Eisen gebautes Zeichen der Leere. »Es ist unmöglich, diesem reinen – fast leeren – Zeichen zu entfliehen, *weil es alles sagen will.*« Wie ein Blitzableiter die Blitze, so ziehe der Eiffelturm die Bedeutungen an. Er ist »Symbol für Paris, für die Modernität, für Kommunikation, für Wissenschaft oder für das 19. Jahrhundert, Rakete, Stengel, Bohrturm, Phallus, Blitzableiter oder Insekt«.[85]

Natürlich verbirgt sich hinter dem Eiffelturm wie hinter jedem Turm oder Wolkenkratzer auch der alte babylonische Traum, Gottes Position einzunehmen. Den Eiffelturm als Besucher, als Tourist emporzusteigen, heißt also immer auch, an diesem alten Traum zu partizipieren. Doch auch das trifft die Bedeutung des Turms nicht wirklich. »In Wirklichkeit ist er *nichts*, er verwirklicht«, so Barthes, »eine Art Nullzustand des Monuments; er hat an nichts Sakralem teil, nicht einmal an der Kunst. Man kann ihn nicht wie ein Museum besichtigen. *In* ihm gibt es nichts zu sehen. Und doch hat dieses leere Monument in jedem Jahr doppelt so viele Besucher wie das Louvre-Museum.«[86]

Das also steht aus Barthes' Sicht im Zentrum der Hauptstadt des 19. Jahrhunderts und historisch am Ende des Jahrhunderts der Dinge: ein aus Eisen gebauter Raum der Leere. Charakteristisch für die Konstruktion des Eiffelturms ist vor allem ihre »Durchbrochenheit«: Diese Durchbrochenheit »ist ein kostbares Attribut der Substanz, denn sie zehrt sie aus, ohne sie auszulöschen, sie läßt das Leere sehen und bekundet das Nichts, ohne ihm jedoch seinen ausschließenden Zustand zu nehmen«.[87] Statt pure, ausschließliche Leere also weithin sichtbare Lücken und Zwischenräume, aufwendiges und materialreiches Bekunden des Nichts. Das 20. Jahrhundert wird diese Entleerung und Auszehrung der Substanz dann noch viel weiter treiben.

IV. Konstellationen der Moderne

»Jeder ist von stürmischer Leere! Jeder!«
Walter Serner, *Letzte Lockerung*

»Es war, als ob man zusieht, wie Farbe trocknet.« Gene Hackman sagt diesen vielzitierten Satz in Arthur Penns Film *Die heiße Spur*, um klarzustellen, dass er niemals wieder in einen Eric-Rohmer-Film gehen wird. So wie Rohmer-Filme als langweilig gelten, gilt die Kunst und Literatur der Moderne nicht erst seit der sogenannten Postmoderne als kalt und trocken, anstrengend und leer. Das bis heute bestehende Klischee der Avantgarde besteht aus abweisenden Glas- und Stahlkonstruktionen, monochromen Bildern in Schwarz oder Grau und aus Filmen und Romanen, in denen nichts passiert. Natürlich gibt es in der Moderne auch Chaos und Krach, Explosion der Farben und Witz und Gelächter. Und in einem Musikstück wie John Cages *4'33"*, in dem auf der Bühne (fast) nichts passiert, nimmt man umso mehr wahr, was sich so alles im gelangweilten Publikum ereignet. Dennoch spricht Gene Hackman vielen aus der Seele. Aus irgendwelchen Gründen hat die Moderne ein irritierendes Faible für Langsamkeit und Leere und interessiert sich, mit Flaubert gesprochen, für Bücher, Bilder und Filme über nichts.

Woher aber kommt diese für die Moderne so typische Faszination für freie Räume und leere Flächen, für Minimalismus, Langsamkeit und Schweigen, für Geschichten, in denen nichts passiert? Zum Einstieg sei an drei Urszenen der Moderne erinnert, in denen die Leere geradezu ins Auge springt: Stéphane Mallarmés Gedicht *Un Coup de Dés*, Kasimir Malewitschs Gemälde *Schwarzes Quadrat* und Samuel Becketts Theaterstück *Warten auf Godot*.

Mai 1897: Der französische Lyriker Stéphane Mallarmé veröffentlicht in der europäischen Zeitschrift *Cosmopolis* das Gedicht *Un Coup de Dés jamais n'abolira le Hasard*. Paul Valéry, ein Bewunderer Mallarmés, hat das Gedicht bereits vor der Veröffentlichung gesehen. Im Rückblick erinnert er sich an den Moment, als Mallarmé ihm den Text zum ersten Mal zeigt:

Mein Blick fiel auf gleichsam körperlich gewordenes Schweigen. In Ruhe
ließen sich unschätzbar flüchtige Augenblicke betrachten: Der Sekunden-
bruchteil, während dessen ein Gedanke aufschrickt, leuchtet, verlischt; das
Zeitatom, das als Keim psychologische Äonen und endliche Folgen in sich
birgt, – sie traten nun auf wie lebendige Wesen, rings umgeben von ihrem
wahrnehmbar gemachten Nichts. […] hier vollzog sich das Wunderbare, hier,
auf dem Papier, bebte unendlich rein das Funkeln entferntester Sterne in jener
zwischenbewußten Leere, in der, wie eine neuartige Materie, als Ballungen,
Schwärme, Systeme verteilt, das Wort *gleichzeitig da war*![1]

Atom und Leere, Schweigen und Nichts – was Valéry da im Rückblick
1920 schreibt, liest sich wie eine Liste schwerer Zeichen aus dem Voka-
belheft der ästhetischen Moderne. Dabei geht es aber zunächst um gar
nichts Tiefsinniges oder Abgehobenes, sondern um etwas sehr Einfaches
und Konkretes: die Betrachtung einer »Textanordnung«. Leere meint
nicht gleich den von Mallarmé vielfach thematisierten »Abgrund« des
Nichts[2], sondern schlicht ein Oberflächenphänomen: die weiße Fläche
der leeren Seite um die Buchstaben und Wörter herum. Worum es geht,
ist Materialität: *körperlich* gewordenes Schweigen, *wahrnehmbar ge-
machtes* Nichts. »Mit Mallarmés *Un Coup de Dés* ist in die Literatur
ein Phänomen zurückgekehrt, das ihr völlig entschwunden schien: die
Fläche als konstitutives Element des Textes«, schreibt Franz Mon in seinem nochmals späteren Rückblick *Zur Poesie der Fläche* aus dem Jahr
1963.[3] Zwar relativiert Mon – mit Blick etwa auf die visuelle Poesie des
Barock – das absolut Neuartige und Moderne der Urszene von 1897,
dennoch macht Mallarmés Gedicht etwas sichtbar, das »entschwunden
schien«: *Un Coup de Dés* zeigt, so Mon, dass sich ein Text »nicht erst
in der Vorstellung des Lesers allmählich aus dem gelesenen Erinnerten«
aufbaut, sondern wie ein Bild gelesen werden kann. Und wie »bei der
Betrachtung eines Bildes die Negativformen der Figuren«, der Hintergrund, die umgebende Fläche, genauso wichtig sind wie die Figuren selbst, springt einem bei Mallarmé mit den auf der Seite verteilten
Wörtern zugleich die leere Seite des »Schreibgrundes« ins Auge. Diesen
neuen, anderen Blick auf Texte gilt es mit Valéry und Mon unbedingt
festzuhalten, bevor man von der Optik zur Semantik, von der Oberfläche zu den schweren Zeichen der Moderne übergeht – und die leere
Seite etwa als Himmel oder als Ozean liest, auf dem das Gedicht buchstäblich Schiffbruch erleidet.

Dezember 1915: Im Kunstsalon Dobytschna in St. Petersburg wird die *Letzte futuristische Bilder-Ausstellung 0,10* eröffnet. In einer oberen Ecke des Ausstellungsraums befindet sich unter insgesamt 39 Bildern des Malers Kasimir Malewitsch das *Schwarze Quadrat*. Röntgenaufnahmen haben gezeigt, dass sich unter Malewitschs *Schwarzem Quadrat* diverse Untermalungen befinden. Diese Ikone der Moderne also ist das Resultat einer Auslöschung, »Schöpfung durch Vernichtung«.[4] Das Quadrat wurde dabei zuerst gesetzt, erst danach malte Malewitsch das weiße Feld um die schwarze Form herum. Das Quadrat wurde also nicht auf eine weiße, leere Grundfläche gemalt, und es ist kein exaktes, lebloses Konstrukt, »entstanden nicht am Reißbrett, geschaffen nicht mit dem Lineal, sondern mit Augenmaß«.[5] In seiner Programmschrift *Die gegenstandslose Welt*, 1927 in der Reihe der *Bauhausbücher* erschienen, schreibt Malewitsch: »Das schwarze Quadrat auf dem weißen Feld war die erste Ausdrucksform der gegenstandslosen Empfindung: das Quadrat = die Empfindung, das weiße Feld = das ›Nichts‹ außerhalb dieser Empfindung.«[6] Auch hier also taucht wie bei Mallarmé das wahrnehmbar gemachte Nichts auf. Aber das weiße Feld ist nicht wie bei Mallarmé der Schreibgrund, auf den die Wörter und Formen gesetzt werden. Vielmehr sind die schwarze Form und das Weiß »in dieselbe Farbebene« gemalt.[7] Worum es Malewitsch dabei geht, ist die Befreiung vom »Ballast des Gegenständlichen«, weil das »Gegenständliche als Zweck der Darstellung« »mit Kunst nichts zu tun hat«. Was er 1915 ausstellt, ist also nicht einfach ein »›leeres Quadrat‹ […], sondern die Empfindung der Gegenstandslosigkeit«. Diese Empfindung ist entscheidend für die Moderne, sie allein erlaubt die Erfahrung der Kunst *als* Kunst. Und gerade weil diese Empfindung sich auf keinen Gegenstand, keine Vorstellung, keine der Kunst vorgelagerte ›Wirklichkeit‹ bezieht, in diesem Sinne also leer, frei von allen der Kunst äußerlichen Ansprüchen ist, kann sie für Malewitsch scheinbar paradoxerweise zum emphatischen »Inhalte meines Lebens« werden.[8]

Januar 1953: Im Pariser Théâtre de Babylone wird eines der beruhmtesten Theaterstücke der Nachkriegszeit aufgeführt, Samuel Becketts *Warten auf Godot*. Wie bei Mallarmé gilt es sich auch bei Beckett vor vorschnellen Bedeutungszuschreibungen zu hüten. Wir wissen nicht und werden niemals wissen, wer oder was Godot ist, ob und wann er/sie/es kommt. Godot also ist und bleibt die zentrale Leerstelle in Becketts Stück. Und diesem leeren Zentrum entspricht eine fast leergeräumte Bühne. *La Terrain Vague* heißt eine Fotografie von Man Ray aus dem

Jahr 1932, in deren Mitte wie bei Beckett ein kahler Baum steht. Mit Becketts Figuren betreten wir die *Terrain Vague*, die Brachlandschaften und leeren Räume der (späten) Moderne.

Die Entleerung der Zeichen

Was aber war da eigentlich los, damals im frühen und mittleren 20. Jahrhundert? Warum kreiste die Moderne immer wieder um die Leere? Und zwar, wie die Schlaglichter auf Mallarmé, Malewitsch und Beckett zeigen, durchaus offensiv – mit neuen Formen, die diese Leere sehr selbstbewusst in Szene setzten.

Kulturkritisch gibt es bis heute zwei hartnäckige und weit verbreitete Erklärungsmuster: Die Leere der Moderne gilt *erstens* als ein Phänomen der Dekadenz. Von den mächtigen Apologeten eines substantiellen, sozial relevanten Realismus wird die Kunst der Moderne als leerer, selbstbezüglicher Formalismus abqualifiziert, wenn nicht gar politisch verfolgt. In gewissem Sinn setzt sich dieses Ressentiment auch noch im bildungsbürgerlichen Umgang mit moderner Kunst fort, wenn Gene Hackmans Frau auf seine Frage hin, wie der Rohmer-Film war, »pretty arty«, in der deutschen Synchronisation: »auf Kunst gequält«, antwortet. *Zweitens* wird die Leere der Moderne immer wieder als Ausdruck einer Sinnkrise gedeutet. Das kann dann durchaus gut gemeint sein, weil der moderne Künstler stellvertretend für uns alle an transzendentaler Obdachlosigkeit leidet oder uns seine Werke als geschichtsphilosophische Sonnenuhren über den historischen Stand kapitalistischer Kälte und zivilisatorischer Verfinsterung informieren. Auch hierbei wird die Leere aber wie beim Dekadenzmuster als defizitär im Sinne eines zu beklagenden Substanzverlusts beschrieben.

Moderne Kunst verhandelt als Kunst ihrer Zeit all diese kulturkritischen Diskurse des Substanzverlusts. Sie selbst aber geht in ihren Verfahren einen entscheidenden Schritt weiter. Indem jede der Kunst vorgängige Substantialität oder Gegenständlichkeit in Frage gestellt, mit Malewitsch gesprochen: als Ballast empfunden wird, gewinnt sie neue, bis dahin unvorstellbare Freiheiten. Dieser Emanzipationsprozess ist insofern längst vor dem 20. Jahrhundert im Gang, als die neuen Freiheiten auch mit dem zu tun haben, was seit dem 18. Jahrhundert als ästhetische Autonomie proklamiert wird. Autonomie meint dabei den alles andere als trivialen sozialen Sachverhalt, dass sich die Kunst in der Moderne wie andere gesellschaftliche Subsysteme zunehmend ausdifferenziert und über sich selbst nicht mehr mittels Politik, Moral oder Religion, sondern als *Kunst* kommuniziert. Selbstbezüglichkeit und Selbstreflexion sind deshalb gerade keine Dekadenzphänomene, sondern konstitutiv für das in der Moderne allererst entstehende gesellschaftliche Subsystem Kunst, das wie jedes Subsystem einer eigenen Logik folgt.

Malewitschs Empfindung der Gegenstandslosigkeit ist aber nicht nur ein besonders fortgeschrittenes Beispiel autonom gewordener Kunst. Darüber hinaus passiert in der Kunst des 20. Jahrhunderts etwas radikal Neues. So sehr sich auch schon frühere Kunst von äußeren Vorgaben emanzipiert und auf sich selbst bezogen hat, so sehr bleibt sie doch immer eine Kunst der Repräsentation. Erst die Kunst der emphatischen Moderne bricht mit den an sie herangetragenen Repräsentationspflichten. Zeichentheoretisch gesagt: Die Signifikanten sind keine sekundären Stellvertreter vorab bestehender Referenten, Signifikate oder Codes mehr, sondern umgekehrt: Bedeutung und Referenz sind sekundäre Effekte der primären Ebene der Zeichen. »Man kann gar nicht genug betonen«, so der Literaturwissenschaftler Moritz Baßler zu diesem historischen Bruch, »wie radikal sich damit der Status des künstlerischen Zeichens, des Bildes oder Textes geändert hat: Es wird nicht länger [...] als Zeichen für etwas vor und außer ihm Liegendes begriffen, vielmehr geht jede mögliche Semiose erst von ihm aus. Die semiotische Richtung kehrt sich radikal um: Das ›Was‹ ist sekundär gegenüber dem ›Wie‹.«[9] Wenn moderne Kunst, so das Fazit von Roland Barthes, immer wieder »das Zeichen zu leeren und seinen Gegenstand endlos zurückzuversetzen« versucht, geht es ihr dabei vor allem um ein Ziel: dass »die jahrhundertealte Ästhetik der ›Repräsentation‹ radikal in Frage gestellt wird«.[10]

Substanzverluste um 1900

Ein prominenter Topos der Moderne ist die Diagnose, dass die Beziehung zwischen Mensch und Welt, Subjekt und Objekt, Wörtern und Dingen problematisch geworden sei: »Dem radikalen Denken der Moderne enthüllt sich am Selbst-Pol die Leere und am Welt-Pol die Fremdheit, und wie sich ein Leeres in einem Fremden ›selbst‹ erkennen sollte, kann sich unsere Vernunft beim besten Willen nicht vorstellen.«[11] Die Leere ist im 20. Jahrhundert aber eben nicht nur ein Problem, sondern auch befreiend und inspirierend. Nietzsches Schrift *Also sprach Zarathustra* zum Beispiel, die mit ihrem Motiv des einsamen, durch eine menschenleere Steppenlandschaft ziehenden Wanderers für die Bildwelt der Moderne besonders prägend ist, entwirft bereits Ende des 19. Jahrhunderts durchaus positive Leere-Bilder. Wenn es um den Übermenschen geht, benötigt man nun einmal die befreiende Menschenleere auf dem Weg; der leere Raum ist deshalb bei Nietzsche ein im Wortsinn heiterer, südlicher Raum, hell erleuchtet von der Mittagssonne.[12]

Auch in der Fotografie des 20. Jahrhunderts öffnet die Leere neue Spielräume einer nicht mehr länger auratischen Kunst. In seiner *Kleinen Geschichte der Photographie* weist Walter Benjamin etwa auf Eugène Atgets Paris-Fotografien hin, bei denen der sachliche Blick auf Straßen und Fassaden die gegenständliche Welt surreal verfremdet. Die Voraussetzung dafür ist die Menschenleere der Bilder: »Merkwürdigerweise«, so Benjamin, »sind aber fast alle diese Bilder leer. Leer die Porte d'Arcueil an den fortifs, leer die Prunktreppen, leer die Höfe, leer die Caféhausterrassen, leer, wie es sich gehört, die Place du Tertre. Sie sind nicht einsam, sondern stimmungslos; die Stadt auf diesen Bildern ist ausgeräumt wie eine Wohnung, die noch keinen neuen Mieter gefunden hat.«[13] In ihrer ebenso nüchternen wie unheimlichen Sachlichkeit erinnern Atgets Bilder an Aufnahmen von Tatorten. Aber nicht nur der Täter ist wie bei jedem Foto der Spurensicherung längst weg, auch Opfer sind nicht zu sehen, und es ist ganz unserer Phantasie überlassen, welche Tat stattgefunden hat. Wir Betrachter werden dadurch zu Detektiven, die nicht nur schauen, sondern die Bilder auch zu lesen versuchen.

In seinem Essay *Erfahrung und Armut* skizziert Benjamin die geistige Situation der Zwischenkriegszeit, die dadurch gekennzeichnet ist, dass nach dem Zivilisationsbruch des Ersten Weltkriegs verlässliche Traditionen und Werte erodiert sind, Erfahrung als selbstverständliches Hoheitsgebiet und Ressource der älteren Generation verloren gegangen ist. Diesem Verlust, dieser Armut an Erfahrung begegnet die Moderne aber weder mit dem verzweifelten Festhalten an hohl gewordenen Erfahrungswerten noch einfach nur mit der Flucht ins Spektakel. Vielmehr geht es in der Moderne nach 1918 darum, »mit Wenigem auszukommen«, »reinen Tisch«, also *Tabula rasa* zu machen und – ähnlich wie Descartes – von einem bestimmten Punkt aus, am »Reißbrett«, die Welt neu zu konstruieren. Dieses »Vonvornbeginnen hatten die Künstler im Auge, als sie sich an die Mathematiker hielten und die Welt wie die Kubisten aus stereometrischen Formen aufbauten, oder als sie wie Klee sich an Ingenieure anlehnten«.[14] Was dabei ansteht oder anstand, denn Benjamin spricht Anfang der 1930er Jahre fast schon retrospektiv über die Moderne, war radikale Entrümpelung der bürgerlichen »Plüschgelasse«, war der antiornamentale Aufbau einer kalten, reduzierten Welt aus Stein und Glas, die sich nicht mehr für die Spuren der Vergangenheit interessiert. Eine am Reißbrett entworfene Figur wie Micky Maus gehört zu einer solchen modernen Kultur ebenso wie Paul Klee oder Le Corbusier. Und die Hauptsache dieser Kultur, die sich aus der neu gewonnenen Leere ergibt, ist für Benjamin, dass man das Entrümpeln und Reduzieren, das Vonvornbeginnen und Konstruieren »lachend« praktiziert.

Entsetzlich und alles andere als lustig erscheint die Leere in der Moderne eher in kosmologischen Bildern des Subjekts, das dabei als *lost in space* erscheint – verloren in der »totale[n] Verlassenheit« eines gleichgültigen Universums.[15] Welt-Bilder dieser Art reichen von Pascal bis Schopenhauer, von Jean Paul bis Büchner. Seit der Moderne um 1900 aber sind sie omnipräsent, und auch diese dunkle Seite der Leere ist stark von Nietzsche geprägt:

Was thaten wir, als wir diese Erde von ihrer Sonne losketteten? Wohin bewegt sie sich nun? Wohin bewegen wir uns? Fort von allen Sonnen? Stürzen wir nicht fortwährend? Und rückwärts, seitwärts, vorwärts, nach allen Seiten? Giebt es noch ein Oben und ein Unten? Irren wir nicht wie durch ein unendliches Nichts? Haucht uns nicht der leere Raum an?[16]

Kein Krisendiskurs der Moderne kommt ohne solche Bilder der Leere, der Orientierungs- und Heimatlosigkeit aus. Siegfried Kracauer etwa spricht 1922 in seinem Essay *Die Wartenden* von unserem »metaphysische[n] Leiden an dem Mangel eines hohen Sinnes in der Welt«, an unserem »Dasein im leeren Raum«, und sieht im »Horror vacui«, im »Schrecken vor der *Leere*«, nicht mehr nur ein Thema der Naturphilosophie, sondern die mentale Disposition einer ganzen Epoche.[17] »Von Überwölbungen ist nichts zu erwarten, außer, daß sie einstürzen«[18], heißt es dazu lapidar in Helmuth Plessners Schrift *Macht und menschliche Natur*.

Worauf das Bild der einstürzenden Überwölbungen im Jahr 1931 verweist, ist die Gefahr falscher Wärme- und Sinnversprechen im 20. Jahrhundert: Wer die Leere der Moderne nicht aushält, flüchtet in die gefährliche Geborgenheit politisch konstruierter Gemeinschaften. Im Zentrum aber steht bei Plessner etwas anderes: die Frage nach der Möglichkeit einer anthropologischen »Universalerkenntnis des Menschen« im Zeitalter »spezialistisch entwickelter« Einzelwissenschaften, die weder bei den stets vorläufigen und partikularen Resultaten ihrer empirischen Untersuchungen noch bei den »Zielsetzungen und Methoden« einen endgültigen »Halt« bieten.[19] Im 19. Jahrhundert nämlich hat sich eine ungeheure Explosion des empirischen und historischen Wissens ereignet, ein überbordender Positivismus hat für eine Fülle immer neuer Fakten gesorgt, und die Ausdifferenzierung in partikulare Erkenntnisinteressen und Forschungsperspektiven ging in der Geschichtswissenschaft oder Soziologie mit einer »Grundlagenkrisis«[20] einher. Was zwischen dem leeren Himmel der Aufklärung und den einstürzenden Überwölbungen der Moderne liegt, ist die positivistische und historische Entzauberung jeglichen Anspruchs auf Totalität.

Mit Historismus als zentraler »Diskursformation der Moderne«[21] ist die sich beschleunigende Anhäufung und Isolierung von Faktenwissen gemeint. In Abgrenzung von strengen Naturgesetzen einerseits und überzeitlich-spekulativen, zum Beispiel geschichtsphilosophischen Kategorien andererseits soll sich Forschung und allgemein unser Blick auf die Welt wertfrei ans positiv und historisch Gegebene halten. Statt um große Erzählungen und Systeme soll es ums Beschreiben und Sammeln individueller Phänomene gehen; schlechte Unendlichkeit à la Hegel ist kein Problem mehr, sondern erwünscht. Historisch relativ werden dabei nicht nur all die neuen Gegenstände, sondern auch die eigenen Modelle und vorläufig abgeleiteten Gesetze. Positivismus und Relativismus sind insofern nicht zu trennen vom Historismus.

Nicht nur wegen dieses Relativismus wird der Historismus bei allem Fortschrittsglauben und aller Euphorie neu gegründeter Fächer und Forschungsrichtungen auch als Krisen- und Verfallsphänomen wahrgenommen. Nietzsche als prominentester Vertreter dieser Kritik klagt etwa die sinnlose Stoffhuberei des Historismus an, die dazu führt, dass der »moderne Mensch […] eine ungeheure Menge von unverdaulichen Wissenssteinen« mit sich herumschleppt.[22] In Wilhelm Diltheys *Weltanschauungslehre* wird das Unbehagen am Historismus dann nicht zufällig auch mit dem Begriff der Leere verknüpft:

Alles Feste ist schwankend geworden, eine schrankenlose Freiheit der Annahmen, das Spiel mit grenzenlosen Möglichkeiten lassen den Geist seine Souveränität genießen und geben ihm zugleich den Schmerz der Inhaltslosigkeit. Dieser Schmerz der Leere […], diese Unsicherheit über die Werte und Ziele des Lebens rufen verschiedene Versuche in Dichtung und Literatur hervor, die Fragen nach Wert und Ziel unseres Daseins zu beantworten.[23]

Die Kunst und Literatur der Moderne liefert aber gerade keine Antwort auf die historistische Abwesenheit eines überwölbenden Sinnzusammenhangs und auch kein Schmerzmittel gegen die beklagte Leere, vielmehr wendet sie den Historismus ins Ästhetische und macht die Verfahren des Historismus produktiv. Was das bedeutet, hat Nietzsche genauso treffend beschrieben wie das Sich-Verlieren im positivistischen Klein-Klein. »Womit kennzeichnet sich jede litterarische décadence?«, fragt er in *Der Fall Wagner*, und seine Antwort lautet:

Damit, dass das Leben nicht mehr im Ganzen wohnt. Das Wort wird souverain und springt aus dem Satz hinaus, der Satz greift über und verdunkelt den Sinn der Seite, die Seite gewinnt Leben auf Unkosten des Ganzen – das Ganze ist kein Ganzes mehr. […] Das Ganze lebt überhaupt nicht mehr: es ist zusammengesetzt, gerechnet, künstlich, ein Artefakt.[24]

Das also kennzeichnet moderne Kunst und Literatur: die historistische Verselbständigung des Einzelnen gegenüber dem Ganzen, nicht nur unverdauliche Wissenssteine, sondern auch aus dem Zusammenhang springende, unverständliche Wörter, Sätze, Fragmente und insgesamt ein nicht mehr organisches, sondern zusammengesetztes, montiertes, collagiertes und damit fundamental künstliches ›Ganzes‹. Diesseits der immer gleichen Krisendiagnosen von Nietzsche & Co. gilt es den Hinweis aus *Der Fall Wagner* so konkret wie möglich zu verstehen: So wie der Historismus Sammlungen, Kataloge und Listen produziert, in denen all die Wissenssteine addiert und gespeichert werden, so neigen viele Texte und Bilder der Moderne zu Parataxe und Reihenstil, zu Montage und Collage. Mit Roland Barthes gesagt: Das »ganze Aussagen wird von einem verallgemeinerten Asyndeton«, von unverbundenen Aufzählungen erfasst, die den Diskurs regelrecht »durchlöchern«.[25] Die Ästhetik der Reihung und Montage geht also notwendig mit einer Ästhetik der Unterbrechung einher: Zwischen den souverän gewordenen Einzelteilen der Artefakte klaffen Lücken und Löcher; die »Durchbrochenheit«, die Barthes bereits am Eiffelturm wahrgenommen hat, wird für die Ästhetik der Moderne konstitutiv.

Storytelling und Subjekt

Was für das ›Ganze‹ der Kunstwerke gilt, gilt in der Moderne auch für das Subjekt: Es ist nur noch denk- und erzählbar als ein zusammengesetztes und durchlöchertes Artefakt. Auch das Subjekt also wird historistisch entzaubert: Als Ganzes, als Substanz, als Identität lebt es nicht mehr, dafür aber wimmeln »an den Orten und Plätzen seiner leeren Synthese«, mit Michel Foucault gesagt, »tausend verlorene Ereignisse«.[26]

»In or about December 1910 human character changed«, schreibt Virginia Woolf in ihrem Essay *Mr. Bennett and Mrs. Brown*.[27] Was es mit diesem Wandel auf sich hat, kann man sich an einem anderen Essay von Virginia Woolf klarmachen: an *Stadtbummel: Ein Londoner Abenteuer*. »Niemand hat vielleicht jemals ein leidenschaftliches Verlangen nach einem Bleistift gehabt«[28], beginnt der Text, und »Niemand« macht sich sodann an einem frühen Abend im Winter auf den Weg durch die Stadt, um einen Bleistift zu kaufen. Es ist ein erzählerischer *personal essay*, aber »Niemand« tritt an keiner Stelle als Erzähler-Ich in Erscheinung; auch die fürs Erzählen gebräuchliche dritte Person Singular wählt der Text nicht, sondern ein plurales, allgemeines »wir« oder »man«. Und genau darum geht es im weiteren Verlauf, bei dem das Gehen der Figur und die Bewegung des Textes nicht zu trennen sind: um die Auflösung des Subjekts in der Kontingenz wechselnder Erinnerungen, Eindrücke und Begegnungen. Die Gegenstände des eigenen Zimmers, »die unaufhörlich die Wunderlichkeit des eigenen Naturells ausdrücken«[29], eine Schale auf dem Kaminsims, der braune Fleck auf dem Teppich, der von einem heißen Wasserkessel stammt – alles das »verschwindet« beim Gang durch die Stadt, bei dem »wir nur glatt über die Oberfläche gleiten«.[30] Da sind Straßenlampen, ein Schuhgeschäft, eine schlafende Obdachlose, und es sind Schaufenster in der Nähe, in denen all die Sofas, Marmortische, Teppiche ausgestellt sind, mit denen man sich die Zimmer eines imaginären Hauses einrichten kann. »Doch nachdem man das Haus gebaut und eingerichtet hat, ist man glücklicherweise nicht verpflichtet, es zu besitzen; man kann es im Nu wieder niederreißen und ein anderes Haus bauen und mit anderen Stühlen und anderen Spiegeln einrichten.« Entsprechend kann man sich dann zum Beispiel vorstellen, bei einem der Juweliere schöne Perlen mitzunehmen, nachts in einem anderen Haus (und Leben) auf dem Balkon zu stehen und auf das verlassene Mayfair-Viertel zu schauen. Und wen wundert es – prompt taucht in Woolfs Text genau an dieser Stelle der Begriff der Leere auf, denn auf diesem imaginären Balkon hat »man ein Gefühl von Leere, von Leichtigkeit, von einsamer Fröhlichkeit«.³¹ Woolfs Essay stellt die Frage nach dem »wahre[n] Ich«: Ist es das Ich, das auf seinem Weg zum Bleistiftkauf im Winter durch die Stadt geht, ist es das vorgestellte Ich auf dem Balkon, oder ist es das Ich des Anfangs, das zu Hause zurückgelassen wird?

Oder ist das wahre Ich weder dies noch das, weder hier noch dort, sondern etwas so Mannigfaltiges und Wanderndes, daß wir nur, wenn wir seinen Wünschen die Zügel schießen und es unbehindert seinen Weg gehen lassen, wirklich wir selbst sind? [...] Der gute Bürger muß, wenn er abends seine Tür öffnet, Bankier, Golfer, Ehemann, Vater sein; nicht ein Nomade, der durch die Wüste zieht [...].³²

Interessanterweise betritt das Nomaden-Wir auf seinem Weg auch ein Antiquariat, in das es unzählige Bücher unterschiedlichster Herkunft verschlagen hat. Die Flüchtigkeit der Begegnungen draußen spiegelt sich im unendlichen Angebot der Bücher, dem Wechsel der Eindrücke beim Stadtbummel entspricht das Umblättern der Buchseiten. Und so macht Woolfs Text selbst, wovon er erzählt und worüber er nachdenkt: Er bummelt und blättert und erzählt keine *straight story*. Sein Ziel, den Bleistiftkauf, vergisst er fast, schiebt es immer wieder auf, und am Ende ist der Bleistift vielleicht nirgendwo sonst als »hier«, im Akt des Schreibens selbst, das, die »geraden Linien der Persönlichkeit« verlassend, nichts anderes vorzuweisen hat als jederzeit ausradierbare Zeichen aus Ton und Graphit.³³

Auch in einem anderen, paradigmatischen Text der Moderne werden die geraden Linien der Persönlichkeit demonstrativ verlassen: in Robert Musils Roman *Der Mann ohne Eigenschaften*. Wie bei Virginia Woolf ist die Frage nach dem Subjekt auch bei Musil an die Frage des Erzählens gekoppelt und lässt Narration und essayistische Reflexion ineinander übergehen. Wie Woolfs *Londoner Abenteuer* ist auch Musils Roman ein bummelnder Text, der das Erzählen fortwährend mit Beschreibungen und Reflexionen unterbricht. So bleibt Ulrich etwa im berühmten *Heimweg*-Kapitel bei einem nächtlichen Stadtbummel durch Wien vor einer Pfütze stehen und denkt über die erzählerische Ordnung nach:

Und als einer jener scheinbar abseitigen und abstrakten Gedanken, die in seinem Leben oft so unmittelbare Bedeutung gewannen, fiel ihm ein, daß das Gesetz dieses Lebens, nach dem man sich, überlastet und von Einfalt träumend, sehnt, kein anderes sei als das der erzählerischen Ordnung! [...] Es ist die einfache Reihenfolge, die Abbildung der überwältigenden Mannigfaltigkeit des Lebens in einer eindimensionalen, wie ein Mathematiker sagen würde, was uns beruhigt; die Aufreihung alles dessen, was in Raum und Zeit geschehen ist, auf einen Faden, eben jenen berühmten »Faden der Erzählung«, aus dem nun also auch der Lebensfaden besteht. [...] Und Ulrich bemerkte nun, daß ihm dieses primitiv Epische abhanden gekommen sei, woran das private Leben noch festhält, obgleich öffentlich alles schon unerzählerisch geworden ist und nicht einem »Faden« mehr folgt, sondern sich in einer unendlich verwobenen Fläche ausbreitet.[34]

Wenn Realismus die Erzählbarkeit der Welt voraussetzt, indem er lebensweltlich vertraute, natürlich scheinende Referenzen und Ordnungsmuster wie das des Lebenslaufs aufruft, richtet sich Musils textil-textuelle Metapher der verwobenen Fläche auch gegen die allzu selbstverständliche Tradition des Realismus. Was das heißt, zeigt der vielfach bewunderte Anfang von Musils Roman:

Über dem Atlantik befand sich ein barometrisches Minimum; es wanderte ostwärts, einem über Rußland lagernden Maximum zu, und verriet noch nicht die Neigung, diesem nördlich auszuweichen. [...] Der Wasserdampf in der Luft hatte seine höchste Spannkraft, und die Feuchtigkeit der Luft war gering. Mit einem Wort, das das Tatsächliche recht gut bezeichnet, wenn es auch etwas altmodisch ist: Es war ein schöner Augusttag des Jahres 1913.[35]

Indem Musil hier ein (scheinbar) wissenschaftlich-meteorologisches und ein altmodisch literarisches Vokabular zur Darstellung des Wetters verschaltet, wird nicht nur das altmodische »Es war ...« in Anführungszeichen gesetzt und parodiert, sondern der gesamte Anfang selbstreferentiell *als Anfang* in Szene gesetzt. Das »Tatsächliche«, Realistische der Erzählung wird auf diese Weise aufgebaut und zugleich als Artefakt vorgeführt, das letztlich nur aus Sätzen und zitierten Vokabularen besteht.

Musils Roman spielt dieses Anfangen in Anführungszeichen im Folgenden dann nicht nur bei der zeitlichen, sondern auch bei der räumlichen Verortung in Wien, bei der Setzung von Figurennamen und beim ersten Ereignis, einem Unfall, durch. Immer geht es dabei um erwartbare erzählerische Ordnungsversuche, die uns das trügerische Gefühl einer vertrauten, gemeinsamen Welt geben, deren Referenzen im Einzelnen aber Leerstellen bleiben. Kein Wunder, dass aus dem ersten Kapitel von Musils Roman »bemerkenswerter Weise nichts hervorgeht«.[36] Und kein Wunder, dass auch das vermeintliche Zentrum der Handlung, die sogenannte »Parallelaktion«, bei der nach einer Idee für das 1918 anstehende Thronjubiläum von Kaiser Franz Joseph gesucht werden soll, ins Leere läuft.[37]

Lockerungen

»Es war ein schöner Augusttag des Jahres 1913« – Sätze wie diese haben seit der Moderne etwas Komisches. Das Paradebeispiel ist der von Paul Valéry und André Breton zitierte Satz: »Die Marquise ging um fünf Uhr aus.«

Was ist das Problem an diesem Satz? Das Problematische oder Lächerliche ist die scheinbare Selbstverständlichkeit des Satzes, das automatische Verstehen, das ihn als Satz in seiner ganzen Stereotypie unsichtbar macht. Die literarische Moderne, die an radikal neuen, nicht vorcodierten Zeichen und Sätzen interessiert war, hat am Realismus stets die bequeme Vorliebe für solche stereotypen Formulierungen, für das allzu Naheliegende kritisiert. Diese bequeme Vorliebe zeigt sich vor allem bei Beschreibungen, mit denen bei uns Lesenden automatisches Kopfkino erzeugt werden soll: »Und die Beschreibungen erst! Nichts kann nichtssagender sein als sie; übereinandergeschichtete Katalogbilder sind das, der Verfasser macht es sich immer leichter, er ergreift die Gelegenheit, mir seine Ansichtskarten zuzuschieben, versucht mein Einverständnis zu gewinnen mit seinen Gemeinplätzen.«[38] Gerade da also, wo es in realistisch erzählten Texten um das ›Leben‹, um ›echte‹ Dinge, Menschen und Ereignisse gehen soll, bei Beschreibungen der sogenannten Wirklichkeit, erweist sich der Realismus mit seinen stereotypen Sätzen als hohl und leer.

Wie im vorangegangenen Kapitel gezeigt, hat das geschmähte 19. Jahrhundert auch anderes zu bieten, der vormoderne Realismus ist natürlich auch ein Pappkamerad in den polemischen Kämpfen der Moderne. Außerdem hat die Moderne auf Dauer ebenfalls eine Art Code zur Verfügung gestellt, der die immer gleichen *anderen* Ansichtskarten und Gemeinplätze produziert. Erst einmal aber kann man festhalten, dass die modernistische Realismuskritik am Anfang, mit Virginia Woolf gesagt: »in or about December 1910«, ziemlich befreiend war. Und zwar nicht nur dann, wenn dabei, wie bereits ausgeführt, das Zeichenverhältnis vom Kopf auf die Füße gestellt wurde, sondern auch dann, wenn man sich von einem ganz bestimmten, verklärenden Realismus abwandte und etwa, wie bei Alfred Döblin, im fortwährenden »Sturzbad des Naturalismus«[39] nach anderen, besseren Formen des Realismus suchte. Denn im Sinne des Historismus bot dieser andere, bessere Realismus zum einen viel mehr Spielraum für die unendlichen Details einer hochkomplexen modernen Welt, zum anderen blieb auch dabei klar, dass ›das Ganze‹ nur noch als zusammengesetztes Artefakt zu haben war: »man erzählt nicht, sondern baut«, schrieb Döblin 1913 in seinem *Berliner Programm*.[40] Hinter die »konstruktivistische Disposition« der Moderne[41] gibt es also auch für die Realisten kein Zurück.

Konstruktivismus – ob in der Kunst oder in der Philosophie – hat den Ruf des Kalten und Künstlichen. Und in der Tat: Beides trifft nicht nur in vielen Fällen zu, sondern ist auch ausdrücklich erwünscht, wenn man etwa an die »Verhaltenslehren der Kälte« in der Neuen Sachlichkeit oder an eine Theorie wie den russischen Formalismus denkt. Konstruktivistische Tendenzen in der Kunst sind aber nicht nur kalt und artifiziell, sondern auch witzig. In dem Moment nämlich, in dem die Zeichen und Sätze keine Repräsentationspflichten mehr erfüllen müssen, Raum fürs Partikulare und Heterogene lassen, entstehen in den Künsten buchstäblich neue Spiel-Räume. Das Ergebnis ist dann nicht nur Sinnverdunklung im Ganzen, wie Nietzsche beklagt, sondern auch fröhlicher Positivismus im Einzelnen, Spaß am Kombinieren und Zusammensetzen und eine neuartige Lust am Nonsens. Wie bei Virginia Woolfs Londoner Spaziergang geht deshalb mit den dunklen Seiten der Moderne oft auch ein »Gefühl von Leere, von Leichtigkeit, von einsamer Fröhlichkeit« einher – und manchmal vielleicht sogar von kollektiver Fröhlichkeit, wenn man etwa an die Aufführungen der Dadaisten denkt.

Wir sind, schreibt wiederum Nietzsche in *Jenseits von Gut und Böse*,

das erste studirte Zeitalter in puncto »Kostüme«, ich meine der Moralen, Glaubensartikel, Kunstgeschmäcker und Religionen, vorbereitet wie noch keine andere Zeit es war, zum Karneval grossen Stils, zum geistigen Fasching-Gelächter und Übermuth, zur transcendentalen Höhe des höchsten Blödsinns und der aristophanischen Welt-Verspottung. [...] vielleicht dass, wenn auch Nichts von heute sonst Zukunft hat, doch gerade unser Lachen noch Zukunft hat![42]

Richard Huelsenbeck hat diese Passage in seiner *Einleitung zum Dada-Almanach* zitiert. Was sie zeigt, ist das enorm produktive Potential, das die von Nietzsche beschriebenen Substanz- und Sinnverluste eben auch bedeuten. Die Energie des Studierens und Erfindens kann sich dann nämlich voll und ganz – ohne den Ballast früherer Sinnversprechen – neuen Oberflächen widmen. In seinem Tagebuch *Die Flucht aus der Zeit* erinnert sich Hugo Ball an die Wirkung der dadaistischen Maskeraden im Zürcher Club Voltaire:

Janco hat für die neue Soiree eine Anzahl Masken gemacht, die mehr als begabt sind. Sie erinnern an das japanische oder altgriechische Theater und sind doch völlig modern. [...] Wir waren alle zugegen, als Janco mit seinen Masken ankam, und jeder band sich sogleich eine um. Da geschah nun etwas Seltsames. Die Maske verlangte nicht nur sofort nach einem Kostüm, sie diktierte auch einen ganz bestimmten pathetischen, ja an Irrsinn streifenden Gestus. Ohne es fünf Minuten vorher auch nur geahnt zu haben, bewegten wir uns in den absonderlichsten Figuren, drapiert und behängt mit unmöglichen Gegenständen, einer den andern in Einfällen überbietend.[43]

Da überbietet sich also eine Gruppe junger Künstler mitten im Ersten Weltkrieg an Einfällen – nicht weil jeder einzelne von ihnen mit seinen genialen Ideen und guten Absichten daherkommt, sondern weil das Material selbst, die von Marcel Janco konstruierten Masken, die Erfindung spontaner Kostüm-Collagen und neue, an »Irrsinn« grenzende Gesten und Sprechweisen provoziert. Interessant ist dabei auch der Hinweis auf das »japanische oder altgriechische Theater«, das gerade deshalb von der Moderne entdeckt wird, weil es einer vorbürgerlichen, vorpsychologischen Kunst entspringt, deren Figurendarstellung im Rückblick oder Kulturvergleich der Moderne im besten, weil befreienden Sinne abstrakt anmutet: Hinter den Masken verbirgt sich kein Individuum, kein Ausdruckswunsch, und ob es sich bei den japanisch oder altgriechisch anmutenden Masken um Typendarstellungen nach ehemals klar geregelten kulturellen Codes handelt, ist für die künstlerische Dynamik der Dadaisten völlig unerheblich.

»Was wir Dada nennen, ist ein Narrenspiel aus dem Nichts«, schreibt Hugo Ball.⁴⁴ Die Substanz- und Sinnverluste münden bei Dada also nicht in pessimistische Kulturkritik oder führen zurück zu haltlosen Restaurationen. Vielmehr setzen sie virtuose Spielformen und Grenzgänge frei, die es so in der europäischen Kulturgeschichte nie zuvor gegeben hat. Buchstäblich alles kann dabei zum Material für neue Texte und Kunstformen werden: von den Vokabularen und »Moralen« fremder Kulturen über die komisch gewordenen Wörter und Phrasen der bürgerlichen Hochkultur bis hin zu den Jargons, Reklamesprüchen und Zeitungsmeldungen des 20. Jahrhunderts. Möglich wird dieses Spielen und Zusammensetzen durch die historische Fülle und Verfügbarkeit aus dem Zusammenhang gerissener Versatzstücke. »Mit der Preisgabe des Satzes dem Wort zuliebe«, so Hugo Ball, »begann resolut der Kreis um Marinetti mit den ›parole in libertà‹. [...] Wir andern gingen noch einen Schritt weiter. Wir suchten der isolierten Vokabel die Fülle einer Beschwörung, die Glut eines Gestirns zu geben. Und seltsam: die magisch erfüllte Vokabel beschwor und gebar einen *neuen* Satz, der von keinerlei konventionellem Sinn bedingt und gebunden war.«⁴⁵

Das führt dann zum Beispiel bei Hans Arp zu vorgeblichen Identitätsaussagen, die mit einem scheinbar emphatisch-philosophischen »Ich bin« beginnen, in der Folge aber durch die unverbundene Aufzählung heterogener Prädikatsnomen reihenweise ins Leere laufen: »Ich bin der große Derdiedas / Das rigorose Regiment / Der Ozonstengel prima Qua / Der anonyme Einprozent.«⁴⁶ Das Verfahren der Isolation und unverbundenen Reihung kann dann zwar bei einem Gedicht wie Balls *Karawane* durchaus den ›Gesamtsinn‹ einer exotischen Klangkulisse beschwören. Aber dieser ›Sinn‹ besteht nur aus den konkreten Klängen des Gedichts, die »Karawane« ist letztlich nichts anderes als die im Gedicht vorliegende Abfolge der Zeichen selbst. In Kurt Schwitters »Merzdichtung« (die sich buchstäblich auf »Kommerz« bezieht) gibt es dann konsequenterweise »auch keinen Elefanten mehr«, sondern nur noch »Sätze aus Zeitungen, Plakaten, Katalogen, Gesprächen usw.«, die als »gegebene Teile« nicht mehr sind als genau das: »Teile des Gedichts«, die sich zu keinem Ganzen mehr fügen müssen, »denn es gibt keinen Sinn mehr«.⁴⁷

Das Programm dieser Sinnfreiheit und Leere hat kein Autor besser formuliert als Walter Serner in seinem »Handbrevier für Hochstapler«, das 1920 erstmals unter dem Titel *Letzte Lockerung. manifest dada* erschien. Nirgendwo sonst wird so klar formuliert, wie sehr sich nicht nur das entfesselte »Fasching-Gelächter« der Dadaisten in Zürich, Berlin und Paris, sondern überhaupt jede Spielart einer gelockerten, lachenden Moderne der Leere verdankt:

Jeder ist von stürmischer Leere! Jeder! Warum durch eine Meinung etwas hineinstopfen, ihr Hoxschwipplinge von der Füllung? Sie gröhlen, sie hätten Fülle, wenn sie sich gefüllt haben. Füllung, bloß Füllung! Freilich: Chamäleons (Jobberkiele) sind die vorderste Hintertreppe; aber: so seid doch leer, so leer, wie ihr seid! Es ist überdies weitaus angenehmer: alles wird leichter, lockerer [...].[48]

Der Autor, bei dem man diese moderne Lockerheit zuallerletzt vermutet, ist Franz Kafka. Kein anderer Autor der Moderne ist so umstellt von schweren Zeichen, und seine Texte scheinen es auf unsere tiefsinnigen, bedeutungsschweren Interpretationen geradezu anzulegen, wenn sie von einsamen Käfern und Hungerkünstlern, von Anklage, Urteil und Folter, von Verfolgung, Angst und Verlorensein erzählen. Gerade all die Leerstellen bei Kafka – »Jeder Satz spricht: deute mich, und keiner will es dulden«, wussten schon Benjamin und Adorno[49] –, führen dazu, dass wir uns beim Lesen von Kafkas Texten gar nicht mehr beruhigen können mit unseren hineingestopften Meinungen und Projektionen.

»Verbraucht alle Kohle; leer der Kübel; sinnlos die Schaufel; Kälte atmend der Ofen; das Zimmer vollgeblasen von Frost; vor dem Fenster Bäume starr im Reif; der Himmel, ein silberner Schild gegen den, der von ihm Hilfe will.«[50] So fängt beispielsweise Kafkas Erzählung *Der Kübelreiter* an. Unverbundene Aufzählungen, die kaum Tempo aufnehmen, die einzelnen elliptischen Segmente so starr wie die Bäume im Reif: konsequent ohne Prädikat, mechanisch Satzsubjekte verknüpfend mit prädikativen Adjektiven oder Partizipien. Auffällig dabei vor allem das wiederholte Semikolon, das den Text wenn schon nicht erzählerisch, so doch wenigstens per Satzzeichen weitertreibt. Dann aber nimmt der Text doch Fahrt auf und erzählt davon, wie sich der Ich-Erzähler auf den leeren Kübel setzt und zum Kohlenhändler fliegt, um eine Schaufel voll Kohle zu erbitten. Als die Frau des Kohlenhändlers nach draußen geht, um nach dem Kübelreiter zu schauen, leugnet sie dessen Existenz. Auf die Frage ihres Mannes, was der Kübelreiter haben wolle, antwortet sie: »Nichts [...], es ist ja nichts; ich sehe nichts, ich höre nichts [...].« Diese ›Vernichtung‹ nimmt sie deshalb vor, weil der Kübelreiter »nicht gleich« bezahlen kann; nicht nur der Kübel also ist leer, auch der Geldbeutel, und ein Aufschub des Zahlungstermins, die Möglichkeit, Schulden zu machen, scheint nicht in Frage zu kommen. Die Kohlenhändlerin sieht im Kübelreiter keinen Kunden, sondern nur einen Bettler, der außerhalb möglicher Geschäftsbeziehungen steht und deshalb – erneut unter sprachlicher Zuhilfenahme des Semikolons – verscheucht werden muss: »Sie sieht nichts und hört nichts; aber dennoch löst sie das Schürzenband und versucht mich mit der Schürze fortzuwehen. Leider gelingt es. Alle Vorzüge eines guten Reittiers hat mein Kübel; Widerstandskraft hat er nicht; zu leicht ist er; eine Frauenschürze jagt ihm die Beine vom Boden.« »Du Böse«, ruft der Ich-Erzähler noch zweimal. »Und damit steige ich in die Regionen der Eisgebirge und verliere mich auf Nimmerwiedersehn.«[51]

Wie immer bei Kafka hat gerade der leere Kübel im *Kübelreiter* zu einer Fülle von Lesarten geführt: Die Gesellschaftskritiker sahen in Kafkas Text vor allem Klassenkonflikte thematisiert; die Exegeten mit existentialistischem Blick verstanden den Text als Parabel auf menschliche Kälte und Einsamkeit; die Biographen verwiesen auf den eiskalten Prager Winter des Entstehungsjahrs; nur die guten alten (Post-)Strukturalisten hielten sich mit solchen Deutungen zurück und sahen in dem Text lediglich eine Allegorie der Schrift[52], was aus heutiger Sicht zwar auch niemanden mehr hinterm Ofen hervorlockt, was aber in seiner demonstrativen Oberflächlichkeit im Umgang mit Kafkas Leere nach wie vor eine wichtige Lockerungsübung darstellt. Zeitgleich zu den ersten Texten der Poststrukturalisten hat der *Nouveau Roman*-Autor Alain Robbe-Grillet Anfang der 1960er Jahre alles Nötige zum üblichen Kafka-Tiefsinn gesagt: »die Metaphysik liebt das Leere, sie stürzt sich hinein und breitet sich darin aus wie der Rauch in einem Kamin«.[53]

Wenn der Rauch sich aber verzogen hat, sieht man bei Kafka zunächst einmal einfach nur Sätze, und diese Sätze wollen – darin besteht ihre Modernität – *als Sätze* wahrgenommen, in ihrer Wortwahl, Zeichensetzung und Bewegung mitvollzogen werden. In seinem ersten zu Lebzeiten gedruckten Prosa-Buch *Betrachtung* findet sich zum Beispiel unter dem Titel *Wunsch, Indianer zu werden* folgender Satz:

Wenn man doch ein Indianer wäre, gleich bereit, und auf dem rennenden Pferde, schief in der Luft, immer wieder kurz erzitterte über dem zitternden Boden, bis man die Sporen ließ, denn es gab keine Sporen, bis man die Zügel wegwarf, denn es gab keine Zügel, und kaum das Land vor sich als glatt gemähte Heide sah, schon ohne Pferdehals und Pferdekopf.[54]

Robert Musil hat bereits 1914 in Kafkas *Betrachtung* »das Hinübertönen dieser kleinen Endlosigkeiten ins Leere« registriert.[55] Dieses »Hinübertönen« führt dazu, dass man Kafkas Sätze nie ganz zu fassen kriegt: Das Kleine entzieht sich großen Überblicken, das potentiell Endlose und Serielle öffnet die scheinbaren Satzenden, und jede noch so klare Setzung, jede scheinbar sichere grammatische Funktion bekommt im Satzverlauf etwas Schwebendes. Musils »Hinübertönen« trägt diesem Schwebenden Rechnung, grammatisch aber ist der Ort, wo dieses Hinübertönen passiert, exakt zu benennen: Es ist der Ort der Konjunktionen »Wenn«, »und«, »bis« und »denn«. Normalerweise nämlich sorgen Konjunktionen für jenes »ordentliche Nacheinander von Tatsachen«, von dem in Musils *Mann ohne Eigenschaften* die Rede ist. Kafkas Satz ruft diese normale Ordnungsfunktion auch auf, die so wichtig für das Erzählen ist, so dass »man« sich beim Lesen zunächst ein wahrscheinlich eher junges, männliches Subjekt vorstellt, dass den Wunsch hat, sich in einen »Indianer« zu verwandeln und auf einem Pferd mit Sporen und Zügel über eine glatt gemähte Heide zu reiten. Nicht weit entfernt davon liegt auch die Assoziation von Karneval und Indianerkostüm. Was aber macht der Satz? Der Anfang im Konjunktiv scheint noch ganz erwartungsgemäß den im Titel formulierten Wunsch zu benennen: »Wenn man doch ein Indianer wäre, gleich bereit, und auf dem rennenden Pferde, schief in der Luft, immer wieder kurz erzitterte über dem zitternden Boden [...]«. Auffällig sind aber die beiden Einschübe, die die Formulierung des Wunsches buchstäblich unterbrechen: Mit dem »schief in der Luft« kommt man noch einigermaßen klar, da es zwar ein komischer Wunsch sein mag, nicht souverän oder nach vorn gebeugt zu galoppieren, das Schiefe aber immerhin noch ins Bild passt. Was aber soll der Einschub »gleich bereit«? Worauf bezieht er sich? Bereit wofür? Und wie richtet der Text seine eigene Zeitlichkeit ein, wenn er mit dem Adverb »gleich« gleich am Anfang so aufs Tempo drückt? Ist damit womöglich die zeitliche Struktur des Satzes selbst gemeint, der sich an dieser Stelle zu seiner Referenzillusion bereit macht und der sofort danach dazu übergeht, das Pferd losrennen zu lassen? Die Konjunktion »bis« stoppt diese Bewegung dann zwar, der Satz wechselt aber in den Indikativ und beginnt im üblichen Imperfekt des Realismus eine erzählte Welt aufzubauen. Dieses Aufbauen wiederum wird zwar mit einem zweimaligen Verzicht vollzogen: die Zügel zu lassen und die Sporen wegzuwerfen. Aber auch das passt noch insofern in das aufgerufene Bild, als »man« sich so einen »Indianer« klischeehafterweise als jemanden vorstellt, der sein Pferd auch ohne Sattel und Reitgeschirr reiten kann. Ins Leere stürzt dann alles erst mit den beiden »denn«-Sätzen – und zwar nicht nur deshalb, weil in diesen Sätzen die Existenz von Sporen und Zügel negiert wird, sondern weil man beides ja nicht lassen oder wegwerfen kann, wenn es gar nicht da ist. Rekursiv also begründen die beiden »denn«-Sätze die zuvor beschriebenen Handlungen nicht nur nicht, sie stellen vielmehr die gesamte zuvor erzählte Welt in Frage. Angehängt wird schließlich als drittes Segment in der kleinen Endlosigkeit des »bis«-Satzes, dass man »kaum das Land vor sich als glatt gemähte Heide sah«, Kopf und Hals des Pferdes sind dann ein Komma weiter im Satz – so schnell geht das bei Kafka – »schon« weg.[56]

So verunsichernd oder gar traurig dieser Vorgang der Entleerung wirken mag – es liegt doch auch etwas Spielerisches in solchen Sätzen. Die von der Moderne betriebene Entautomatisierung des Verstehens, ihre Abkehr von den scheinbaren Selbstverständlichkeiten des guten alten realistischen Erzählens, mag programmatisch noch so ernst vertreten worden sein, weil es um ganz neue Wirklichkeiten und ganz neue Wahrnehmungsformen ging. Aber die Sätze, die dabei produziert wurden, weckten eben auch eine neue Lust an der Sprache und an den Spielregeln hinter den Sätzen. Nicht zufällig zum Beispiel kommt ein Leser wie Dietmar Dath bei dem Kafka-Satz »Der Reisende redete leiser« auf die Idee, dass hinter Kafka eigentlich Joachim Ringelnatz steckt: »Wo der Erzählton so sinnflüchtig murmelndes Bächlein wird, wo Endreimandeutung (Reise/leise), Assonanz und Vokalharmonie (im heiklen Klangregisterbereich zwischen ›e‹ und ›ei‹) so fehlerlos sitzen«, deutet alles »in Richtung Lyrikprofi« hin.[57] Die Spielregel wäre dabei – ganz im Sinne der poetischen Funktion, wie sie Roman Jakobson bestimmt hat –, dass das Prinzip der Ähnlichkeit auf die Satzebene übertragen wird: Wörter werden nicht mehr nur zu Sätzen kombiniert, weil man damit etwas darstellen oder ausdrücken will, sondern auch deshalb, weil sie ähnlich klingen. Die Prosa wird poetisch.

Einer der Prosa-Autoren der Moderne, bei denen dieses Poetische zu Nietzsches »Fasching-Gelächter« führt, ist Robert Walser. Auch Walser versündigt sich, wie Musil treffend schreibt, »fortwährend noch gegen den unveräußerlichen Anspruch der Welt- und Innendinge: von uns als real genommen zu werden. Eine Wiese ist bei ihm bald ein wirklicher Gegenstand, bald jedoch nur etwas auf dem Papier. Wenn er schwärmt oder sich entrüstet, läßt er nie aus dem Bewußtsein, daß er es schreibend tut und daß seine Gefühle auf Draht stecken.«[58] Mit Karl Kraus könnte man sagen, dass Walsers Texte immer wieder Locken auf der Glatze drehen. Was Kraus aber kritisch meint und gegen die Phrasen des Feuilletons richtet, wird bei Walser zur Spielregel einer lockeren Prosa, die wie bei Kafka sehr kalkuliert mit kleinen Endlosigkeiten ins Leere hinübertönt. Diese Leere sieht man übrigens bei Sammlungen von Kurzprosa wie Kafkas *Betrachtung* oder Walsers *Geschichten* schon rein optisch dadurch, dass es zwischen den gesammelten Texten in Relation zum Buchumfang viel mehr sichtbaren Weißraum, viel mehr markierte Unterbrechung als bei Kapitelübergängen in Romanen gibt – zumal die Kapitelenden in realistisch erzählten Romanen ja so schnell wie möglich zum nächsten Kapitel führen sollen, erst recht bei Cliffhangern. Bezeichnenderweise findet man deshalb in der modernen Kurzprosa auch immer wieder Allegorien für genau diesen Weißraum. Walsers Schnee-Bilder kann man so verstehen, und auch bei Kafka führt *Der Ausflug ins Gebirge*, so der Titel eines weiteren Textes aus *Betrachtung*, nicht zu Cliffhangern und dem Bangen um eine Figur am Abgrund, sondern zu der so klaren wie rätselhaften Allegorie mehrerer aneinandergedrängter »Niemand« im schwarzen Frack. Diese »Niemand« »gehen so lala« durchs Gebirge, und »der Wind fährt durch die Lücken, die wir und unsere Gliedmaßen offen lassen«.[59]

Der Leerraum zwischen den schwarz gekleideten »Niemand« verweist, als Schrift-Allegorie verstanden, nicht nur auf die Lücken zwischen den Zeichen, sondern auch auf das komplett leere Blatt Papier vor dem Setzen von Zeichen, vor dem Akt des Schreibens. Um diese Leere geht es immer wieder auch in der Kurzprosa Robert Walsers. In der fünften seiner *Sechs Kleinen Geschichten* beispielsweise erzählt Walser von einem Dichter, der monatelang auf die leeren Wände seines Zimmers schaut. Er hat alle Bilder von den Wänden entfernt, »um durch keinen zerstreuenden Gegenstand gestört und verleitet zu werden, irgend etwas anderes zu betrachten, als die kleine, fleckige, unfreundliche Wand«. Nach drei Monaten kann er nicht mehr aufstehen und ist »festgeklebt«. Damit aber nicht genug: Nacheinander kommen sechs weitere Dichter, um sich nach dem ersten zu erkundigen, und allen ergeht es genauso: Sie kleben fest und fallen in »dieselbe schwermütige oder lächerliche Träumerei«. Dem Nacheinander der Dichter entspricht im Text dann die für die Moderne so typische unverbundene Aufzählung von Adjektivattributen zur Beschreibung des leeren Raums: »Nun sitzen alle sieben in dem kleinen, dunklen, düsteren, unfreundlichen, kalten, kahlen Raum und draußen schneit es.« Nicht nur die Wände im Zimmer, sondern auch die Welt draußen wird weiß und leer. Die traurige Allegorie einer Schreibblockade also? Eine scheiternde *creatio ex nihilo*? Man kann Walsers Geschichte so lesen. Der Witz aber ist wie immer bei Walser, dass genau daraus, aus Nichts sozusagen, die vorliegende Geschichte wird, die wir beim Lesen mit »freundliche[m] Gelächter« belohnen.[60]

Man kann diese Art der modernen Literatur mit Musil eine gekonnte »Spielerei« nennen. Für Musil aber geht diese Spielerei übers bloß Gekonnte weit hinaus und stellt eine gesellschaftlich höchst relevante Lockerungsübung dar: »mit viel Weichheit, Träumerei, Freiheit und dem moralischen Reichtum eines jener scheinbar unnützen, trägen Tage, wo sich unsere festesten Überzeugungen in eine angenehme Gleichgültigkeit lockern«.[61] Nicht auszudenken, wie anders das 20. Jahrhundert verlaufen wäre, wenn solche Lockerungen unserer festesten Überzeugungen populärer geworden wären.

»von der Grundfarbe schwarz«

Der Zivilisationsbruch von Auschwitz hat den Blick auf die lockeren, spielerischen Seiten der Moderne verstellt und Anknüpfungen vielfach verhindert. Vor allem bei Kafka hat es lange gedauert, bis man auch (wieder) die komischen Seiten seiner Prosa wahrgenommen hat. »Radikale Kunst heute heißt soviel wie finstere, von der Grundfarbe schwarz«, schrieb Adorno in seiner posthum erschienenen Ästhetischen Theorie.[62]

Zwar gab es im Film so wunderbare Komödien wie Ernst Lubitschs *Sein oder Nichtsein* oder Charlie Chaplins *Der große Diktator*, die sich den nationalsozialistischen Formen moderner Barbarei mit Humor entgegenzustellen versuchten. Aber Chaplin selbst sagte, dass er den Film nicht hätte machen können, wenn er »von dem Grauen in den deutschen Konzentrationslagern gewusst« hätte.[63] Andererseits ist die berühmte »Schtonk«-Rede in Chaplins Film in ihrer dadaistisch anmutenden Vorführung des nationalsozialistischen Jargons bis heute nicht nur eine der erhellendsten Dekonstruktionen der mit dem Massenmord einhergehenden Sprache. Vielmehr lässt sie auch die stürmische Leere, von der Walter Serner in seiner *Letzten Lockerung* spricht, in ihrer ganzen Gewalt spürbar werden und erweist sich in dieser Spürbarkeit als durchaus modern.

Bei der *performance* dieser Leere mit all ihren sich ungeheuer ernst und substantiell gebenden Sprachgesten kann man auch heute nicht anders als lachen.

»Und ich weiß nicht, wie oft ich gelacht habe; aber laut«, sagt auch Hannah Arendt im Gespräch mit Günter Gaus, wenn es um ihre Lektüre der Protokolle im Eichmann-Prozess geht. Ihr Lachen entsteht durch die Wahrnehmung Adolf Eichmanns, also eines der Hauptverantwortlichen der nationalsozialistischen Vernichtungspolitik, als »Hanswurst«.[64] Auch Arendt greift dabei auf die Tradition der Komödie zurück, in der der »Hanswurst« seit dem 16. Jahrhundert einen sehr populären, dümmlich-derben Typus verkörperte. Dummheit ist für Arendt, wie bereits an anderer Stelle gesagt, der »Unwille, sich je vorzustellen, was eigentlich mit dem anderen ist«. Der aufgeregte »Schtonk«-Jargon umkreist zwar manisch die immer gleichen Begriffe und Vorstellungen vom anderen; dieses Kreisen aber, das (auto-)suggestive sprachliche Beschwören irgendwelcher Fremd- und Feindbilder, zeugt davon, dass an der sprachlichen Stelle des anderen eine gewaltige Leerstelle klafft, die fortwährend gestopft werden muss. Diesem Stopfen entspricht dann in der Praxis jenseits der Sprache wie bei einer sich selbst erfüllenden Prophezeiung die systematische Herstellung von ›Tatsachen‹, also die Praxis von Rassegesetzen, Enteignungen, Deportationen, Arbeits- und Vernichtungslagern. Bei dieser Herstellung von ›Tatsachen‹, hinter der sich das Gegenteil: die »Verachtung aller Tatsachen« verbirgt[65], wird dann auch die Leere hinter all den Anstrengungen ganz real: Millionen Menschen werden in Massengräbern verscharrt oder in Krematorien verbrannt. An dieser Stelle, bei diesem Übergang von der Leere der Sprache und Vorstellungskraft in die Leere der fabrikmäßigen Vernichtung verstummt nicht nur das Lachen. »Dieses«, sagt Arendt im Gespräch mit Günter Gaus, »hätte nie geschehen dürfen. Da ist irgendetwas passiert, womit wir alle nicht mehr fertig werden.«[66]

Ein großer Teil der Emphase, mit der in den 1950er und 1960er Jahren auf die Kunst und Literatur gehofft wird, hat mit diesem Nicht-mehr-fertig-Werden zu tun, für das die Moderne bereits vor 1933 die nötigen ästhetischen Verfahren bereitgestellt hat. Die Realismus-Kritik der Moderne, Bretons Verachtung realistischer Ansichtskarten und Katalogbilder, wird angesichts von Auschwitz zu einem geradezu moralischen Gebot der Kunst. Realismus, könnte man sagen, ist die ästhetische Illusion des Fertig-werden-Könnens mit allem, Auschwitz inklusive.

Die Fundamentalkritik der Moderne am realistischen Erzählen, ihr Wissen um die Brüche und Diskontinuitäten sogenannter Lebensläufe, ihr Zweifel an Handlung und Kausalität, ihr Problem mit Identitäten und scharfen Subjektgrenzen, bekommt durch den Zivilisationsbruch von Auschwitz eine neue Relevanz.

Wie schon in den Jahren der Neuen Sachlichkeit führt der Zivilisationsbruch nach 1945 aber zunächst eher zu Versuchen eines neuen, besseren Realismus. Bereits in einem der ersten Texte über die nationalsozialistischen Konzentrationslager, in Robert Antelmes *Das Menschengeschlecht*, wird der Versuch eines solchen vom Schock gezeichneten, anderen Realismus unternommen. Der Titel, im Original: *L'espece humaine*, spielt darauf an, dass die nationalsozialistische Vernichtungspolitik ihren Opfern die Zugehörigkeit zur Gattung Mensch aberkannt hat. Die Inhaftierten waren nicht deshalb entrechtete Opfer von Gewalt, weil sie anderen Religionen, Nationalitäten oder politischen Parteien angehörten, sondern weil sie nicht einmal mehr als Menschen galten. Dieser fundamentale Ausschluss von Millionen Menschen aus der gemeinsamen Gattung war die Voraussetzung für die praktizierte Entmenschlichung und Vernichtung in den Lagern. Antelmes Buch beschreibt diese Praxis nüchtern und detailliert, indem es chronikalisch, ohne die Sicherheit des erzählerischen Imperfekts von den Abläufen, Hierarchien und Willkürakten im Lager, vom Zusammensein in den Baracken, von Hunger, Krankheit und Mord berichtet. Der Ort oder Zeitpunkt, von dem her der Text die Chronik des Unvorstellbaren organisiert, ist das zeitnahe Entronnensein, zwei Jahre nach der Befreiung: »Wir wollten sprechen, endlich angehört werden. Man sagte uns, unser physischer Zustand allein sei schon beredt genug. Aber wir kamen gerade zurück, wir brachten unsere Erinnerung mit, unsere noch ganz lebendige Erfahrung, und wir verspürten ein irrsinniges Verlangen, sie so auszusprechen, wie sie war.«[67]

Allerdings erleben die Zurückgekehrten eine tiefe Kluft zwischen der verfügbaren Sprache und der Erfahrung im Lager, die sich nicht nur in die Seelen, sondern auch in die Körper eingeschrieben hat. »Kaum begannen wir zu erzählen, verschlug es uns schon die Sprache. Was wir zu sagen hatten, begann uns nun selber *unvorstellbar* zu werden.« Antelmes Text ist ein Anschreiben gegen diese Unvorstellbarkeit. Denn genau diese Unvorstellbarkeit wird bereits bei den ersten Begegnungen mit den amerikanischen Befreiern zu einem bequemen Topos, mit dem sich die Nicht-Betroffenen immunisieren.

Das Bewusstsein der meisten ist schnell zufriedengestellt, und mit einigen Worten bilden sie sich aus dem Nichtzukennenden eine endgültige Meinung. So können sie uns schließlich gelassen gegenübertreten, sich an das Schauspiel dieser Tausenden von Toten und Sterbenden gewöhnen. [...] *Unvorstellbar*, das ist das Wort, das sich nicht teilen lässt, das nicht einschränkt. Es ist das bequemste Wort. Läuft man mit diesem Wort als Schutzschild umher, diesem Wort der Leere, wird der Schritt sicherer, fester, fängt sich das Gewissen wieder.[68]

So gesehen ist Antelmes Text gegen die Leere gerichtet, gegen das Sich-Einrichten in Klischees, und sei es im scheinbar anteilnehmenden Topos von der Unvorstellbarkeit des Schrecklichen. Statt sich mit dem Wort der Leere abzufinden, geht es darum, zahllose Geschichten »Stück für Stück« aneinanderzufügen, für die es im Unterschied zum herkömmlichen Realismus kurz nach 1945 noch keine abrufbaren Bilder, noch keine geskriptete Realität gibt. Deshalb bedarf es, so Antelme, »großer Kunstfertigkeit«.[69] Es reicht also nicht, im Gegenzug zum herkömmlichen Realismus einfach all die Wahrheiten der einzelnen Opfer zu dokumentieren, vielmehr geht es darum, »durch unsere Vorstellungskraft« zu versuchen, etwas über eine Wirklichkeit auszusagen, von der man damals wie heute allzu sicher sagt, dass sie die Vorstellung übersteigt.[70]

Auch einem Autor wie Antelme kommt bei diesem Versuch das primitiv Epische abhanden. Anders aber als bei Musil wird die narrative Geborgenheit von Lebensläufen nicht durch die unendlich verwobenen Flächen komplexer Lebenswelten verhindert, sondern im Gegenteil: durch die Erfahrung einer radikalen Komplexitätsreduktion. Wer nicht mehr zur Gattung Mensch gehört, muss jeden Augenblick damit rechnen, das Opfer willkürlicher Selektionen zu werden. Wo es ums nackte Überleben geht, kann man von ordentlichen, zuverlässigen Lebensläufen nicht einmal mehr träumen. »Über Auschwitz und nach Auschwitz«, so Sarah Kofman in ihrem Buch *Erstickte Worte*, »ist keine Erzählung möglich, wenn man unter Erzählung versteht: eine Geschichte von Ereignissen erzählen, die Sinn ergeben.«[71]

Der für Kofman neben Antelme wichtigste Autor eines solchen nichtnarrativen Diskurses nach Auschwitz ist der französische Schriftsteller und Literaturkritiker Maurice Blanchot. Schon in seinem frühen Text *Der Wahnsinn des Tages* wird dem Erzählen eine Absage erteilt: »Eine Erzählung? Nein, keine Erzählung, nie mehr.«[72] Die formale Alternative zum Erzählen ist für Blanchot das fragmentarische Schreiben: die Aneinanderreihung unterschiedlich langer Prosaabsätze, zwischen denen Leerzeilen klaffen, die genauso wichtig wie die Textpassagen sind, da sie vor Augen führen, worum Blanchots Denken fortwährend kreist: Abwesenheit und Tod, Schweigen und Leere. Bereits in seinem einflussreichen Essay *Die Literatur und das Recht auf den Tod* weist Blanchot auf die für die Literatur konstitutive Leere hin: »Die Sprache beginnt mit der Leere; keine Gewißheit, keine Fülle spricht; dem, der sich ausdrückt, mangelt ein Wesentliches.« Diesem fundamentalen Mangel kann für Blanchot allein die Literatur gerecht werden, deren Ideal in der Losung liegt: »Nichts zu sagen, Sprechen, um nichts zu sagen«. Für Blanchot handelt es sich bei diesem Ideal um keinen »Luxus-Nihilismus«, sondern um die (typisch moderne) Überzeugung, dass die Sprache »ihren Sinn nicht dem, was da ist, sondern ihrem Zurückweichen vor dem Dasein verdankt«.[73]

Einen höheren Ton kann man, wenn man von Literatur spricht, kaum anschlagen. Mit dem Schock des nationalsozialistischen Massenmords hat dieser Ton zunächst aber gar nichts zu tun. Er bezieht sich auch nicht spezifisch auf die Literatur der Moderne, sondern greift auf ältere Bilder einer negativen Metaphysik zurück. Eines dieser Bilder ist der Topos vom leeren Himmel:

[...] derselbe Himmel, plötzlich offen, absolut schwarz und absolut leer, enthüllt (wie durch die zerbrochene Fensterscheibe) eine solche Abwesenheit, daß alles darin seit je und für immer verloren gegangen ist, so sehr, daß sich darin das schwindelerregende Wissen bestätigt und zerstreut, daß nichts ist, was es gibt, und vor allem nichts darüber hinaus.[74]

Diese fast mystische Erfahrung[75] eines leeren Himmels greift auf eine Topik zurück, die bis zu Büchner und Jean Paul zurückreicht. Entscheidend ist aber, dass Blanchot das Nachdenken über Abwesenheit und Leere mit dem Diskurs über Auschwitz verknüpft. Was sein Schreiben nach Auschwitz bei allen Unterschieden mit Adornos Ästhetik verbindet, ist die Frage nach der Form. Vor allem in *Die Schrift des Desasters* geht es dabei um Bezeichnungsprobleme und die (Un-)Möglichkeit einer Sprache nach Auschwitz – womit wie bei Adorno nicht nur die Literatur, sondern immer auch der eigene Theorie-Diskurs gemeint ist:

Der unbekannte Name, jenseits von Benennung.
Der Holokaust, absolutes Ereignis der Geschichte, geschichtlich datiert, dieser Allbrand, bei dem die ganze Geschichte in Brand gesteckt wurde, bei dem die Bewegung des Sinns zugrunde gegangen ist, bei dem die Gabe, ohne Vergebung, ohne Einwilligung, ruiniert worden ist [...] wie aus dem Denken das machen, was den Holokaust bewahrte, in dem doch alles verloren gegangen ist, auch das bewahrende Denken?[76]

Es ist wenig verwunderlich, dass Blanchot seinen von Hölderlin, Mallarmé und Kafka geprägten Kanon um den Lyriker Paul Celan erweitert hat. Was er bei Celan vor allem wahrnimmt, ist das die Gedichte umgebende Weiß. Dieses Weiß aber ist für Blanchot kein Innehalten oder Schweigen, »die das Atemholen beim Lesen erlauben«. Es gehört vielmehr zu einer »nur wenig Entspannung zulassenden Strenge«: »einer non-verbalen Strenge, die nicht dafür bestimmt wäre, Sinn zu tragen, so als wäre die Leere weniger ein Mangel denn eine Sättigung, eine mit Leere gesättigte Leere«.[77]

Die Leere der Weißräume springt einem natürlich sofort ins Auge, wenn man Celans Gedichte, insbesondere seit dem Band *Sprachgitter*, liest. Diesseits ihrer Lesbarkeit als Ausdruck einer dem Schweigen abgerungenen Sprache oder einer tiefen »non-verbalen Strenge« ist die Leere bei Celan aber erst einmal vor allem die schlichte Erfahrung der Unterbrechung beim Lesen seiner Gedichte: Enjambements, Worttrennungen am Versende, Leerzeilen – all diese konkreten, erfahrbaren Textphänomene bringen – wo sonst als auf der verbalen Ebene – den Lesevorgang immer wieder ins Stocken. Und doch ist die Leere als Zwischenraum der Unterbrechung immer auch ein Raum, der zu den nächsten Zeichen führt. Wie bei Mallarmé also sollte man sich vor einem vorschnell-tiefsinnigen Verständnis der Leere hüten. Sie ist zwar wichtig für Celans »grauere« Sprache[78] nach der berühmten *Todesfuge* und hängt zusammen mit seiner Kritik an allzu schöner, allzu metaphorischer Rede. Sie ist aber nicht einfach nur moderne Strenge, sie ist auch nicht bloß formalistische Spielerei, und schon gar nicht ist sie ein Ausdruck des Unvorstellbaren, den bereits Antelme kritisiert hat.

Hinzu kommt, dass der Begriff der Leere in der Celan-Rezeption bezeichnenderweise gerade in der konservativ-rechten Presse auftaucht und gegen Celan gewendet wird. So bemängelt zum Beispiel Günter Blöcker in seiner *Sprachgitter*-Rezension im *Tagesspiegel*, dass Celan aufgrund seiner »Herkunft« (gemeint ist wohl die deutsche Sprachtradition der Bukowina) weniger durch den »Kommunikationscharakter« der Sprache gehemmt und deshalb »oft verführt« sei, »im Leeren zu agieren«. Die Folge ist für deutsche Kulturkritiker wie Blöcker dann gemäß einer altbekannt-antimodernistischen, auch antisemitischen Rhetorik: weltfremder Formalismus, bloße »Kombinatorik« statt »Anschauung«, »kontrapunktische Exerzitien«, die im Unterschied zu beseelten Bach-Fugen (mit klarer deutsch-protestantischer Herkunft) ihren Klang nur selten »bis zu dem Punkt« entwickeln, »wo er sinngebende Funktionen übernehmen kann«.[79] Celan war schockiert über Blöckers Kritik. Und vor dem zeitgenössischen Hintergrund solcher Forderungen nach Sinngebung und richtiger Herkunft wird deutlich, wie wichtig Adornos Verteidigung dunkler, sinnverweigernder Kunst in der frühen Bundesrepublik war.

Für Celan selbst war der Begriff der Leere höchst ambivalent: In seiner *Meridian*-Rede zum Büchner-Preis 1960 spricht er von der »ins Offene und Leere und Freie weisenden Frage«, die zu einem Ort oder Nicht-Ort führt, den auch das Gedicht sucht, »weit draußen«.[80] Die Leere ist bei Celan also in einem geradezu utopischen Sinn mit Hölderlins »Komm! ins Offene, Freund!« verbunden und bezeichnet einen Raum der Gast-Freundschaft: »O diese wandernde leere / gastliche Mitte«, heißt es in dem Gedicht *Zu beiden Händen* in dem Band *Die Niemandsrose*. Andererseits aber ist gerade dieser im Zeichen des Gesprächs stehende Raum der Gastfreundschaft alles andere als leer. Deshalb hat Celan die Leere im Sinne eines abstrakten, menschenleeren Vakuums scharf abgelehnt. In einem Brief an seinen Jugendfreund Erich Einhorn schreibt er:

In meinem letzten Gedichtband (»Sprachgitter«) findest Du ein Gedicht, »Engführung«, das die Verheerungen der Atombombe evoziert. An einer zentralen Stelle steht, fragmentarisch, dieses Wort von Demokrit: »Es gibt nichts als die Atome und den leeren Raum; alles andere ist Meinung«. Ich brauche nicht erst hervorzuheben, daß das Gedicht um dieser Meinung – um der *Menschen* willen, also gegen alle Leere und Atomisierung geschrieben ist.[81]

Leere – das ist nach Auschwitz und Hiroshima etwas sehr Konkretes: Es ist für Celan die Abwesenheit der ermordeten Mutter, es ist die Asche verbrannter Menschen, es ist eine einst lebendige, nun fast vollständig ausgelöschte Kultur.

Die Moderne im Leerlauf

Wie das Beispiel von Blöckers Celan-Kritik zeigt, ist der Begriff der Leere alles andere als unschuldig und wird bevorzugt von denjenigen abwertend und ausgrenzend verwendet, die nie in der Moderne mit ihren Substanzverlusten und ihrer Kritik an Repräsentation und Narration, an Realismus und Verklärung angekommen sind. In den 1950er und 1960er Jahren sind solche kulturkritisch-antimodernen Stimmen omnipräsent. Andererseits gibt es gerade in diesen beiden Jahrzehnten noch einmal eine starke Wieder- und Neuentdeckung modernistischer Verfahren.

Eine der Ikonen einer solchen Nachkriegsmoderne ist der bereits genannte Samuel Beckett. Mit seiner Poetik der Verknappung[82] stand er keineswegs am Rand des Kulturbetriebs wie vor ihm Kafka oder Robert Walser, sondern wurde gerade in seiner Strenge und Unnahbarkeit eine Art Kultautor mit großen Erfolgen auf der Bühne. Auch für Adorno war Beckett einer der wenigen Autoren nach Auschwitz, die er gelten ließ. »Niemals etwas verlangen«, schreibt der französische Philosoph Alain Badiou sehr treffend über Beckett,

das ist die erste Forderung. Und Becketts Prosa ist schön, weil sie von der Sorge erfüllt ist, von der Prosa selbst nichts zu verlangen, als sich so nah wie möglich an das zu halten, woraus sich letztlich jede Existenz zusammensetzt: an die leere Bühne des Seins, an das Halbdunkel, in dem alles sich abspielt, das aber selbst nichts spielt [...].[83]

Immer, auch in Becketts Romanen und Erzählungen, wird die Vorstellung eines leeren Raums, einer leeren Bühne evoziert. Und in dieser Leere, aus dieser Leere heraus konstituiert sich eine Stimme, eine sprechende Figur, entfalten sich Monologe der Selbstvergewisserung, aber auch immer wieder Zwiegespräche mit einer anderen Figur. Ganz im Sinne der emphatischen Moderne vor 1933 hat Beckett diese Leere, in die seine Figuren gestellt sind, nicht nur räumlich vom Theater her als künstlichen Bühnenraum, sondern auch flächig vom Akt des Schreibens her als leeres Blatt, als weißes Papier gedacht. »At the end of the day«, so Beckett, »my last work will be a blank piece of paper.«[84]

Becketts Erfolg ist wahrscheinlich nur dadurch zu erklären, dass auch bei ihm wie bei Kafka ein Tiefsinn getriggert wird, der die Leere existentiell und metaphysisch versteht. Dieser Tiefsinn hat sich dann wie bei

Kafka – und ganz im Sinne des bereits zitierten Spötters Robbe-Grillet – in die Leere hineingestürzt und sich darin ausgebreitet »wie der Rauch in einem Kamin«. Das war zwar bei Beckett nicht weniger absurd als bei Kafka, da beiden nichts wichtiger als Klarheit und Genauigkeit war. Aber der Rauch des Tiefsinns war gut für den Erfolg.

Weit weniger erfolgreich als Kafka und Beckett waren nach 1945 all die Versuche, an die sprachexperimentelle Moderne vor 1933, an den Surrealismus oder Dadaismus anzuknüpfen. So wichtig Autoren wie H. C. Artmann, Franz Mon oder Helmut Heißenbüttel waren – in der zwischen 1960 und 1980 tonangebenden »Suhrkamp-Kultur« spielten sie keine Rolle, und die kommerziell erfolgreichen Autoren waren wie im 19. Jahrhundert die realistischen Erzähler großer Romane.

Der einzige sprachexperimentelle Autor, der eine breitere Öffentlichkeit erreichte und mit seinen Lautgedichten nicht nur ganze Hallen füllen, sondern auch LPs verkaufen konnte, war Ernst Jandl. Immerhin aber gibt es ein Gedicht, eine »Konstellation«, die dank Millionen von Lesebüchern zu einer lyrischen Ikone der Leere werden konnte: Eugen Gomringers *schweigen*.[85]

schweigen schweigen schweigen
schweigen schweigen schweigen
schweigen   schweigen
schweigen schweigen schweigen
schweigen schweigen schweigen

Unendlich viel ist über das Gedicht gesagt worden, so wie ja auch das Gedicht selbst nicht schweigt, sondern in klarer Form – fünf horizontale, drei vertikale Reihen, mit der ins Auge springenden Auslassung im Zentrum – vierzehnmal das Wort »schweigen« wiederholt. Ob es ein Verb oder Substantiv ist, lässt die Kleinschreibung offen. Was aber hat es mit der Auslassung in der Mitte auf sich? Was wird hier überhaupt ausgelassen? Muss es aufgrund des Reihenprinzips unbedingt das Wort »schweigen« sein? Wäre nicht auch ein anderes Wort denkbar oder andere Wörter, solange sie in die Lücke passen? Und auf das Thema der Leere bezogen: Geht es hier in der Mitte des Gedichts überhaupt um Leere? Was hat »schweigen« mit Leere zu tun? Und wie liest man diesen Text eigentlich? Liest man ihn Zeile für Zeile von links nach rechts oder Spalte für Spalte von oben nach unten? Oder schaut man sich den Text

Die Moderne im Leerlauf 123

eher wie ein Bild an und sieht dann vor allem die Differenz von Schwarz und Weiß, Zeichen und Zwischenraum? Aber wenn ich nicht nur schaue, sondern auch lese: Woran denke ich bei dem Wort »schweigen«? Ruft das Gedicht, erst recht im Diskurs um 1960, nicht auch unendlich viele andere Wörter, Texte und Bilder auf – bis hin zu Brechts »Gespräch über Bäume«, das ein »Schweigen über so viele Untaten« einschließt? Eine andere Spur führt nicht in die Gewaltgeschichte des 20. Jahrhunderts, sondern zum uralten Schweigen der Mystiker und Zen-Buddhisten. Es ist wie immer, wenn es um kulturelle Figurationen der Leere geht: Ohne Lärm kein Nichts, ohne Verknüpfung der Zeichen keine Zwischenräume und Gaps. Nur durch den Aufwand der Zeichen, durch einen Rahmen wie bei Gomringer, wird die Leere in der Mitte überhaupt sichtbar. Und nicht nur die vierzehn Wörter drumherum, sondern auch die Leerstelle im Zentrum öffnet das Tor zur eigenen Imagination und Projektion.[86]

Einer der wichtigsten Orte, an dem die Moderne nach 1945 für ein größeres Publikum hör- und sichtbar wurde, der Raum der Projektionen schlechthin, war das Kino. Im Film geht in der zweiten Hälfte des 20. Jahrhunderts mit den Regisseuren des italienischen Neorealismus oder der französischen Nouvelle Vague die Moderne überhaupt erst richtig los.[87]

Für den französischen Theoretiker Gilles Deleuze zeichnet sich die Moderne im Film durch die Abkehr vom sogenannten Bewegungs-Bild und die Hinwendung zum sogenannten Zeit-Bild aus. Kino im Zeichen des Zeit-Bildes bringt Figuren auf die Leinwand, die in der Küche stehen und banale Dinge tun, Figuren, die verloren am leeren Strand oder durch leere Stadtviertel spazieren, Paare, die in Großaufnahme in Hotelzimmern liegen oder sich im Morgengrauen vergessene Liebesbriefe in Parks vorlesen. Statt zielgerichtet zu handeln, lassen sich diese Figuren vor allem treiben, wiederholen alltägliche Gesten, registrieren ihre Umwelt, schweigen viel oder plaudern miteinander ohne große Ambition. Analog zu den von Nietzsche beschriebenen Wörtern, die in der Moderne souverän werden und aus dem Satz springen, verselbständigen sich im modernen Film die Bilder. Die sensomotorische Situation, die im Dienst der fortschreitenden Handlung und der Aktionen oder Reaktionen der Figuren steht, weicht, so Deleuze, »rein optische[n] oder akustische[n]«[88] Situationen. Bei dem japanischen Regisseur Yasujirō Ozu führt das zum Beispiel zu filmischen Stilleben oder sogenannten *pillow-shots*[89]: zu langen Einstellungen irgendwelcher Gegenstände wie Fahrräder oder

Vasen, die für Deleuze »reine, direkte Bilder« von Dauer und Zeit darstellen[90] und dabei nicht der zeitlichen Logik des Erzählten unterworfen sind. Der italienische Regisseur Michelangelo Antonioni geht dabei noch einen Schritt weiter. Mit Blick auf Vittorio De Sicas neorealistischen Film *Ladri di biciclette* (*Die Fahrraddiebe*) sagte Antonioni einmal – ähnlich wie Schwitters in Bezug auf die Elefanten in Balls *Karawane* –, es gehe darum, das Fahrrad loszuwerden.[91] Entsprechend leer sind daher viele Einstellungen in Antonionis Filmen. Immer wieder zeigen sie Nebel und leere Landschaften, Wüsten und urbane Räume, in denen wie auf den Bildern von De Chirico die Menschen abwesend oder unwichtig und aus dem Zentrum gerückt sind. Meistens scheint dabei wie bei Nietzsche die Mittagssonne. In der berühmten Schluss-Szene in *L'Eclisse* allerdings wird die Leere nicht von der Sonne, sondern von den nächtlichen Straßenlaternen beleuchtet. Die Kamera hält sich zum wiederholten Mal im römischen Stadtviertel EUR auf mit seiner strengen Architektur, den Baustellen und leeren Straßen, durch die ein Bus fährt. Von dem verabredeten Liebespaar jedoch keine Spur. Nur ein paar Fremde steigen aus dem Bus und zeigen uns den Rücken, laufen von der Kamera weg. Dann die Nahaufnahme eines großen Gebäudes mit Baugerüst, das sich schwarz vom nächtlichen Wolkenhimmel im Hintergrund abhebt. Die Kamera schwenkt nach rechts zur langen Reihe der Straßenlaternen. Dann das ovale Licht einer der Laternen in Großaufnahme und lauter werdende, plötzlich sehr dramatische Klaviermusik. Schließlich links neben dem ovalen Licht, größer werdend: der Schriftzug »Fine«.

»Antonionis Kunst«, schreibt Deleuze zusammenfassend, »hat sich unaufhörlich in zwei Richtungen entwickelt: zunächst zu einer beachtlichen Ausschöpfung der toten Zeit des Alltags«, wozu auch die Schluss-Szene von *L'Eclisse* gehört, insofern die Kamera einfach da zu sein scheint und das Zeit-Bild eines gewöhnlichen Abends im EUR-Viertel einfängt; darüber hinaus aber auch hin »zu einer Behandlung von Grenzsituationen«, »die bis zu menschenleeren Landschaften und entleerten Räumen vordringt, von denen man sagen kann, sie hätten die Figuren und Handlungen in sich absorbiert, um nur noch eine geophysikalische Beschreibung, eine abstrakte Bestandsaufnahme übrigzubehalten«.[92]

Dass auch Filme, fern von jeder *action*, zu solchen abstrakten Bestandsaufnahmen in der Lage sind, ist eine der großen Leistungen der Moderne. Hinzu kommt, dass die Filme von Ozu, Antonioni oder Godard genauso chronisch auf ihre eigene Gemachtheit reflektieren wie alle anderen Künste der Moderne. Anders als dem klassischen Hollywoodkino oder dem Realismus in der Literatur ist den »Produktionen der Moderne [...] gemeinsam, dass sie auf ihre Produkthaftigkeit verweisen«.[93] Godard hat das auf die treffende, René Magrittes *Ceci n'est pas une pipe* abwandelnde Formel gebracht: »Das ist kein Blut, das ist Rot.«[94]

Beides, die »rein optischen« Zeit-Bilder der Leere ebenso wie die fortwährende Reflexion der modernen Kunst auf ihr eigenes Material, ihre Zeichen und Leerstellen, ist absolut großartig – und auf Dauer auch ziemlich nervig. Nicht nur von rechten und linken Antimodernisten, denen die moderne Kunst immer schon zu leer und formalistisch war, sondern auch von Künstlern auf der Höhe der modernen Ästhetik werden die immer gleichen abstrakten Bestandsaufnahmen als zunehmend unproduktiv erlebt. Hans Magnus Enzensberger kritisiert schon Anfang der 1960er Jahre in seinen Essays über die *Weltsprache der modernen Poesie* und *Die Aporien der Avantgarde* das Altern und Leerlaufen der Moderne: »In Bewegungen und Gegenbewegungen, Manifesten und Antimanifesten ist der Begriff der Moderne ermüdet. Seine Energie hat sich verbraucht.«[95] Für Enzensberger schlägt die Avantgarde als Neoavantgarde der Nachkriegszeit »in kunstgewerbliche Imitation« um.[96] Dieser Umschlag hat seinen Grund in den von Enzensberger konstatierten Aporien der Avantgarde, die im Begriff selber liegen. Zum einen nämlich scheitert die Übertragung des räumlichen *avant* der militärischen Vorhut in ein zeitlich-historisches *avant* einer künstlerischen »Bewegung« einfach daran, dass man allenfalls erst im Nachhinein wissen kann, ob ein Künstler seiner Zeit voraus war. Es lässt sich, so Enzensberger, kein normativer »Standpunkt ausmachen, von dem aus zu bestimmen wäre, was Avantgarde ist und was nicht«.[97] Wenn das aber so ist, fällt die ganze avantgardistische Emphase in sich zusammen. Auch bei den »Feinden« funktioniert die Übertragung nicht: Während eine militärische Vorhut den Feind vor sich hat, gibt es vor einer künstlerischen Avantgarde ja nichts mehr außer leerem Neuland, die Feinde befinden sich nicht vorne, sondern hinten, im weiten Feld der Vormoderne. Zum anderen sind Zweifel bei der Übertragung des zweiten Wortbestandteils, des Garde-Begriffs, angebracht. Enzensberger wendet sich nicht gegen einzelne Künstler wie Beckett oder Antonioni, sondern gegen die mit dem Garde-Begriff einhergehenden Künstler-Kollektive der Nachkriegszeit. Die Aporien der Avantgarde zeigen sich für ihn vor allem »am Tachismus, am *art informel* und an der monochromen Malerei; an der seriellen und der elektronischen Musik; an der sogenannten konkreten Dichtung und an der Literatur der *beat generation*«.[98] Was Enzensberger an diesen sehr unterschiedlichen Kunstrichtungen kritisiert, ist ihr Rückgriff auf Schlagworte und Methoden, die sie kompatibel mit den Marktlogiken der Kulturindustrie machen, und insgesamt ihr Hang zum Doktrinären, hinter dem nichts anderes als Leere lauert: »Die Verwandtschaft mit den totalitären Bewegungen liegt auf der Hand, deren Zentrum, wie Hannah Arendt nachgewiesen hat, eben die leere Motorik ist.«[99]

Wie Gomringers *schweigen* zeigt, führt die serielle, leere Motorik bestimmter neoavantgardistischer Texte nicht zwingend ins Doktrinäre, sondern im Gegenteil zur freien Assoziation und kritischen Reflexion – zu Öffnungen also, die gegen jede identitäre oder totalitäre Schließung gerichtet sind. Trotzdem war Enzensbergers Entzauberung des »Moderne-Mythos«[100] nach 1945 sehr wichtig.

Natürlich wusste man von Anfang an, schon seit dem italienischen Futurismus und seiner Nähe zum Faschismus, dass die Gleichung Moderne = Freiheit = Antitotalitarismus nicht aufging. Die Fälle Céline, Pound oder Benn sind seit vielen Jahren zu Recht immer wieder in der Diskussion. Einer der interessantesten Fälle der frühen Bundesrepublik ist der einflussreiche Kunsthistoriker und *documenta*-Mitgründer Werner Haftmann. Haftmann war in den 1950er und 1960er Jahren einer der wichtigsten Fürsprecher einer bestimmten Tradition der Moderne und ein erklärter Gegner antimoderner Positionen, wie sie etwa der Kunsthistoriker Hans Sedlmayer in seinem vielbeachteten Buch mit dem programmatischen Titel *Verlust der Mitte* vertrat. (Was könnte übrigens den ›Verlust‹ einer substantiellen, gefüllten ›Mitte‹ wunderbarer vor Augen führen als Gomringers *schweigen*.) Interessant aber ist, dass nicht nur Sedlmayer ein bereits 1930 in die NSDAP eingetretener Nazi war, sondern auch sein Antipode Haftmann. Heinz Bude und Karin Wieland haben darauf hingewiesen, dass Haftmann nicht nur NSDAP-Mitglied, sondern auch SA-Mann war.[101] Wie aber geht das zusammen: die Verteidigung einer von den Nazis als »entartet« angesehenen Kunst mit eindeutiger eigener Nazi-Vergangenheit? Bude und Wieland schildern die Konstellationen in der frühen Bundesrepublik und erinnern an die legendären Darmstädter Gespräche, die 1950 dem »Menschenbild unserer Zeit« gewidmet waren. Sedlmayer war anwesend, Haftmann nicht. Vor allem aber machte 1950 in Darmstadt ein gewisser Theodor W. Adorno auf sich aufmerksam, der im Oktober 1949 erstmals wieder aus dem amerikanischen Exil nach Deutschland gereist war. Adorno nämlich schlug sich in Darmstadt erstaunlicherweise nicht auf Haftmanns Seite. Adorno war selbstverständlich als Alban-Berg-Schüler und exilierter Jude, der erlebt hatte, wie auch und gerade aus der beschworenen ›Mitte‹ der deutschen Kultur die nationalsozialistische Barbarei entsprungen war, kein Anhänger Sedlmayers. Trotzdem war ihm Haftmanns modernistische Verteidigung einer radikal freien Kunst nicht minder fremd: Auch für Adorno gab es, wie für Enzensberger zehn Jahre später, einen Zusammenhang zwischen leerer Motorik und Totalitarismus, zwischen den längst nicht mehr unschuldigen Tabula-rasa-Vorstellungen moderner Kunst und der Vernichtungspolitik des Nationalsozialismus einerseits, der Unfähigkeit zu trauern andererseits. Im Hintergrund stand dabei ein Autonomie-Begriff, der sich gegen Sedlmayers kulturkonservative Verlusterzählung ebenso wie gegen Haftmanns abstrakte Verteidigung künstlerischer Freiheit wendete: »Dem haftmannschen Pathos einer voraussetzungslosen Freiheit der Kunst setzt Adorno […] die Idee einer gesellschaftlich vermittelten Kunst entgegen, die in der Freiheit die Unfreiheit und in der Unfreiheit die Freiheit zum Ausdruck zu bringen vermag.«[102]

Pathos ist in diesem Zusammenhang ein gutes Stichwort. Denn Pathos war in gewisser Weise das, was nach 1945 merkwürdigerweise fast alle verband, auch wenn seine Quellen sehr unterschiedliche waren. Da war zum einen das Pathos »abendlandmäßiger Schwülstigkeit«[103], das über den Zivilisationsbruch von Auschwitz raunend hinwegging und von Hans Sedlmayrs *Verlust der Mitte* bis zu Gottfried Benns Spätwerk reichte. *Nur zwei Dinge* sind es bekanntlich bei Benn, die sein routiniert nihilistisches (und nicht sehr präzises) Pathos am Ende noch verzeichnen kann: »Ob Rosen, ob Schnee, ob Meere, / was alles erblühte, verblich, / es gibt nur zwei Dinge: die Leere / und das gezeichnete Ich.«[104] Ob Meere erblühen und verbleichen können und die Leere ein Ding ist, nahm um 1950 offenbar keiner so genau; Hauptsache, der Sound stimmte. Zum anderen war da das Pathos der (scheinbaren) Erneuerer und Neoavantgardisten, das sich nicht nur bei Nazis wie Haftmann zeigte, sondern auch bei den von Enzensberger kritisierten Künstler-Kollektiven mit ihren strengen Manifesten. Und Adorno? So sehr er sich von diesen beiden Pathos-Formen distanzierte und so treffend er den *Jargon der Eigentlichkeit* entlarvte, der immer auch ein Jargon der Leere und des Nichts gewesen war – auch Adorno war auf seine Weise ein großer Pathetiker, der emphatisch immer aufs Ganze ging, auch wenn das Ganze das Unwahre und ein universaler Verblendungszusammenhang war.

Aufs Ästhetische bezogen, bestand das Gemeinsame all dieser Pathos-Formen in einer enormen Aufladung der Kunst. Nach 1945 war Kunst nicht einfach ein Freizeitangebot unter anderen und die Verständigung darüber in der Regel sehr weit weg von jener Lockerheit, die es bereits in der Moderne vor 1933 gegeben hatte. Ob Rettung des Abendlandes oder Heilung vom Schmerz der Leere, ob Entfremdungskompensation oder Sinnstiftung, ob Subversion des Erzählens, Gesellschaftskritik oder utopischer Schein: Kunst war in den 1950er und 1960er Jahren eigentlich immer eine ernste Sache.

Hinter diesem Ernst verbarg sich bei den Emphatikern der Moderne zumeist eine »implizite Ästhetik des Erhabenen«.[105] In seinem Essay *Das Erhabene und die Avantgarde* hat der französische Philosoph Jean-François Lyotard die Ästhetik der Moderne insgesamt als eine des Erhabenen beschrieben. Ausgehend von Barnett Newmans monochromem Rot-Bild *Vir Heroicus Sublimis* bestimmt Lyotard das »Pathos des Erhabenen« mit Kant als Erfahrung der Überforderung und Nicht-Darstellbarkeit. Noch pathetischer, ist das Erhabene für Lyotard (eher mit Edmund Burke als mit Kant) die fundamentale Unlust-Erfahrung einer Bedrohung und Beraubung: »Beraubung des Lichts: Schrecken der Finsternis; Beraubung des Nächsten: Schrecken der Einsamkeit; Beraubung der Sprache: Schrecken des Schweigens; Beraubung der Gegenstände: Schrecken der Leere«.[106]

Finsternis, Einsamkeit, Schweigen und Leere: Sieht man von den genannten hellen und lockeren, den sachlichen und spielerischen Seiten der Moderne – von Dada bis Bauhaus, von Robert Walser bis Gomringer – großzügig ab, ergibt sich aus diesen Schlagwörtern eine durchaus zutreffende Topik der Moderne. Der ganze Ernst, die ganze Anstrengung, auch das Besondere und Großartige moderner Kunst hat nicht zuletzt mit diesen vier Schrecken zu tun. Die Konsequenz allerdings ist eben Überforderung und damit einhergehend die Abwendung des Publikums. »Das Gemeinwesen«, so Lyotard, »erkennt sich in den Werken nicht wieder, es ignoriert sie, es verwirft sie als unverständlich und nimmt schließlich hin, daß die intellektuelle Avantgarde sie in Museen aufbewahrt«.[107]

In seiner *Nachschrift zum »Namen der Rose«* erinnert sich Umberto Eco an frühe Treffen der neoavantgardistischen *Gruppe 63*, bei denen das plot-orientierte Erzählen verdammt, Unterhaltung abgelehnt und die

»Inakzeptabilität der Botschaft« proklamiert wurde. Schon 1965 jedoch, bei einer Tagung der Gruppe in Palermo, wich die neomodernistische Emphase einer kritischen Selbstbefragung. Der Kunstkritiker Renato Barilli entdeckte in seinem Eröffnungsreferat plötzlich den Plot wieder, und Eco konstatierte, dass das angestrebte »Inakzeptable«, Verstörende und Skandalöse der Kunst mittlerweile »als vergnüglich kodifiziert worden war«.[108] Anders gesagt: Die monochromen Bilder in der Nachfolge von Malewitschs schwarzem Quadrat wurden nicht mehr wie 1915 in St. Petersburg irgendwo oben links unter die Decke gehängt und lösten keine Grundsatzdiskussionen über den Ballast der Gegenständlichkeit mehr aus, vielmehr hingen sie schön einzeln zum Bestaunen und Bewundern in den Museen und Vorstandsetagen wohlhabender Gesellschaften. Wie Enzensberger sah Eco den avantgardistischen Gestus als erschöpft und historisch erledigt an und hielt es für möglich, »Elemente von Bruch und Infragestellung auch in Werken zu finden, die sich scheinbar zu leichtem Konsum anbieten«.[109] Wohlgemerkt: Diese Kritik an der Moderne fand nicht in den 1980er Jahren statt, also in der Hochphase der sogenannten Postmoderne, als Ecos Roman *Der Name der Rose* erschien. Ecos Abrechnung mit dem rigorosen Neomodernismus der Nachkriegszeit erfolgte bereits 1965. Die Suche nach »Bruch und Infragestellung« war dabei immer noch der Moderne verpflichtet. Aber nach Werken Ausschau zu halten, die sich »scheinbar zu leichtem Konsum anbieten«, wäre nicht nur Adorno nicht im Traum eingefallen; auch einem linken Ironiker wie Enzensberger wäre das in den 1960er Jahren dann doch zu weit gegangen.

Machen wir uns also eher mit Umberto Eco weiter auf die Suche und fragen nach der Leere im leichten Konsum.

V. »Hello emptiness«

>»I AM A VOID
>THE EPITOME OF NOTHING«
>Billie Eilish[1]

Auf ihrem vierten Album *Loaded* aus dem Jahr 1970 singen Velvet Underground vom *Rock and Roll*:

Jenny said when she was just five years old
There was nothing happening at all
Every time she puts on a radio
There was a nothin' goin' down at all, not at all
Then one fine mornin' she puts on a New York station
You know, she couldn't believe what she heard at all
She started shakin' to that fine fine music
You know her life was saved by rock 'n' roll.

Lou Reed schrieb später über den Song: »›Rock and Roll‹ is about me. If I hadn't heard rock and roll on the radio, I would have had no idea there was life on this planet.«[2] Da sitzen also die Kinder und Teenager in der zweiten Hälfte der 1950er Jahre zu Hause an ihren Radios, ihr Leben ist langweilig – »There was a nothin' goin' down at all« –, und plötzlich füllt der Sound des Rock 'n' Roll die Leere einer als hohl empfundenen Lebensform. Ohne diesen neuen Sound, so Lou Reed, hätte man keine Vorstellung davon gehabt, dass es überhaupt Leben auf diesem Planeten gäbe. Zu Hause jedenfalls, in Suburbia, war es so tot und leer wie auf dem Mond, den man ein gutes Jahrzehnt später, 1969, erstmals betrat.

Leere und Überfluss

Diedrich Diederichsen hat für die Frühphase des Pop um 1960 ein allgemein verbreitetes »Gefühl der Weltlosigkeit« insbesondere in den »Mittelschichtsreservaten« konstatiert.³ Wie nach dem Ersten Weltkrieg hing dieses Gefühl in den 1950er und 1960er Jahren mit der Erfahrung fundamentaler Zivilisationsbrüche zusammen. Im Bereich der Hochkultur gab es mit dem abstrakten Expressionismus oder dem Nouveau Roman ähnliche Formen der »inszenierte[n] Unterlassung«⁴, wie sie Benjamin in seinem Essay *Erfahrung und Armut* in Bezug auf die 1920er Jahre beschreibt. Dem Verlust scheinbar verlässlicher Werte und Ordnungen versuchten die neoavantgardistischen Künstler nach dem Zweiten Weltkrieg erneut mit »Vonvornbeginnen«, mit Abstraktion und Reduktion zu begegnen. Dem gegenüber standen nach 1945 aber auch all die konservativen bis altrechten Kulturkritiker, die wie Hans Sedlmayr immer noch an irgendeine substantielle »Mitte« glaubten und die Leere der Nachkriegskultur beklagten. »Obwohl es wahrlich nicht an Katastrophen und dramatischen Zwischenfällen fehlt, obwohl uns täglich bewiesen wird, dass viel, wenn nicht alles auf dem Spiele steht«, schreibt der Literaturkritiker und ebenfalls ehemalige Nazi Friedrich Sieburg in seinem Essay *Die Langeweile als Lebensstil*, »weht uns aus unserer Epoche eine Leere an, von der wir nicht wissen, ob sie auf den Zustand der Welt oder auf unsere innere Situation zurückgeführt werden muss.«⁵

Aufschlussreich an dem Satz ist das »Obwohl«: Erstens wird damit gerade der Zusammenhang zwischen realen Vernichtungserfahrungen und kulturellen Diskursen der Leere ausgeblendet, zweitens legt der Umkehrschluss nahe, dass existentielles Drama und Katastrophe unverzichtbare Ressourcen für die gewünschte Substantialität des Subjekts sind – was nicht nur voraussetzt, dass dieses Subjekt offenbar ziemlich *deep* und heroisch gedacht wird, sondern auch keinesfalls Opfer der sogenannten »Katastrophen« sein kann. Sieburg greift dabei wenig überraschend auf die Kritik an einer romantischen Subjektivität zurück, die bereits um 1800 als »hohl und leer« disqualifiziert wurde.⁶ Schon bei Hegel geht mit dieser Leere Eitelkeit einher. Bei Kierkegaard wird daraus dann die Langeweile der ästhetischen Existenz, und aus dem Hegel'schen Topos der Eitelkeit wird im Zeitalter nach Freud schließlich der kulturkritische Generalverdacht des Narzissmus. Entsprechend ist auch für Sieburg Mitte der 1950er Jahre die Langeweile »der eigentliche Zustand einer Menschheit, deren Mitglieder nichts mehr mit sich anzufangen wissen und sich, bei einem ständig wachsenden Verbrauch an Sensationen und sonstigen Kunstmitteln des ›Zeitvertreibs‹, immer unfähiger erweisen, ein eigenes, erfülltes Leben zu führen«.[7]

Auch Lou Reeds Jenny in dem Song *Rock and Roll* gehört aus dieser Perspektive zu all jenen, die nichts mit sich anzufangen wissen und stattdessen narzisstisch in Sensation und oberflächlichen Zeitvertreib flüchten. Wie immer ist das Problem dabei natürlich das vom ›Eigenen‹ und ›Eigentlichen‹ entfremdende Artifizielle: all die »Kunstmittel« des Zeitvertreibs wie Radio und Fernsehen, Jugendmagazin und Pop-Konzert. Aus Jennys Perspektive aber ist es gerade umgekehrt: Leer und hohl ist nicht nur das Leben in Suburbia mit seinen gepflegten Rasenflächen vorm Einfamilienhaus und den schön geputzten Autos vor der Garage. Leer und hohl klingen auch all die Sieburg-Stimmen im Radio, die nach 1945 die gute alte Kultur wieder aufbauen wollen und unerschütterlich an ein »eigenes, erfülltes Leben« glauben. »Die Bürger leben fort wie Unheil drohende Gespenster«, schrieb Adorno in seinen *Minima Moralia*[8], und auch wenn Adornos Kritik an der amerikanischen Kulturindustrie bisweilen ähnlich klingt wie die Kulturkritik von rechts, so war er mit dem Gefühl des Gespenstischen der jüngeren Generation von Lou Reed doch erstaunlich nah. »I would have had no idea there was life on this planet«, sagt der Sänger von Velvet Underground. Bei Adorno heißt das kurz und bündig: »Das Leben lebt nicht«.[9] Kein Wunder, dass im langen Sommer der Theorie[10], der ja auch ein Sommer der Pop-Kultur war, ausgerechnet Adornos *Minima Moralia* zum Kultbuch werden konnten.

Die gespenstische Weltlosigkeit der Nachkriegszeit bildet eine ganz eigene Topik der Leere aus – von den Brachen und Ruinen des Neorealismus über die cleanen Küchen und Wohnzimmer im Bauhausstil bis hin zu den Glasfassaden der globalen Hochhausarchitektur. Und wie im 19. Jahrhundert findet diese Leere in einer kapitalistischen Welt voller Dinge statt. Allerdings verwandelt sich diese kapitalistische Welt der Dinge und Dienstleistungen durch die fordistische Massenproduktion nach 1945 zunehmend in das, was der Ökonom John Kenneth Galbraith bereits 1958 *Affluent Society*, Überflussgesellschaft, genannt hat – wobei Überfluss schon bei Galbraith nicht nur mit fortbestehender Ungleichheit einhergeht, sondern auch mit der Vernachlässigung des öffentlichen Sektors, mit Phänomenen also, die man im verklärenden Rückblick auf die Fahrstuhleffekte der Wirtschaftswunderzeit gerne vergisst. Unstrittig aber ist, dass sich die Mittelschichtsreservate in den westlichen Nachkriegsgesellschaften im Vergleich zum 19. Jahrhundert deutlich vergrößern, und mit den breiter zugänglichen Angeboten und Optionen der Überflussgesellschaft wird auch der Diskurs über Leere und *emptiness* zu einem festen Bestandteil der Populärkultur, der von melancholischen Lovesongs über Coming-of-Age-Romane wie J. D. Salingers *The Catcher in the Rye* oder Bret Easton Ellis' *Less Than Zero* bis hin zu den postapokalyptischen Ruinenlandschaften von *The Last of Us* reicht.

Unter den Kultserien der frühen 2000er Jahre gibt es neben *The Sopranos*, *The Wire* oder *Breaking Bad* eine Fernsehserie, die die neue, ubiquitäre Leere der 1960er Jahre bis ins kleinste Detail über viele Stunden hinweg nach- und mitvollziehbar macht: *Mad Men*. Die Hauptfigur der Serie, Don Draper, ist Werbetexter und Chef der Kreativabteilung einer fiktiven Werbeagentur in der New Yorker Madison Avenue. Die Serie widmet sich also genau dem Bereich der Gesellschaft, der für die Dynamik von Überflussgesellschaften eine zentrale Rolle spielt. Denn was eine solche Gesellschaft in historisch beispielloser Weise auszeichnet, ist ein fortwährend wachsender Massenkonsum, bei dem es für weite Teile der Bevölkerung nicht mehr nur um notwendige Bedürfnisse oder Gebrauchswerte geht, sondern vor allem darum, qualitativ kaum zu unterscheidende Produkte mit Fiktionswerten und Images zu versehen, durch die die Konsumenten nicht mehr einfach nur Dinge kaufen, sondern ein Lebensgefühl. Worum es geht, ist die Teilhabe an Stilgemeinschaften durch das Kaufen bestimmter Marken und die permanente Kuratierung des eigenen Geschmacks.[11] Nichts anderes als diese Verknüpfung von Konsum, Lebensgefühl und Stilgemeinschaft ist die Aufgabe all der Werbeagenturen in der Nachkriegszeit. Und nichts anderes als diese Verknüpfung sorgte bis zur Ölkrise 1973 für eine nie gekannte Wachstumsphase der westlichen Überflussgesellschaften.

Für Don Draper geht es dabei um ein einziges Gefühl: »Werbung«, sagt er bei einem Meeting mit den Kunden der Zigarettenfirma *Lucky Strike*, »basiert im Grunde auf einer Sache: Glücksgefühl. Wissen Sie, was ein Glücksgefühl ist? Ein Glücksgefühl ist der Duft eines neuen Autos, das ist das Gefühl, frei zu sein von Furcht, oder ein Werbeplakat irgendwo am Straßenrand, das Ihnen beruhigend signalisiert: Egal, was Du auch tust, es ist okay, ja, Du bist okay.« Darum geht es, wenn Draper seinen Kunden den Slogan *It's toasted* vorschlägt (der berühmte Slogan von *Lucky Strike* wurde tatsächlich lange vor 1960 erfunden): Es geht darum, die Raucher nicht an Krebs denken zu lassen, sondern ihnen mit einer Banalität wie *It's toasted*, bei der ein völlig normaler Aspekt der Tabakproduktion, das Rösten, alle anderen, weniger schönen Aspekte ausblendet, das Gefühl zu geben: Es ist okay. Eine Lüge ist der Slogan nicht, denn er bestreitet ja nicht den Zusammenhang mit Krebs. Aber er ist eben auch keine inhaltlich differenzierte Aussage über die Qualität von *Lucky Strike*-Zigaretten, sondern lässt diffus an die ›natürlichen‹ Röstaromen von Kaffee oder Whiskey denken. Draper sagt es ganz offen: »Wir haben sechs identische Firmen, die sechs identische Produkte anbieten«, genau deshalb aber, so seine Schlussfolgerung, können wir »sagen, was wir wollen«.

Diese Indifferenz hinter all den feinen Unterschieden der Überflussgesellschaft kann man mit Hegel »hohl und leer« nennen, aber man würde dann das gesamte, hochkomplexe Spiel verpassen, wenn all die Produkte mit ihren wunderbaren Versprechen in der Welt sind. Edward Bernays, einer der Begründer moderner *Public Relations* und ein Neffe von Sigmund Freud, hat beispielsweise schon 1929 eine Gruppe von Frauen beauftragt, sich bei der Osterparade auf der Fifth Avenue als Suffragetten zu verkleiden, sich dabei öffentlich Zigaretten anzuzünden und die Zigaretten als »Fackeln der Freiheit« anzupreisen. Bernays verknüpfte also nicht nur Glücksgefühle, sondern auch gesellschaftliche Werte wie Freiheit und Emanzipation mit dem Kaufen und Rauchen von Zigaretten, und seine Werbeaktion, bei der die Frauen alles andere als selbstbestimmt den Auftrag eines Mannes ausführten, hatte nur einen einzigen Zweck: Frauen als riesige neue Zielgruppe für die Zigarettenindustrie zu gewinnen. Trotzdem wäre es zu kurz gegriffen, diese *Spindoctor*-Geschichte lediglich als eines der zahllosen Beispiele für das leere, kalte Herz des Kapitalismus zu verstehen. Denn der hohle Slogan von der »Fackel der Freiheit«, der für mehr Umsatz und unzählige weibliche Krebstote sorgte, ermöglichte in der Folge eben auch eine soziale und kulturelle Praxis, die derjenigen der rauchenden Männer in nichts nachstand: von all den dadurch ermöglichten Gesten der Coolness und Ironie bis hin zum bewussten Verzicht aufs Rauchen, der ja nur möglich ist, wenn es kein Tabu oder Verbot mehr ist.

Doch zurück zu *Mad Men*: Vordergründig erzählt die Serie natürlich nicht von einer leeren Welt ohne Menschen oder Dinge, wovon im abschließenden Kapitel dieses Buches noch ausführlich die Rede sein wird. Im Gegenteil: In der Überflussgesellschaft der weißen Mittelklasse wimmelt es nur so von gut gekleideten Männern und Frauen und vielen schönen Dingen. Der nostalgische Blick auf stilvolle Oberflächen ist wahrscheinlich einer der wichtigsten Erfolgsfaktoren der Serie. Hinzu kommen die immer gleichen, geradezu automatisch ablaufenden Rituale, die uns das Gefühl geben, dass in dieser Welt damals bestimmte ungeschriebene Gesetze für ein übersichtliches, geregeltes soziales Zusammenleben sorgten: die männerbündlerische Zusammenkunft der jungen Kreativen im Büro oder in der Bar am Abend; die immer gleichen Blicke und Sprüche der Männer, wenn die jungen Kolleginnen vorbeilaufen; das permanente Anzünden von Zigaretten; gut sitzende Anzüge noch ohne *slim-fit*-Norm; leuchtend bunte Kleider und Blusen; Kinder, die Tag für Tag auf dem Boden vorm Fernseher liegen; der zeitunglesende Ehemann; die Frau in der Küche; das romantische Dinner zu zweit oder ein weiteres Geschäftsessen im urbanen Restaurant mit mehr als einem hochprozentigen Aperitif.

All diese geregelten Gesten und Interaktionen mögen aus heutiger Sicht patriarchal, misogyn, selbstzerstörerisch, dumm oder lieblos sein, leer aber sind sie für die beteiligten Akteure überhaupt nicht, sondern einfach nur alltäglich und normal und (noch) aufgehoben in einer sinnvoll geordneten, erstaunlich homogenen sozialen Welt. Diese soziale Welt mag erste Risse haben, weil manche Frauen zum Beispiel aus ihren vorgegebenen Rollen ausbrechen. Insgesamt aber ist es eine in sich geschlossene Retro-Welt, die im Lauf der sieben Staffeln trotz Kuba-Krise, trotz der Ermordung Kennedys und Martin Luther Kings letztlich beim *business as usual* stehen bleibt und historisch bezeichnenderweise nur bis ins Jahr 1970 reicht, also nicht mehr von der Ölkrise und dem Ende der fetten Nachkriegsjahre erzählt.

Normativ leer, könnte man aus heutiger Sicht sagen, erscheint die in *Mad Men* gezeigte Überflussgesellschaft insofern, als sie sich weder um Gerechtigkeits- noch um Ökologiefragen kümmert. Auch die Suche nach einem unternehmerischen »Purpose« spielt in *Mad Men* noch keine Rolle: Wenn Draper in Episode 12 der vierten Staffel plötzlich in einem öffentlichen Artikel erklärt, dass die Agentur nicht mehr für Zigaretten werben wird, weil es die Käufer umbringt, hat das nichts mit Ethik und Gesundheit zu tun, sondern nur mit einem aus der Not geborenen Imagewechsel, nachdem *Lucky Strike* als Großkunde abgesprungen ist. Worum es geht, ist der Werbeauftrag; Werte und Gefühle sind Mittel zu einem einzigen Zweck: etwas gut zu verkaufen. Allerdings ist auch dieser Zynismus wiederum nur ein Image, und Draper kokettiert mit diesem

Image auch selbst, wenn er etwa zu Rachel Katz, der Inhaberin eines alten jüdischen Kaufhauses, die in ihn verliebt ist, sloganreif sagt: »Was Sie unter Liebe verstehen, wurde von Leuten wie mir erfunden, um Nylons zu verkaufen.« Liebe also gibt es nicht jenseits der Bilder der Werbeindustrie, stattdessen werde man, so Draper, allein geboren und sterbe am Ende allein.

Mit dieser unnötigen Erläuterung wechselt Draper aber merkwürdigerweise das Register. Hatte er vorher noch das Liebesnarrativ von den Schmetterlingen im Bauch bis zur Familiengründung als Fiktion der Werbeindustrie dargestellt (und damit auf spätere Untersuchungen wie Eva Illouz' *Der Konsum der Romantik* verwiesen[12]), meint er das nicht minder klischeehafte Bild vom existentiellen Alleinsein jedes Menschen offenbar plötzlich ernst. Und dieser (zumindest partielle) Ernst gilt auch für die Serie selbst: So sehr sich die zahllosen Episoden an ihren schönen Oberflächen berauschen, so unverkennbar ist doch auch ein ausgeprägter Hang zur Psychologie. Wenn im Vorspann etwa – fast wie bei Wilhelm Raabe im 19. Jahrhundert – das gesamte Mobiliar aus dem Büro verschwindet und der schwarze Anzugmann vom Hochhaus stürzt, ist von vornherein klar: Hier verliert jemand den Boden unter den Füßen, und die äußere Leere spiegelt offenbar eine innere.

»O–O–O–O«

Innere Leere – mehr noch als um 1800, wenn Romanfiguren wie Goethes Werther plötzlich eine entsetzliche Lücke in sich fühlen, kommt man, wenn es um die Leere im 20. Jahrhundert geht, an psychologischen Begriffen nicht vorbei. Seit den 1920er Jahren werden Psychologie und Psychotherapie vor allem in den USA zunehmend populär und bestimmen über Ratgeberliteratur, Film und Werbung die gesellschaftlichen Vorstellungen davon, wer wir sind oder sein sollen.[13] Don Draper jedoch als Vertreter der sogenannten *Silent Generation* entzieht sich dem Kommunikations- und Transparenzideal des psychotherapeutischen Diskurses, der nicht nur innerhalb der erzählten Zeit der Serie, sondern auch für die Seriennarrative des 21. Jahrhunderts eine wichtige Rolle spielt. Statt seine melancholische Frau Betty zum Psychologen zu schicken, hätte Draper eigentlich selbst, so die von der Serie nahegelegte Message, eine Therapie nötig. Drapers »Problem« nämlich besteht darin, dass er eigentlich ein anderer ist und seine gesamte bürgerliche Existenz, wie Betty in einer Szene sagt, »auf einer Lüge« aufgebaut hat. Nach einer Explosion im Koreakrieg nahm er die Identität eines toten Soldaten an und verleugnete seither erfolgreich seine Herkunft. Niemand weiß, dass er der Sohn einer Prostituierten ist, die bei seiner Geburt starb, und dass er gerade mal zehn Jahre alt war, als auch noch sein Vater bei einem tragischen Unfall ums Leben kam. Krieg, der frühe Verlust der Eltern, eine arme Kindheit in einer lieblosen Pflegefamilie, hinzukommend die Schuld am Selbstmord des Stiefbruders – dass all diese Traumata über 92 Episoden hinweg weder durch Zigaretten- und Alkoholkonsum noch durch die permanente Flucht in Affären verdrängt werden können, gehört zum kleinen Einmaleins der psychologisch informierten Populärkultur. Die so schlaue wie simple Grundidee von *Mad Men* besteht darin, sich eine erzählte Welt und eine Hauptfigur zum Ausgangspunkt zu nehmen, die selbst schon durch serielle Logiken der Wiederholung bestimmt sind: So wie die Überflussgesellschaft mit den immer gleichen Produkten um die immer gleichen Versprechen kreist, so muss auch Don Draper wie in einer Endlosschleife sich selbst erfüllender Prophezeiungen fortwährend die Beziehungen zerstören, die ihn glücklich machen könnten. Mutterseelenallein war er als Kind und als Soldat, also versteckt er sich kettenrauchend als erwachsener, gut gekleideter Mann hinter coolen *loneliness*-Gesten und legt es bei Betty und Megan, bei Rachel und Dr. Faye Miller chronisch darauf an, am Ende immer wieder allein dazustehen.

In der Psychologie meint Alleinsein und Leere vor allem eine frühkindliche Urszene: die Abwesenheit der Mutter. Nichts ist ganz am Anfang des Lebens traumatischer als diese Abwesenheit, und das panische Schreien des verlassenen Babys ist das klarste, begründetste Zeichen, das sich denken lässt: Wenn niemand kommt, wird das Baby verhungern. 1969/70, also am Ende der erzählten Zeit von *Mad Men*, startete die amerikanisch-kanadische Entwicklungspsychologin Mary Ainsworth ihre sogenannten *Strange Situation Tests*. Die Frage war, wie sich einjährige Kinder in der Spielecke eines Wartezimmers im Umgang mit einer fremden Person verhalten, wenn die Mutter den Raum verlässt. Ainsworth konnte im Lauf der Jahre dank der standardisierten Untersuchungssituation mehrere Bindungstypen unterscheiden: Es gab *erstens* die »sicher gebundenen« Kinder, die, im Vertrauen auf das Wiederkommen der Mutter, die Situation neugierig erkundeten und Formen der Nähe zu den fremden Personen zuließen; es gab *zweitens* die »unsicher-vermeidend«

gebundenen Kinder, die sich zwar durchaus interessiert der Spielecke widmeten, den Kontakt mit den fremden Personen aber vermieden und in demonstrativer Unabhängigkeit die zurückkommende Mutter ignorierten; *drittens* gab es die »unsicher ambivalent« gebundenen Kinder, die sich für die Umgebung kaum interessierten, sehr unter der Abwesenheit der Mutter litten und hin- und hergerissen waren zwischen Wut und Nähebedürfnis, als die Mutter zurückkam; *viertens* schließlich gab es die »desorganisierten« Kinder, die nach dem Weggang der Mutter erstarrten, sich stereotyp bewegten, schaukelten, im Kreis drehten und kaum Emotionen zeigten.[14] Bindungstheoretisch gesehen gehört Don Draper zu Typ 2 oder 4.

In *Jenseits des Lustprinzips* widmet sich Sigmund Freud unterschiedlichen Formen des Wiederholungszwangs. Seine Frage ist, ob es womöglich – anders, als er bis dahin annahm – auch psychische Dynamiken gibt, die nicht auf das Lustprinzip zurückzuführen sind. Gerade bei Wiederholungszwängen gibt es offenkundig starke Anteile von Unlusterfahrungen. Eines der berühmt gewordenen Beispiele Freuds ist das *Fort/Da*-Kinderspiel mit einer Holzspule, das eine Art Reenactment des Weggehens und Wiederkommens der Mutter darstellt. Freud beobachtete sein anderthalbjähriges Enkelkind dabei, wie es eine Spule an einem Faden immer wieder in seinem verhängten Bettchen verschwinden ließ und dabei ein langgezogenes »o–o–o–o« von sich gab. Dieses »o–o–o–o« bedeutete so viel wie »Fort«, und wenn Freud das Lautbild in seinem Text wiedergibt, verweist das viermalige »o« schon im Schriftbild auf die Leere in der Mitte. Im zweiten Akt seines Spiels holte das Kind dann die Spule wieder hervor, was die Unlusterfahrung des gespielten Verlusts in eine Lusterfahrung zu verwandeln schien. Für Freud aber war bereits im ersten Akt trotz aller Unlust kein Jenseits des Lustprinzips angezeigt: Entscheidend war für Freud die aktive Rolle des Kindes beim kontrollierten Verschwindenlassen der Spule, sein »Bemächtigungstrieb« hinter der gespielten Unlusterfahrung, die die Situation fundamental vom Fortgehen der Mutter unterschied, bei dem das Kind eine vollständig passive Rolle einnehmen musste.[15]

Slavoj Žižek hat zu Recht davor gewarnt, das Kinderspiel allzu vorschnell mit Freud als symbolische Inszenierung eines traumatischen Verlusts zu verstehen und damit der Unlusterfahrung von Abwesenheit und Leere die Kontrollmacht des spielenden Subjekts entgegenzusetzen. Vielleicht, so Žižek, ist alles ganz anders: Das Trauma liegt vielleicht gar nicht in der Abwesenheit, sondern in »der erstickenden Umarmung der Mutter«. Leere und Verschwinden wären dann (auch) Erfahrungen der Befreiung, das gesamte Spiel aber wäre weniger eine lustvolle Kontroll- und Befreiungserfahrung als vielmehr ein fortwährendes Ringen um einen »offenen Raum für das Begehren«; »statt des verspielten Tauschs von Fort und Da haben wir ein verzweifeltes Schwanken zwischen den beiden Polen, von denen keiner Befriedigung verschafft – oder, wie es Franz Kafka geschrieben hat: ›Ich kann nicht mit ihr leben, und ich kann ohne sie nicht leben.‹«[16]

Fröhliche Bejahung

Deutlich weniger traumatisch klingt es, wenn ein Pop-Theoretiker wie Diedrich Diederichsen über das Verhältnis von Abwesenheit und Präsenz, Sehnsucht und Erfüllung nachdenkt. »Das Spiel«, so Diederichsen, »das Pop-Musik mit seinem Publikum spielt, ist ja zunächst, wie jedes Begehren, auf einer Fort/Da-Regel aufgebaut. Man gibt, entzieht, gibt, entzieht«, und zwar verteilt »auf unterschiedliche Medienkanäle«.[17] Lou Reeds Jenny also hört nicht nur die Stimme des Rock'n'Roll-Stars im Radio, sondern fängt wahrscheinlich nach der im Song geschilderten Urszene der popmusikalischen Öffnung ihrer Welt sehr schnell damit an, sich Bilder über Zeitschriften zu besorgen, Poster an die Wand zu hängen, Fernsehauftritte in Schwarz-Weiß zu sehen und irgendwann nicht nur Platten zu kaufen, sondern auch *live* im Konzert dabei zu sein, mit anderen zusammen zu schreien und zu tanzen. Natürlich hat dieses Spiel auch etwas von Žižeks »verzweifelte[m] Schwanken«. Die Teenager im Konzert schreien und heulen ja nicht nur aus Begeisterung, sondern auch deshalb, weil der Star auf der Bühne letztlich unerreichbar bleibt, und fast nichts kann trauriger sein als die Stille und Leere nach einem rauschhaften Konzert oder einer durchtanzten Nacht. Andererseits ist der offene Raum des Begehrens, von dem Žižek in seiner Deutung des Freud'schen Fort/Da-Spiels spricht, nicht nur ein hohles Versprechen der Kulturindustrie, sondern auch das Besondere und Großartige einer (pop-)kulturellen Praxis, wie es sie vor Elvis nicht gegeben hat.

Um das Offene dieses Raums muss im Unterschied zu Žižeks Deutung zunächst einmal gar nicht gerungen werden. Vielmehr ist dieses Offene als Abwesenheit erstickender Mütter oder autoritärer Väter geradezu die

Voraussetzung für das popkulturelle Spiel. Es ist dann doch nicht ganz so einfach, wie Horkheimer und Adorno in der *Dialektik der Aufklärung* schreiben: dass nämlich bei der von der Kulturindustrie versprochenen Flucht aus dem Alltag wie bei der »Entführung der Tochter im amerikanischen Witzblatt« am Ende nur der Vater »im Dunklen die Leiter« hält.[18] Wer sich die ratlosen und erstarrten Eltern anschaut, die es 1957 merkwürdigerweise in ein Elvis-Konzert in Tupelo voller kreischender Teenager verschlagen hat, sieht weit und breit keine Väter mehr, die irgendetwas halten könnten.[19] Auch das Bild von der Entführung oder gar Verführung der Tochter verpasst den ganzen Witz der Popkultur, der zunächst einmal vor allem in einer »Ästhetik der Rückkopplung« besteht[20]: »The addresser and addressee«, so der amerikanische Kulturtheoretiker Dean MacCannell zu dieser Ästhetik, »are not communicating so much as they are coparticipating in a semiotic production in which they are mutually complicitous in the exaltation of an iconic image«.[21] Der auf der Bühne mit der Hüfte wackelnde Elvis also und sein kreischendes Publikum halten gemeinsam die Ikone ›Elvis‹ hoch. Wer bei diesem Spiel die Macht hat, ist alles andere als festgelegt und strukturell, anders als Horkheimer und Adorno dachten, keiner Top-down-Kommunikation unterworfen, wie sie sowohl das totalitäre Propaganda- als auch das elitäre Hochkultur-Modell vorsieht. Natürlich ist Elvis für alle Zeit der King, aber semiotisch gesehen bleibt der Thron im Pop letztlich leer. Das gemeinsame Hochhalten der Pop-Ikonen erzeugt zwar jede Menge starker, wiedererkennbarer Realitätseffekte und auch sehr physische Erfahrungen, die Ikonen selbst aber haben keinerlei Substanz.

Wenn man das so beschreibt, erinnert das Fort/Da-Spiel der Popkultur an das, was der französische Philosoph Jacques Derrida in einem der Gründungstexte des Poststrukturalismus beschrieben hat. Es handelt sich dabei um den Vortrag *Die Struktur, das Zeichen und das Spiel im Diskurs der Wissenschaften vom Menschen* (*La structure, le signe et le jeu dans le discours des sciences humaines*), den Derrida im Oktober 1966 auf einer Tagung in Baltimore gehalten hat – im selben Jahr, als die Zusammenarbeit von Andy Warhol und Velvet Underground begann und als so berühmte Alben wie *Blonde on Blonde* von Bob Dylan, *Revolver* von den Beatles oder *Freak Out!* von Frank Zappas The Mothers of Invention erschienen. Anders als Dylan oder die Beatles war Derrida 1966 nur Insidern bekannt; mit der Tagung in Baltimore aber und dem Paukenschlag gleich dreier Bücher im Jahr 1967 – *De la grammatologie, La*

Voix et le phénomène und *L'écriture et la différence* – wurde Derrida zu einem der großen Stars im langen Sommer der Theorie. Die Tagung in Baltimore war dabei eine Art Woodstock der angesagtesten französischen Denker. Neben Derrida waren fast alle wichtigen Autoren aus Europa an der Johns Hopkins University versammelt: von Roland Barthes und Jean Hyppolite bis hin zu Jacques Lacan und Paul de Man. Nur Julia Kristeva und Michel Foucault fehlten in Baltimore.

Worum es in Derridas Vortrag ging, war nicht zufällig der Begriff des Spiels. Zu diesem Begriff gehört für Derrida einerseits eine melancholische, nostalgische Seite, die dem Verlust einer zentralen Präsenz, eines bleibenden und stabilen Zentrums und damit einer stabilen, feststehenden Struktur nachtrauert. Andererseits aber gehört zum Begriff des Spiels auch »die fröhliche Bejahung des Spiels der Welt und der Unschuld der Zukunft, die Bejahung einer Welt aus Zeichen ohne Fehl, ohne Wahrheit, ohne Ursprung, die einer tätigen Deutung offen ist«.[22] Derrida holte damit im Grunde nur theoretisch ein, was in der Kunst und Literatur der Moderne längst offensiv praktiziert worden war. Die Entleerungen und Lockerungen der Moderne, die ein halbes Jahrhundert vor Derrida von Autoren wie Robert Walser oder Franz Kafka betrieben worden waren, wurden im Poststrukturalismus, anknüpfend an die Vorarbeiten von Charles Sanders Peirce und Ferdinand de Saussure, Michail Bachtin und Roman Jakobson, endlich auch zeichentheoretisch auf den Begriff gebracht. Was in der Moderne die Abkehr vom Prinzip der Repräsentation gewesen war, all die aus dem Satz- und Sinnzusammenhang springenden Singularitäten, der emphatische, unendlich produktive Bezug aufs eigene Material, war im Poststrukturalismus die mit Begriffen wie Spiel, Spur, Schrift oder *différance* umkreiste Vorstellung von Strukturen und Zeichenordnungen, hinter deren scheinbarer Stabilität eine gewaltige Unruhe herrscht. Diese Unruhe kommt für Derrida dadurch zustande, dass sich die Zeichen in ihrer Differenz und Wiederholung immer nur auf andere Zeichen beziehen, also weder in einer ursprünglichen noch in einer am Ende der Verständigung feststehenden Bedeutung zur Ruhe kommen können. In der Alltagssprache tun wir zwar so, als ob das möglich wäre, und wir müssen das auch, damit die gesellschaftlich notwendige Kommunikation überhaupt funktioniert. Derridas Blick in den sprachlichen Maschinenraum aber zeigt, dass es hinter den von uns gesetzten Spielregeln, hinter dem ›normalen‹ Funktionieren von Sprache, letztlich keinerlei Verlässlichkeit und keine

Kontrolle über die unendlichen Vergleichsmöglichkeiten und Assoziationsketten der Zeichen gibt.

Zum Begriff der Leere führt Derridas eigene Assoziationskette insofern, als das offene Spiel der Zeichen eben durch die *Abwesenheit* eines Ursprungs oder Ziels, eines transzendentalen Signifikats oder substantiellen Zentrums, also durch eine immer schon vorausgesetzte und fortwährend neu erzeugte Leerstelle ermöglicht wird. Leere und Abwesenheit sind zwar ihrerseits Begriffe, die noch in die von Derrida dekonstruierte Präsenzmetaphysik verstrickt sind und deshalb in die oben genannte nostalgisch-melancholische Dimension des Spielbegriffs zu kippen drohen, da sich in ihnen immer auch die Sehnsucht nach einer angeblich irgendwann einmal vorhandenen Substantialität artikuliert. Gerade der Begriff der Leere aber hat auch Anteil an der fröhlich-affirmativen Seite des Poststrukturalismus. Denn vor allen tiefsinnigen Klagen über irgendwelche Substanzverluste meint Leere bei Derrida (und ganz im Einklang mit der Moderne seit Mallarmé) ein sichtbares Oberflächenphänomen: »Könnte man die *différance* bildlich darstellen, wäre sie der weiße Raum zwischen den geschriebenen Buchstaben oder das zeitliche Auseinanderliegen gesprochener Laute, ein leeres Zwischen, das für jede sprachliche Äußerung, geschrieben oder gesprochen, konstitutiv ist. Deshalb kann nicht nur die *différance* selbst niemals ›als solche‹ in einer Gegenwart erscheinen, sie verhindert zugleich jede Anwesenheit oder Präsenz.«[23]

Statt Präsenz bekommen wir nach Derrida nicht Repräsentation, denn das würde ja eine vorgängige, ursprüngliche Präsenz bereits voraussetzen. Nein, was wir über Sprache, über Schrift, über Medien allgemein bekommen, ist eine strukturelle, unhintergehbare *Sekundarität*. In den Worten der 1967 erschienenen *Grammatologie* und erneut mit Bezug auf den Spiel-Begriff: Das Signifikat fungiert in der »Bewegung der Sprache« immer schon – bereits in ihrem ›Ursprung‹, der dann keiner mehr ist – »als ein Signifikant. Die Sekundarität, die man glaubte der Schrift vorbehalten zu können, affiziert jedes Signifikat im allgemeinen […]. Es gibt kein Signifikat, das dem Spiel aufeinander verweisender Signifikanten entkäme […].«[24]

Wie nur wenige andere Philosophen des 20. Jahrhunderts hat Derrida mit seinem Denken nicht nur viel Unverständnis ausgelöst, sondern auch Ablehnung und Verachtung auf sich gezogen. Aber man muss gar nicht wie Derrida irgendwelche schwierigen Texte der Philosophie- und Literaturgeschichte heranziehen, um die These nachvollziehen zu können, dass im Spiel der aufeinander verweisenden Zeichen keine feststehenden Signifikate, das heißt Bedeutungen, zu haben sind, die dem Ganzen entweder von vornherein zugrunde liegen oder am Ende gelingenden Verstehens als ›Sinn‹ herauskommen. Man schaue sich nur so eine ›Mutter‹ oder so einen ›Vater‹ in einem Video von dem Elvis-Konzert in Tupelo an: In dem Moment, wo vorne bei Elvis die ›Teenager‹ heulen und schreien, ist das nicht mehr derselbe ›Vater‹ oder dieselbe ›Mutter‹ wie davor. Sie sind gekleidet wie immer, sie sehen aus wie immer, sie haben sich unter Kontrolle wie immer. Aber die Differenz zu den ›Teenagern‹ im Video löst die frühere Bedeutung auf und lässt ›Vater‹ und ›Mutter‹ plötzlich schrecklich alt aussehen.

Besonders gespenstisch sind immer die Fälle, in denen die eigene Sekundarität durch die Beschwörung von Ursprünglichkeit, Eigentlichkeit und echten, ewigen Werten unsichtbar gemacht werden soll. Denn bei aller suggerierten Eindeutigkeit entkommt man dem Spiel aufeinander verweisender Signifikanten nicht, das, ob man es will oder nicht, die beschworenen Bedeutungen gnadenlos relativiert. Pop hingegen ist die Feier der Sekundarität, was ihn – by the way – vom Populismus unterscheidet. Oder in den Worten Diedrich Diederichsens: »Es lebe das sekundäre Leben. Es gibt auch kein anderes.«[25]

Dass so ein sekundäres Leben ganz schön anspruchsvoll ist, liegt an Derridas Spiel der aufeinander verweisenden Signifikanten. Der Autor Thomas Meinecke nennt es die »Verweishölle, aus der Pop besteht«[26], und meint damit das für Pop so charakteristische Phänomen des permanenten Zitierens und Coverns. Anspruchsvoll daran ist gar nicht so sehr das, was Derrida das »seminale Abenteuer der Spur«[27] nennt, das Aufspüren und Spielen mit Zitaten; anspruchsvoll ist vielmehr vor allem der Umgang mit der eigenen Kennerschaft und mit der Zugehörigkeit zu einer bestimmten Stilgemeinschaft. In bestimmten Konstellationen mag es dabei um Distinktionsgewinne und Ausschlüsse gehen. Wenn man aber zum Beispiel als Vater mit der Tochter alte Platten oder irgendwelche Remakes auf Spotify hört, gilt die Grundregel, aus der vermeintlichen eigenen Kennerschaft keine fiese Entzauberung zu machen: »Man hat als der Ältere […] nie das Recht zu sagen, das war schon mal da.«[28]

Hinzu kommt im sekundären Leben der Umgang mit dem, was Derrida *Supplementarität* nennt. Auch das klingt komplizierter, als es ist, und meint im Grunde nur das bereits genannte Phänomen, dass Pop immer über mehrere Medienkanäle funktioniert: Der gehörte Song im Radio reicht uns nicht, wir wollen eine Aufzeichnung, um den Song wieder und wieder hören zu können, und wenn wir mitmachen beim gemeinsamen Hochhalten einer Ikone, dann muss das Spiel audiovisuell werden. Wir brauchen Bilder der Musiker, Videos, Zeitschriftenartikel, Accounts mit allen neuen Informationen. Und wir wollen das Musik- und Fanerlebnis jenseits von Wohnung und Laptop unbedingt auch mit anderen teilen, sei es im Club zur aufgezeichneten Musik oder sei es live im Konzert.

Für Derrida nimmt das Supplement eine Ersetzung und Auffüllung vor, »so, wie wenn man eine Leere auffüllt«. »Insofern es Substitut ist, fügt es sich nicht einfach der Positivität einer Präsenz an, bildet kein Relief, denn sein Ort in der Struktur ist durch eine Leerstelle gekennzeichnet. Irgendwo kann etwas nicht *von selbst* voll werden, sondern kann sich nur vervollständigen, wenn es durch Zeichen und Vollmacht erfüllt wird.«[29] Man kann eine solche supplementäre Struktur als Sucht oder Konsumismus verurteilen. Der Kapitalismus lebt von solchen süchtigen Ersetzungen und all dem Zeug, das er dabei verkaufen kann. Andererseits entsteht durch die supplementäre Struktur auf der Grundlage eines endlosen Fort/Da-Spiels eine hochkomplexe Kultur der audiovisuellen Zeichen und der Schrift, die von Derrida-Übersetzungen im Taschenbuch über *Mad Men*-Exegesen im Internet bis hin zum Video auf Youtube reicht, das Elvis 1957 in Tupelo oder zum Beispiel Freddie Mercury 1981 in Montreal zeigt, wenn er sich bei *Somebody to love* die Seele aus dem Leib singt.

Bei aller strukturellen Leere und Unerfüllbarkeit haben wir bei Pop-Erlebnissen wie Queens *Somebody to love* das Gefühl: »Dass es etwas gibt.«[30] Und bei diesem Gefühl schlägt Pop dann doch einen anderen Weg als Derridas *Grammatologie* ein. In seinem Vortrag von 1966 hatte Derrida zwar zugestanden, dass wir uns immer wieder melancholisch nach einer abwesenden Präsenz sehnen, und diese Melancholie gehört unbedingt auch zum Pop. Bei der fröhlichen Bejahung des Spiels aber bejahen wir Derrida zufolge ausschließlich die befreiende Abwesenheit eines Ursprungs oder Zentrums. Pop hingegen will mehr und überlässt das Gefühl, dass es etwas gibt, nicht einfach nur der Melancholie.

Pop kommt erst da ganz zu sich selbst, wo das Sekundäre und Künstliche, das Zeichenhafte und Supplementäre ohne falschen Authentizismus gefeiert und kultiviert wird. Diederichsen beschreibt diese Erfahrung von Pop unter anderem anhand eines Konzerts von Johnny Winter im Februar 1971 in der Hamburger Musikhalle. Johnny Winter, so Diederichsen,

»war nicht nur ein Schwanz, den der Blues aus seiner Hose herausholte, er war ein dramatisches Signal, eine vollkommen seltsame Präsenz. Er war komplett WEISS. Er hatte ROTE AUGEN. Und er schrie, so lang und hoch und schrill, dass Yoko Ono und Linda Sharrock daneben zu Judy Collins zusammenschnurrten.«[31] Diederichsen also gibt es zu: Es geht im Pop auch um Präsenz.

Johnny Winter hatte eingelöst, was wir alle immer schon geahnt hatten, aber als Kinder nie ganz genau wussten. Dass es etwas gibt. Ein Signifikat, kein fixes natürlich, sicher, ein sich dauernd schreiend entziehendes Signifikat, aber ein Signifikat, einen wirklichen weißen Heuler. [...] Ich hätte jedem Song nachgehen können, er würde irgendwann zu irgendeinem Ursprung führen.[32]

Selbst beim Rock-Konzert aber, scheinbar auf dem ureigensten Gebiet echter Signifikate, ist die Sache komplexer, also supplementärer und zeichenhafter, als es den Anschein hat. Denn der Witz am (guten) Rock-Konzert ist, dass es eben nicht einfach die Ankunft bei irgendeinem Ursprung durch die Präsenz der Stimme und die körperliche Anwesenheit des Stars ermöglicht. »Die Leibhaftigkeit [von Johnny Winter im Konzert, S. M.] war nicht nur eine Steigerung der Legende, eine Überarbeitung von Fotos, Fernsehen und Plattenhüllen – sie war auch ein Dementi. Die Lebendigkeit, Flüchtigkeit, Vergänglichkeit des Live-Auftritts strich jede Fixierung durch Bilder und Produkte durch – um sie im nächsten Moment erneut anzureichern, aufzufrischen.«[33] Die supplementäre Logik des mehrkanaligen Starkults läuft also nicht zielsicher auf die reale Präsenz auf der Bühne zu oder findet im Konzerterlebnis die maximal mögliche Erfüllung. Statt bei einer (scheinbaren) Identität und Verschmelzung anzukommen, ist bei jeder supplementären Station, auch beim Live-Act, mit Alterität zu rechnen – und bei den guten Stars immer auch mit einem Rollenspiel, das bei aller Präsenz Zeichen dafür anbietet, dass der Star da auf der Bühne nie ganz identisch mit der Ikone ist, die er gemeinsam mit seinem Publikum schwitzend und schreiend hochhält.

Freddie Mercury zum Beispiel singt sich in Montreal 1981, wenn er so umwerfend gut *Somebody to love* performt, eben doch nicht die Seele aus dem Leib. Was er da macht, ist vielleicht nicht wie bei Johnny Winter ein überraschendes, komisches Dementi, bei dem einem wie dem jungen Diederichsen der Atem stockt[34], aber für eine sichere, einfach nur überwältigende Bedeutung kommen einem zumindest beim nachträglichen

Videoschauen auf Youtube dann doch zu viele Zeichen in die Quere. Mercury steigt zum Beispiel am schwarzen Flügel mit einem »Ok, let's do it« in sein Klagelied ein. Hier sitzt also kein wirklich Klagender, sondern einfach ein wahnsinnig guter Entertainer, der genau um sein Publikum und seine Rolle als Animateur weiß und durch den Meta-Kommentar alles Folgende von vornherein mit einem angenehmen Vorbehalt versieht. Natürlich gelingt es ihm dann trotzdem, uns mit seinem Pathos anzustecken. Und achten wir dabei überhaupt auf den Inhalt, bei dem ein Ich – wie kann es anders sein – in den leeren Raum von »anybody« nach einem abwesenden »somebody to love« ruft? Steht Mercurys anwesender, sehr präsenter »body« nicht in völligem Gegensatz zu diesem Ruf in die Leere? Ist er nicht selbst »somebody to love«, nach dem sich all seine Fans sehnen, und kriegen sie diesen Körper denn nicht gerade in diesem Moment? Was dazu scheinbar passt, ist das weiße, hautenge Achselshirt mit Superman-Emblem. Nicht nur seine schwulen Fans, sondern auch all die heterosexuellen Lois Lanes im Publikum bekommen dadurch das unter dem Anzug von Clark Kent verborgene Signifikat des männlichen Superhelden (mit der Achillesferse Kryptonit) geboten. Was aber hat es zu bedeuten, dass Mercury im Unterschied zu Superman nur ein Kostüm trägt, also nur ein sekundäres Zeichen aus einem Comic zitiert und damit ganz deutlich markiert nicht Superman *ist*? Alles also doch nur eine große Show? Nichts echt? Und dann sieht man beim Video all die Becher auf Mercurys Flügel, die dem Ganzen für einen kurzen Augenblick jede Aura nehmen und vor Augen führen, was hinter der Show und hinter der Präsenz der Stimme steckt: ein Körper, der eben nicht aus Stahl ist, sondern für seine Anstrengung wie wir alle jede Menge Flüssigkeit braucht. Aber noch nicht einmal da kommen wir bei einem Ursprung an, da auch die Becher gerade in den 1980er Jahren längst auf die Zeichen der Werbeästhetik verweisen, mit denen damals nicht nur Achselshirts und Schweißbänder, sondern auch Fitnessgetränke für die schlanken, trainierten Leistungsträger der Gesellschaft verkauft wurden. »Stahlbad des Fun«, fällt linken Spielverderbern an der Stelle ein, und das Schöne am Pop ist, dass das zeichen- und gesellschaftskritische Spielverderben längst zum Spiel dazugehört.

Man kann es von der Produzentenseite her auch etwas nüchterner formulieren und erneut mit Diedrich Diederichsen sagen, dass die »strukturelle Regel« der Popmusik nun einmal »verlangt, dass die Performer stets damit spielen, keine Rolle zu spielen und sie selbst zu sein – und das doch nie ganz sind«.³⁵ So gesehen ist der Thron im Pop, wenn man so sagen darf, nie vollständig leer, sondern halbleer, und der Kaiser oder King weiß eigentlich, dass er nackt ist. Wichtig aber ist, dass dieses Wissen auch für die Rezipientenseite gilt, ohne dass es den Spaß zerstört.

Elvis' Gelächter

Wenn in der Popmusik explizit von der Leere gesungen wird, geht es eigentlich immer um gescheiterte Beziehungen, um Trennung und Einsamkeit, oder überhaupt um die Sehnsucht nach »somebody to love«. »Hello emptiness«, singen die Everly Brothers in ihrem berühmten Song *Bye Bye Love* aus dem Jahr 1957 und meinen damit die Leerstelle, die die Verflossene beim Verlassenen hinterlässt. »I feel like I could die / Bye bye my love goodbye / There goes my baby with someone new / She sure looks happy, I sure am blue.«

Besonders »blue« allerdings klingt der Song nicht, sondern eher wie jenes fröhliche »o–o–o–o«, das Freuds Enkelkind nach dem Verschwinden der Holzspule ausgerufen hat. Das *Bye Bye* ist eben auch eine Befreiung, und der Song der Everly Brothers zeugt nicht zuletzt auch davon, dass man als heterosexueller Bro mit den seit den 1950er Jahren eröffneten Möglichkeiten serieller Monogamie gar nicht so schlecht fährt: Man ist entweder selbst »someone new« für das weiterziehende »baby«, oder man genießt als Verlassener das Schaumbad des »blue«.

Würde man eine Playlist mit Emptiness-Songs erstellen, käme gleich nach den Everly Brothers Elvis' legendäre Schnulze *Are You Lonesome Tonight* aus dem Jahr 1960. Wie immer bei Elvis handelt es sich auch hierbei um eine Coverversion. Der Song stammt bereits aus dem Jahr 1926, komponiert wurde er von Lou Handman, getextet von Roy Turk.

Im Unterschied zu *Bye Bye Love* macht *Are You Lonesome Tonight* keinen Hehl aus der Traurigkeit. Das lyrische Ich will die alte Liebe zurück und projiziert die eigene Einsamkeit auf ein Du, das womöglich nach dem Ende der gemeinsamen Zeit genauso einsam ist. Die Leere wird zum ersten Mal erwähnt, wenn das Ich fragt: »Do the chairs in your parlor / Seem empty and bare?« Möglicherweise sind die Stühle dort genauso leer wie die Bühne, auf die sich das Ich nach der Trennung imaginär versetzt sieht: »Now the stage is bare and I'm standing there / With emptiness all around.«

Aber wieso eigentlich eine Bühne? Geht es hier nicht um echte Traurigkeit? Um ein existentielles Zurück-Sehnen, das wir alle kennen? Wie passt die leere Bühne zu dem für Pop so wichtigen Gefühl, dass es vor oder hinter all den Maskeraden und Coverversionen wirklich »etwas gibt«? Vor allem die Liebe war doch echt, oder? Was aber ist dann der Unterschied zwischen der Lüge ab dem zweiten Akt – »Honey, you lied when you said you loved me« – und jenem »You read your line so cleverly and never missed a cue« im ersten Akt des Beziehungsspiels? Ist womöglich alles von vornherein nur Theater gewesen? Kein Wunder jedenfalls, dass der Grund für die Veränderung im zweiten Akt eine Leerstelle bleibt: »Then came act two, you seemed to change, you acted strange / And why I'll never know.«

Wie bei der Szene zwischen Draper und Rachel Katz geht es implizit auch um den Tod: Draper setzt die Einsamkeit des Sterbens gegen das romantische Liebesideal und ersetzt damit ein Klischee durch ein anderes; das Ich bei Elvis hingegen teilt mit dem Ich bei den Everly Brothers das romantische Gefühl, dass man ohne den anderen nicht leben kann: »I feel like I could die«, der Vorhang kann fallen, wenn »sweetheart« nicht wieder zurückkommt. Mit seinem Topos von der Welt als Bühne zitiert *Are You Lonesome Tonight* die siebte Szene des zweiten Akts von William Shakespeares *As You Like It*, und auch bei Shakespeare wird dieser Topos mit dem Tod verknüpft. Im letzten Akt unseres Lebens, so das schockierende Bild bei Shakespeare, wird *Tabula rasa* gemacht: Wir liegen da, »Ohn' Augen, Zähne, Zunge, ohne alles« (»Sans teeth, sans eyes, sans taste, sans everything«), vollständig dem Vergessen überantwortet.[36] Anders aber als bei Shakespeare und anders auch als im Song der Everly Brothers wird die Rede vom Tod bei Elvis zur kaum verhohlenen Suizid-Drohung: Wenn du nicht zurückkommst, werde ich das ganze Theater einfach beenden. So fies können Verlassene sein, wenn sie die Leere nicht aushalten können. Wie überhaupt die ganze Adressierung des Songs, sein Phantasma vom anderen, immer unheimlicher wird, je genauer man darüber nachdenkt.

Wie bei Shakespeare aber liegen auch bei *Are You Lonesome Tonight* das Tragische und das (unfreiwillig) Komische nah beieinander. Wenn man die Welt als Bühne und die Liebe als Theaterstück wahrnimmt, wirkt die Frage: Bist Du einsam heut Nacht? schon auch ziemlich lächerlich. Dazu passt, dass Elvis bei seinem Comeback in Las Vegas im Jahr 1968 ausgerechnet bei diesem so traurigen Liebeslied plötzlich zu lachen anfing. Was immer der Grund für Elvis' Lachanfall war – jemand aus dem Publikum, der seine Perücke abnahm, oder der überdrehte Background-Gesang von Cissy Houston –, es hatte ja in der Tat etwas Lächerliches, im Jahr 1968 mit der Wiederaufnahme einer Coverversion von 1960 von einer Schnulze von 1926 an die Zeit der großen Rock 'n' Roll-Erfolge anknüpfen zu wollen. In Elvis' Gelächter drückt sich also auch das Überholte und Deplatzierte der alten Persona aus. Der King wusste insgeheim, dass er den King nur noch spielte und konnte die von ihm verkörperte Bühnen-Ikone mit ihren alten Songs selbst nicht mehr ernst nehmen. Der Schritt zum All-Age-Entertainer im weißen Glitzeranzug war von diesem Punkt aus nicht mehr weit. Der Las Vegas-Elvis der 1970er Jahre war dann aber weder eine bewundernswerte Wiederauferstehung noch einfach nur eine tragikomische Farce, sondern Pop durch und durch: die Verwandlung in ein perfektes Kunstprodukt, das in seiner glamourösen Künstlichkeit schon wieder cool wirken konnte und bis heute wie keine andere Ikone der Popgeschichte zum Nachahmen und Parodieren einlädt.

In ihrem berühmten Essay *Notes on »Camp«* beschreibt Susan Sontag bereits 1964 die »Betrachtung der Welt unter dem Gesichtspunkt des Stils«, wobei sich das ausgeprägte Stilbewusstsein bei aller Vergemeinschaftung und scharfen Distinktion selbst nie so ganz ernst nehmen kann: Camp sieht immer auch die Anführungszeichen des eigenen Stils. Charakteristisch für Camp ist daher vor allem die »Erlebnisweise der gescheiterten Ernsthaftigkeit, der Theatralisierung der Erfahrung«.[37] Was Elvis da im Jahr 1968 bei *Are You Lonesome Tonight* auf der Bühne in Las Vegas passiert, ist so gesehen nichts anderes als Camp.

Die Leere in Anführungszeichen

Wenn man mal zu *Are You Lonesome Tonight* gelacht hat, gibt es kein Zurück mehr. Kein noch so trauriges Klagen über die Leere wird die Anführungszeichen, in denen es steht, wieder los. Andy Warhol hat das, allgemein auf Pop bezogen, auf die Formel gebracht: »Once you ›got‹ Pop, you could never see a sign the same way again. [...] The moment you label something, you take a step – I mean, you can never go back again to seeing it unlabeled.«[38]

Die Leere – so existentiell sie daherkommen mag – ist im Pop auch nur ein Zeichen und damit im Sinne Warhols immer schon gelabelt. Dieses

Labeling reicht von den Everly Brothers und Elvis bis hin zu all den endlosen Klagen über Emptiness und Verlassenheit heute. Pop aber bezieht sich nicht nur auf sich selbst, sondern covert durchaus auch, wie man bei Elvis' Shakespeare-Anspielung sieht, die Leere-Diskurse der sogenannten Hochkultur. Dabei geht es von Goethes *Werther* bis zu Freud um den kleinfamilialen Leere-Diskurs abwesender und begehrter Mutterfiguren. Es geht dabei aber immer auch um eine Struktur, die uns in den vorangegangenen Kapiteln bereits mehrfach begegnet ist. Gemeint ist die Struktur der Melancholie.

Zwei der bekanntesten Pop-Sängerinnen der letzten Jahre, Billie Eilish und Lana Del Rey, schlagen aus dieser Struktur und Bildwelt der Melancholie immer wieder ästhetisches Kapital. Wenn Billie Eilish etwa in ihrem Video zu dem Song *When The Party's Over* in einem leeren, weißen Raum vor einem weißen Kubus sitzt und beim Singen über Abschied und Trennungsschmerz ein Glas schwarze Flüssigkeit trinkt, bezieht sich das ganz konkret auf den Topos der schwarzen Galle und damit ganz buchstäblich auf das Wort »Melancholie«. Auffällig bei Billie Eilish ist aber, dass die Abwesenheit irgendwelcher *guys* und *friends* vor allem eine Befreiung darstellt. Ein melancholischer Song wie *When The Party's Over* ist insgesamt gesehen eher die Ausnahme bei Eilish. Ihr großes Thema ist vielmehr das aus Trennung und Zurückweisung erwachsende *Empowerment* des Ich. In dem Video zu dem Song *Therefore I am* zum Beispiel läuft Eilish mit ihren typisch weiten Klamotten durch eine leere Shopping-Mall. Man denkt dabei sofort an den Zombie-Film *Dawn of the Dead*, aber nichts an dem Video ist unheimlich, es geht auch nicht darum, die leere Konsumwelt zu kritisieren. Worum es geht, ist die Freiheit einer jungen Frau, die sich vom Donut bis zu den Pommes überall bedienen kann – und die in einer Art Antwort auf das männliche *Are You Lonesome Tonight* in die Kamera singt: »Don't talk 'bout me like how you might know how I feel / Top of the world, but your world isn't real.« Die junge Frau hingegen ist nicht »Top of the world«, sondern mittendrin, wenn auch offenbar heimlich nach Ladenschluss. Und, ja: Sie ist allein heute Nacht, aber das ist gut so, denn: »I'm not your friend or anything, damn / You think that you're the man / I think, therefore, I am.« Wie Descartes' *Cogito ergo sum* eine fundamentale Selbstbegründung des Subjekts ermöglichen sollte, so steht auch Eilishs Song im Zeichen einer solchen Selbstbegründung und autonomen Setzung. Barbara Krugers *I shop therefore I am* wird dabei durch die Umgebung der Shopping-

Mall ironisch mitzitiert. Wenn Eilish am Ende dann die Pommes in sich hineinstopft, ist das ebenfalls Teil der autonomen Setzung: Ja, scheint sie sagen zu wollen, ich weiß, dass man bei so einem Bild gleich konsumistische Ersatzhandlungen und innere Leere unterstellt, aber ich mache es trotzdem. Was weißt du schon darüber, wer ich bin und was ich denke.

Auch bei Lana Del Rey geht es um Empowerment. Um aber aus den Fremdbestimmungen herauszukommen, geht sie konsequenter als Eilish mitten hinein in die Bilder der amerikanischen Populärkultur, die immer auch Bilder der Gewalt und patriarchale Bilder weiblicher Abhängigkeit und Sexyness sind. Während Billie Eilish immer wieder weite Hosen und Pullover trägt, die keinen Blick auf die Figur des weiblichen Körpers zulassen, inszeniert sich Lana Del Rey bewusst sexy in Hotpants und kurzen Kleidern oder retro-feminin mit Tellerrock und Abendkleid.

Ein wahres Feuerwerk solcher Bilder und Klischees entzündet das Video zu Lana Del Reys Song *Ride*. In einer Mischung aus Bewusstseinsstrom und Road-Movie erzählt das Video nicht nur vom unbehausten Unterwegssein einer jungen Frau, sondern schickt uns auch selbst beim Zuschauen und Zuhören auf eine große Reise. Ausgangspunkt ist wie bei Elvis das Bild der nächtlichen *loneliness*: »I am alone at midnight / Been tryin' hard not to get into trouble, but I / I've got a war in my mind / So, I just ride / Just ride, I just ride, I just ride.« Im Video sitzt die junge Frau in keiner einzigen Einstellung allein in einem Zimmer mit leeren Stühlen, wie es in *Are You Lonesome Tonight* imaginiert wird. Die Stühle, Bettkanten und Fahrersitze in dem Video sind vielmehr voller alter, weißer Männer. Weit und breit ist bei Lana Del Rey kein sympathischer Harry-Styles-Typ zu sehen, aber eben auch keine äußere Leere, sondern eine endlose Kette unheimlicher *daddy*-Typen aus dem Rocker-, Truckerund Gangstermilieu. Phallische Schusswaffen sind dabei omnipräsent.

Allerdings gibt es mindestens zwei ikonographische Linien in dem Video, die die gewaltförmigen Bilder heteronormativer Weiblichkeit und Männlichkeit durchkreuzen. Da ist zum einen die Ikonographie eines amerikanischen Traums, der auch dann zu Glücksmomenten und Freiheitsgefühlen führen kann, wenn der männliche Kumpel vorne das Motorrad lenkt und die Frau sich hinter ihm den Wind durch die Haare wehen lässt. Zum anderen sind da dann doch auch Bilder ohne Männer, die das Video *Ride* mit Billie Eilishs Bildern vom selbstbestimmten Alleinsein verbinden. So geht Lana Del Rey etwa in einer Szene nachts allein nicht wie Eilish in eine Shopping-Mall, aber in einen Drugstore.

Oder sie steht cool mit einer Zigarette an einer Tankstelle. Auch wenn diese Szenen stets darauf hinauslaufen, dass sich Lana Del Rey an den nächsten Mann schmiegt, sind es doch kurze Momente des Innehaltens und Alleinseins. Vor allem aber das Anfangsbild des Videos verweigert sich den typischen Beziehungsmustern: Mitten in einer menschen- und männerlosen Wüstenlandschaft schaukelt Lana Del Rey auf einem Reifen durch die Luft, das Seil, mit dem sie hin- und herschwingt, scheint vom ebenso leeren Himmel zu hängen. Und um genau diese Leere geht es in dem Video. Denn das Feuerwerk der Bilder lässt keine Signifikate, keine Bedeutungen entstehen, an denen wir uns festhalten könnten. Wie die Figur im Video sind auch die Zeichen und Bilder auf einer großen Fahrt ohne Ursprung und ohne Ziel und verweisen letztlich ins Leere. Der große Gummireifen, auf dem Lana Del Rey schaukelt, ist dafür das perfekte Bild: eine vom leeren Himmel herabhängende Null, ein industriell und serienmäßig produzierter Reifen aus Gummi, der eine leere Mitte umschließt. Die Leere hinter der Fülle der Zeichen ist zwar kein Alleinstellungsmerkmal von Pop, sondern so alt wie die Tradition melancholisch-allegorischer Kunst.[39] Aber in der Renaissance oder im Barock gab es eben noch keine Gummireifen aus der Fabrik – und trotz aller labyrinthischen Reisen zu Pferd oder zu Fuß noch keine Road-Movies, in denen man mit Verbrennungsmotor Richtung Freiheit fuhr.

Einer der ikonischen Filme, die einem bei dem *Ride*-Video sofort einfallen, ist natürlich das Road-Movie *Easy Rider*, in dem die Hippie-Variante des amerikanischen Traums von Polizisten und Rednecks ausgelöscht wird. So wie in der frühen Hochzeit der Melancholie, im 16. und 17. Jahrhundert, nur noch die Bruchstücke und leeren Bilder einer vergangenen göttlichen Ordnung zurückblieben, so hat auch der amerikanische Traum jede Menge Trümmer und nostalgische Klischees hinterlassen, die in Lana Del Reys Musik obsessiv beschworen werden, ohne dass ihnen noch Leben einzuhauchen wäre.[40] »A man went looking for America / And couldn't find it anywhere«, stand auf dem alten Filmplakat von *Easy Rider*, auf dem Peter Fonda wie Captain America mit Sternenbanner auf der Lederjacke über eine weite, leere Landschaft blickt. Der Witz an Lana Del Reys melancholischer Musik ist nicht, dass sie dieses Amerika auch nicht findet. Lana Del Rey sucht nicht draußen auf der Straße nach Amerika, sondern im Archiv der Bilder und Geschichten. Schon Walter Benjamin hat das melancholische Entziffern allegorischer Zeichen als eine Art Nekrophilie beschrieben, als Abklappern toter Buchstaben und mortifizierter Körper. Deshalb wird aus Steppenwolfs *Born to Be Wild* bei Lana Del Rey ein melancholisches *Born to Die*. Der lebendige Geist hinter den Zeichen, der amerikanische Traum, muss sich dabei als Signifikat fortwährend entziehen. Das Tolle aber ist, dass sich durch das Hineinkopieren des eigenen Körpers in all die Bilder und Zeichen auch Lana Del Rey selbst als weibliche Ikone entzieht. Ihr melancholisches Fort/Da-Spiel sagt immer auch: Ihr kriegt mich nicht.[41]

Nicht-Orte

Auch die Regisseurin Sofia Coppola bewegt sich in einer vorgegebenen Welt der Zeichen und interessiert sich für nichts so sehr wie für die Leere. Dem Leerlauf und der Langeweile ihrer Figuren entspricht dabei ein filmisches Erzählen, das, anknüpfend an die Zeit-Bilder und *pillow-shots* von Ozu bis Antonioni, immer wieder die narrativen Zusammenhänge lockert und Raum für Pausen, für die Wahrnehmung unserer eigenen Zeit beim Schauen des Films lässt. Der Filmkritiker Michael Althen schrieb über Sofia Coppolas Film *Somewhere*: »Nach den Maßstäben Hollywoods ist Sofia Coppola eine Prinzessin. Und weil sie pfiffig ist, erzählt sie genau davon: vom luxuriösen, leeren Leben der Prinzessinnen, die nicht wissen, was es bedeuten soll, dass sie so traurig sind.« Der von Stephen Dorff gespielte Schauspieler in *Somewhere* ist die männliche Variante dieser für Coppola so typischen Melancholiker-Figuren, die den Grund ihrer eigenen Traurigkeit nicht kennen. »Weil auch er nicht weiß, was es bedeuten soll, dass er so traurig ist, trinkt er viel Bier, fällt dabei die Treppe runter, trägt fortan einen Gips, hat trotzdem viel bedeutungslosen Sex und starrt die restliche Zeit rauchend in seine wechselnden Hotelsuiten. Das ist oft amüsant, ziemlich cool und auch ein bisschen hohl, aber das ist schließlich das Thema von ›Somewhere‹«.[42]

Was aber ist eigentlich so cool daran, am Anfang von *Somewhere* einem schwarzen Ferrari dabei zuzusehen, wie er viermal von links nach rechts und von rechts nach links (offenbar im Kreis) durch das Bild fährt – genauer gesagt: den schwarzen Ferrari die meiste Zeit gerade *nicht* zu sehen, weil er immer wieder aus dem Bild herausfährt und man vor allem nur das Motorengeräusch hört? Was ist so cool daran, dem Schauspieler in einer ewig langen Einstellung dabei zuzusehen, wie ihm von einem Maskenbildner das Gesicht eingegipst wird und wie die weiße, ausdruckslose Maske dann langsam trocknet, während der traurige Schauspieler regungslos einfach nur dasitzt? Im Unterschied zu Gene Hackman, der in dem Film *Die heiße Spur* nicht in einen Eric-Rohmer-Film gehen will, weil es bei Rohmer immer so ist, »als ob man zusieht, wie Farbe trocknet«, findet man dieses Zusehen bei einem Film wie *Somewhere* irgendwie toll. Aber warum?

Das Amüsante und Coole bei Coppola liegt vielleicht an den immer mitgesetzten Anführungszeichen, also zum Beispiel daran, dass die Masken-Szene Gene Hackmans Kommentar zu kennen scheint und auf entwaffnende Weise wörtlich nimmt. Es liegt insgesamt an einem Stil, der von den Bildern bis zum Soundtrack von dem Pop-Bewusstsein geprägt ist, dass wir im sekundären Leben nun mal keine letzten Wahrheiten – und damit auch keine Tragik – erwarten können, dass es aber trotzdem »etwas gibt«, die Möglichkeit zum Beispiel, den schwarzen Ferrari einfach stehen zu lassen und wegzugehen, oder die entspannte Auszeit, die Vater und Tochter am Pool des Hollywood-Hotels Chateau Marmont verbringen, während Julian Casablancas, der Sänger der Strokes, zum Weinen schön *I'll Try Anything Once* singt.

Auch in Coppolas erstem großen Erfolg als Regisseurin, ihrem Film *Lost in Translation*, gibt es einen wunderbaren Soundtrack, der den visuellen Stil des Films perfekt ergänzt. Und auch in diesem Film wird mit erstaunlicher Leichtigkeit von der Leere im Leben erzählt.[43] Wie in *Somewhere* gibt es einen Schauspieler mit *Midlife-Crisis*, Bob, gespielt von Bill Murray. Und es gibt eine Philosophieabsolventin, Charlotte, gespielt von Scarlett Johansson, die sich ebenfalls in einer Krise befindet, weil sie noch nicht so recht weiß, was sie mit ihrem jungen Leben anfangen soll. Beide hat es ins Park Hyatt Hotel nach Tokio verschlagen: Bob, weil ihn seine Agentur für eine gut bezahlte Whiskey-Werbung nach Japan geschickt hat, Charlotte, weil ihr Mann, ein Fotograf, ein wichtiges Shooting mit einer Band in Tokio hat. Bobs Frau ist mit den Kindern in den USA geblieben und schickt herzlose Faxe oder Teppichstoffproben in langweiligen Rottönen für Bobs Arbeitszimmer zu Hause. Charlottes Mann ist fast die ganze Zeit beruflich unterwegs. Sowohl Bob als auch Charlotte befinden sich also – wie der Schauspieler in *Somewhere* – in einem luxuriösen Hotel, können nachts nicht schlafen, stehen schweigend im Fahrstuhl, sitzen an der Bar, zappen durchs Fernsehprogramm – und sind sehr, sehr einsam. Nicht zufällig ist für den französischen Anthropologen Marc Augé gerade die Einsamkeit ein wichtiges Kennzeichen von sogenannten »Nicht-Orten« wie Flughäfen, Supermärkten, Autobahnraststätten oder eben Hotels.⁴⁴ Ebensowenig aber wie für Coppola ist für Augé mit dieser Einsamkeit etwas bloß Negatives verbunden. Sie bedeutet zunächst vor allem die Loslösung des Individuums von einer bestimmten Herkunft und zumindest temporär die Abwesenheit klar vorgegebener Ziele. »Nicht-Orte« im Sinne Augés sind Transit-Räume, also Zwischenräume für die Nomaden und Monaden der späten Moderne. Man kann sich *lost* in diesen Räumen vorkommen, zugleich aber hat ihre globale Standardisierung und Anonymität etwas Schützendes und Befreiendes: »Von der Gegenwart der Geschichte scheinbar befreit, haben die kalten Räume der modernen Zivilisation nur eine Ware im Angebot: ihre Leere, die niemanden bedrängt.«⁴⁵

Bei Coppola erlaubt diese durch den »Nicht-Ort« eröffnete Leere, dass Bob und Charlotte ihrer eigenen Leere im Beruf, im Beziehungsalltag, in der Wahrnehmung der Welt buchstäblich Raum lassen können – und der Film schaut ihnen dabei mit großer Gelassenheit zu. Auch Coppolas Film selbst bedrängt uns nicht und lässt so viel offen wie möglich. Deshalb auch erzählt Coppola anders als unzählige andere Filme keine Liebesgeschichte, sondern die Geschichte einer Freundschaft. Was nach der Zeit im Hotel kommt, wie der Weg zurück zu einer gelingenden Verortung in der Welt für Charlotte und Bob aussehen könnte, erzählt uns *Lost in Translation* nicht. In einer der schönsten Szenen des Films singt Bill Murray im Nicht-Ort einer japanischen Karaoke-Bar die englischen Lyrics des vertrauten Roxy Music-Songs *More than this*. Coppolas Film ist gewissermaßen die filmische Übersetzung dieses Songs und seines reflektierten Gefühls, dass wir letztlich Nichtwissende sind. »I could feel at the time / There was no way of knowing / Fallen leaves in the night / Who can say where they're blowing?« Genau das aber können wir immerhin wissen: »You know (!) there's nothing / More than this / Tell me one thing / More than this / Ooh there's nothing.« *Lost in Translation* ist eine filmische Reflexion darüber, dass wir nichts jenseits des gerade Gegenwärtigen zu fassen kriegen. Und gerade deshalb beschwört der Film dieses Nichts nicht klagend als schweres Zeichen, sondern gibt ihm strukturell Raum inmitten all seiner Zeichen und Zitate: als temporäres Schweigen der Figuren, als unhörbare Nachricht, die Bob in Charlottes Ohr flüstert, als cooler Soundtrack ohne Message, als komischer Kontrollverlust auf dem Laufband im Fitness-Studio, als Blackbox unserer Kommunikation oder als Zeit-Bild à la Deleuze, das inmitten all der Narrative buchstäblich nichts zu erzählen hat.

Wichtig ist aber genau das: Coppolas Verortungen inmitten all der naheliegenden Narrative, im immer schon vorausgesetzten »Reich der Zeichen« (Roland Barthes). Der Nicht-Ort des Hotels ist wie der Film insgesamt nur ein Transit-Raum, und die bunte und sekundäre Welt der Computerspiele, Leuchtreklamen und Karaoke-Bars außerhalb des Hotels wird von Coppolas Film genauso bejaht wie die Ruhe und Langeweile des Hotels. Deshalb auch ist der Film kein weltanschauliches Plädoyer für die Gelassenheit des japanischen Zen-Buddhismus. Es stimmt zwar, dass der Zen-Buddhismus in *Lost in Translation* thematisch zum Beispiel mit Charlottes Ausflügen in die zeremonielle Welt japanischer Tempel aufgegriffen wird, und über das bloß Inhaltliche hinaus kann man im Zen-Buddhismus eine Haltung zur Welt sehen, die bei Coppola »auch ästhetisch mit dem zurückhaltenden beobachtenden Blick der Kamera auf die filmische Sprache übertragen« wird.[46] Entscheidend ist aber, dass eine solche Übertragung unter den Vorzeichen von Pop und Kulturindustrie nur ein Ausflug unter anderen sein kann. Für den zurückhaltenden »Blick der Kamera« ist die Ästhetik des modernen europäischen Films mindestens genauso prägend – nicht zufällig schauen sich Bob und Charlotte im Hotel Fellinis *La Dolce Vita* an. Sogar die Zurückhaltung ist bei Coppola immer auch schon ein Zitat und nicht einfach eine Haltung zur Welt. Einen Beobachterstandpunkt außerhalb, einen archimedischen Punkt der Weisheit und Gelassenheit gibt es in der Popkultur nicht. Auch Zen ist, mit Andy Warhol gesagt, nur ein Label unter anderen. Deshalb auch müssen die Figuren innerhalb der erzählten Welt immer wieder mitten hinein ins bunte Gewimmel, und auch im schützenden Nicht-Ort eines Taxis können sie höchstens einen Song lang bleiben. Das Hotel mit seinen kontemplativen Fensterblicken müssen sie wie in *Somewhere* sowieso am Ende verlassen, und bei ihren Tempelausflügen bleibt Charlotte stets nur eine sehnsüchtige Touristin.

Die Leere des Zen

Woher aber kommt diese Sehnsucht nach Zen? Der Blick nach China und vor allem nach Japan ist bereits in der Moderne zu beobachten. Dass sich die (Neo-)Avantgarde von den strengen Reduktionen des Zen-Buddhismus fasziniert zeigt, ist nicht wirklich verwunderlich. Aber wieso

Die Leere des Zen

interessiert sich die in den 1950er Jahren entstehende Popkultur seit der Beat-Generation ebenfalls für Zen? Wie passt all das seriell hergestellte Zeug der Popkultur zur Leere des Zen? Eine erste Antwort könnte lauten: dass Serialität und Zen aufgrund der mit serieller Produktion verbundenen Verabschiedung eines emphatischen, souveränen Künstler-Subjekts ziemlich gut zusammenpassen. Und bei dieser Verabschiedung wiederum trifft sich Pop um 1960 nicht nur mit Zen, sondern auch mit der Neoavantgarde. Wenn Andy Warhol zum Beispiel sagt: »Because the more you look at the same exact thing, the more the meaning goes away, and the better and emptier you feel«,[47] dann klingt das dabei beschworene Verschwinden der Bedeutung und das Gefühl der Leere nicht nur nach (Post-)Moderne, Derrida und Pop, sondern auch nach den Reduktionen und seriellen Bejahungen des Zen. Man kann diese Verbindung von Zen, Neoavantgarde und Pop allein schon an den persönlichen Kontakten und Netzwerken sehen: Andy Warhol oder Yoko Ono zum Beispiel kennen und schätzen den Komponisten John Cage, der Vorlesungen bei dem wichtigen Zen-Lehrmeister Daisetz Teitaro Suzuki besucht. Yoko Ono wiederum nimmt 1965 Kontakt mit Paul McCartney auf, um nach Material für den Geburtstag von John Cage zu fragen[48], bei einer Ausstellung in der Londoner Indica Gallery lernt sie 1966 dann auch John Lennon kennen, und beim *White Album* der Beatles kommt schließlich (fast) alles zusammen: Mit *Revolution 9* gelangt (neben zahllosen anderen Stilexperimenten) eine deutlich von Yoko Ono beeinflusste Klangcollage auf ein Popalbum, und der Künstler Richard Hamilton, der das berühmte weiße Album-Cover kreiert hat, stand ebenso wie Cage noch in direktem Kontakt mit Marcel Duchamp, der die Avantgarde der 1910er Jahre mit der Neoavantgarde um 1960 verband. Nach Malewitschs *Schwarzem Quadrat* ist das Cover des *White Album* der Beatles ein halbes Jahrhundert später die zweite große Ikone der Leere: eine Ikone allerdings, die anders als Malewitschs Bilder in Schwarz, Yves Kleins Bilder in Blau oder auch Robert Rauschenbergs Serie der *White Paintings* nicht mehr gemalt und Teil der sogenannten Hochkultur ist, sondern eine industriell hergestellte Ware durch und durch. Im Unterschied jedoch zum Topos der popkulturellen Emptiness in irgendwelchen Lovesongs und Fernsehserien verzichtet diese Ikone aufs Klagen und Erzählen und bleibt wie Malewitsch ganz auf der visuellen Oberfläche – nur glatter und deshalb sozusagen noch leerer als die emphatische Moderne.

Was Pop um 1960 nicht nur mit der (Neo-)Avantgarde, sondern auch mit Zen verbindet, ist nichts anderes als dieses Interesse an der Leere. Der Begriff für Leere im Zen-Buddhismus lautet *sûnyatâ*, und im Unterschied zum Defizitären und Bedrohlichen, das mit dem Leere-Begriff außerhalb der buddhistischen Tradition verknüpft ist, hat der *sûnyatâ*-Begriff nichts Ambivalentes. »Die Leere oder das Nichts des Zen-Buddhismus ist [...] keine Formel des Nihilismus oder Skeptizismus. Sie stellt vielmehr eine äußerste Bejahung des Seins dar.«[49]

Die Substanz ist gleichsam *voll*. Sie ist angefüllt mit *sich*, mit dem Eigenen. Sûnyatâ stellt dagegen eine Bewegung der Ent-*Eignung* dar. Sie ent-*leert* das Seiende, das in sich verharrt, das sich auf sich versteift oder sich in sich verschließt. Sie versenkt es in eine Offenheit, in eine offene Weite. Im Feld der Leere verdichtet sich nichts zur massiven Präsenz. [...] Kein Seinsgefälle trennt die Leere von der ›Immanenz‹ der erscheinenden Dinge. Die ›Transzendenz‹ oder das ›Ganz Andere‹ stellt, wie oft betont, kein fernöstliches Seinsmodell dar.[50]

Zieht man das Weltanschauliche des in den Westen importierten Zen-Buddhismus ab, der bei aller Immanenz durchaus so einiges transzendieren will (die bürgerliche Sexualmoral etwa und individualistische Besitzkonzepte, letztlich die gesamte unheilvolle neuzeitliche Rationalität und den Kapitalismus sowieso), ist die »Berufung auf den Zen« doch auch ästhetisch ergiebig und geht in der Kunst mit interessanten »stilistische[n] Strategien« einher.[51] Das Offene des Zen rückt ihn in die Nähe dessen, was Umberto Eco als offenes Kunstwerk beschrieben hat. Die genannte »Bewegung der Ent-*Eignung*« verbindet Zen mit modernen Verfahren einer aleatorischen, möglichst intentionslosen Kunst, aber auch mit dem Seriellen der Pop Art. Und die zen-buddhistische »›Immanenz‹ der erscheinenden Dinge« ist natürlich für eine Popkultur interessant, in der Sex und Outdoor-Tourismus, Motorradfahren und Teetrinken zu kulturellen Angeboten eines vielleicht nicht *ganz* anderen, aber doch irgendwie alternativen Lebensstils werden.

Was die experimentelle, auf Zufallsverfahren zurückgreifende Musik angeht, ist der bereits erwähnte John Cage der wohl wichtigste Künstler, der sich in seiner Arbeit immer wieder auf die Tradition des Zen bezieht. Schon Ende der 1930er Jahre hatte er Vorträge über Zen und Dada gehört und begegnete dem Religionsphilosophen Allan Watts, der mit *The*

Die Leere des Zen

Spirit of Zen eines der ersten Standardwerke über Zen-Buddhismus im Westen publiziert hatte. Vor allem aber besuchte Cage seit den späten 1940er Jahren die legendären Vorlesungen von Daisetz Teitaro Suzuki an der New Yorker Columbia University. Suzuki war seit seinem Klassiker *The Great Liberation. Introduction to Zen Buddhism* einer der einflussreichsten Vermittler des Zen-Buddhismus im Westen.[52]

Am 29. August 1952 ereignete sich dann etwas, das ohne Cages Beschäftigung mit Zen kaum möglich gewesen wäre: die Uraufführung der Komposition *4'33"*, die aus nichts als Stille bestand. Nichts als Stille? »There is no such thing as silence«, sagte John Cage zu Recht immer wieder.[53] Und wenn der Pianist David Tudor da im August 1952 in der Maverick Concert Hall am Stadtrand von Woodstock auf die Bühne zum Klavier geht, sich hinsetzt, die Klappe über den Tasten schließt und auf die Stoppuhr drückt, nach 30 Sekunden die Klappe wieder öffnet, dann wieder schließt und nach zwei Minuten, 23 Sekunden erneut öffnet, dann ein drittes Mal schließt und nach einer weiteren Minute und 40 Sekunden wieder öffnet, bevor er aufsteht und die Bühne verlässt, macht er dabei ja durchaus Geräusche. Vor allem aber sind im Rahmen der Aufführung jede Menge anderer Geräusche jenseits der Bühne zu hören: Wind und Regen von draußen zum Beispiel, das obligatorische Husten im Publikum, das Knarren der Sitze.[54] Der Witz an dem Stück ist also nicht die Stille, sondern der formal geregelte Zeit-Raum, der zum Freiraum für die Wahrnehmung jenseits vorgegebener und intendierter Töne wird. Worum es geht, ist die Leere des Zen als Bewegung der Enteignung und Öffnung. Kurz zuvor hatte Cage durch die monochromen *White Paintings* von Rauschenberg eine ähnliche Erfahrung gemacht: Die Bilder sind weiß und leer, und doch sind sie nicht absolut leer. »Was Cage daran faszinierte, war die Tatsache, daß die weißen Bilder darauf aufmerksam machten, daß, mit Rauschenbergs Worten, ›eine Leinwand nie leer ist‹; Staub läßt sich darauf nieder, man sieht Schatten, Spiegelungen usw. Die Leinwände waren ›Spiegel der Luft‹, keineswegs passiv, sondern, wie Calvin Tomkins sagte, ›hypersensibel‹.«[55]

1962 besuchte Cage auf einer Konzertreise in Kyoto den Steingarten des Ryoanji-Klosters. Vier Jahre zuvor bezog sich Jack Kerouac in seinem Roman *The Dharma Bums* ebenfalls bereits auf diesen Ort. Offenbar war das inspirierende Leere-Erlebnis in Kyoto schon in den 1950er Jahren kein Geheimtipp mehr:

Dieser Rol Sturlason interessierte sich für den berühmten Ryoanji-Steingarten des Klosters Shokokuji in Kyoto, eigentlich nur alte Felsen, die so arrangiert sind, dass sie angeblich eine mystische Wirkung entfalten und jedes Jahr Tausende Touristen und Mönche anziehen, die auf die Steine im Sand starren und dabei ihren Geistesfrieden finden.

Unüberhörbar ist in dieser Passage bereits 1958 die ironische Distanz gegenüber den populären Projektionen auf die japanische Kultur. Diese Ironie folgt bei Kerouac aber noch keiner konsequenten Poetik wie später dann zum Beispiel bei Christian Kracht.[56] Das liegt daran, dass wir uns bei Kerouac noch in der Phase befinden, die Diedrich Diederichsen als Pop I bezeichnet hat: Bei allem Wissen um Kommerz und Anführungszeichen glaubten die Autoren der Beat-Generation noch an die authentische Subkultur, der sie angehörten, und die Sache mit dem Zen war als Suche nach einem anderen Leben dann doch noch sehr ernst gemeint. »Nie wieder habe ich so sonderbare und zugleich ernsthafte und tiefgründige Menschen getroffen«, geht die zitierte Passage in *The Dharma Bums* weiter:

Rol Sturlason sah ich nie wieder, er reiste bald darauf nach Japan, aber ich kann nicht vergessen, was er über die Felsen sagte, als ich ihn fragte: »Wer hat sie denn da hingestellt, dass sie so großartig wirken?«
»Das weiß keiner, wohl irgendein Mönch oder mehrere Mönche vor langer Zeit. Aber das Arrangement hat eindeutig eine geheime Struktur. Nur durch Struktur können wir uns nämlich der Leere bewusst werden.«

Das eigentliche Interesse des Ich-Erzählers richtet sich letztlich aber nicht auf die tiefgründigen Ausführungen Sturlasons, sondern lediglich auf sein cooles Auftreten und vor allem auf den sympathischen Lebensstil drumherum. Zen-Konzepte und geheime Strukturen hin oder her – entscheidend sind die »orientalischen« Erfahrungsmöglichkeiten mitten im Amerika der späten 1950er Jahre.

Dann zeigte er mir ein Diagramm des Felsenarrangements mit den genauen Umrissen der Steine und erklärte mir ihre geometrische Logik und all das, und er ließ die Worte »einsamer Individualismus« fallen und nannte die Steine »in den Raum stoßende Höcker«, was sich auf irgendwelche Koan-Geschichten bezog, die mich aber weniger interessierten als er selbst und vor allem der wackere, freundliche Japhy, der auf seinem geräuschvollen Benzinkocher neuen

Tee braute und uns die Tassen in fast völligem Schweigen mit einer orientalischen Verbeugung überreichte.[57]

Hinter der Romanfigur Japhy Ryder verbirgt sich der Beat-Autor Gary Snyder, der in den 1950er Jahren in Berkeley orientalische Sprachen studierte. Gary Snyder war unter anderem deshalb wichtig, weil er eines der Kult-Bücher des Zen in den Diskurs der amerikanischen Subkultur importierte: Hanshans *Gedichte vom Kalten Berg*.[58] Kerouac beschreibt in seinem Roman Japhys Wohnung und seine Arbeit an der Übersetzung, und diese Beschreibungen sind aus heutiger Sicht eine einzige Ansammlung von Klischees der amerikanischen Alternativkultur, all die genannten Dinge und Aktivitäten längst Teil einer globalen Industrie: von den Suzuki- und Haiku-Ausgaben über Rollkragenpullover und grünen Tee (»Schlürf deinen Tee, dann wirst du schon sehen; das ist ein guter grüner«) bis hin zur Outdoorausstattung für das Aussteigen und Wandern in den Bergen.[59] Schon damals, 1958, ist dieses Aussteigen apokalyptisch konnotiert: »Will meine Kumpels hier für die Apokalypse ausrüsten«, sagt Japhy in einem Skigeschäft zum Verkäufer, und danach müssen die in der Natur nach *Sûnyatâ* und *Satori* Suchenden erst einmal mit einem »schönen Nylonponcho«, einer »molybdänverstärkten Stahlflasche« und einem »Plastikmixer« ausgestattet werden.[60]

Hanshans *Gedichte vom Kalten Berg* wurden erstmals 1974 ins Deutsche übersetzt und waren für einen anderen Autor der Popliteratur sehr wichtig: Rolf Dieter Brinkmann. Brinkmann erwähnt die von Stephan Schuhmacher übersetzte Ausgabe in den Briefen an seinen Bruder Hartmut: »der amerikan. Lyriker Gary Snyder, den ich nicht gern lese, schrieb einen Gedichtband darüber, auch Kerouac, den ich gern gelesen habe, stellt sein Experiment, als Feuerwächter eine längere Zeit allein gelebt zu haben, unter Han Shan [der Roman *The Dharma Bums* ist »Han-Shan gewidmet«, S. M.]. – Die Gedichte Han Shans sind erst in diesem Herbst in einer Auswahl in deutsch erschienen.«[61]

In Brinkmanns Gedichtband *Westwärts 1 & 2* beziehen sich vor allem *Improvisation 1, 2 & 3 (u. a. nach Han Shan)* direkt auf die *Gedichte vom Kalten Berg*.[62] Die dritte *Improvisation* lautet folgendermaßen:

Ein Lied zu singen
mit nichts als der Absicht,
ein Lied zu singen,

ist eine schwere Arbeit,
wie vor dem Schnee bedeckten
Berg zu sitzen,

ihn jahrelang, ohne
Ablenkung, anzuschauen und
dann, eines Tages,

mit einem einzigen
Strich weißer Tusche
auf das weiße Papier

zu setzen, daß jeder
sieht der Berg ist
absolut leer.

Neben den materialreich-montierten, typographisch wuchernden Gedichten des *Westwärts*-Bandes zählt die dritte *Improvisation* zu den für Brinkmann ebenso charakteristischen Gedichten mit überschaubarer, klarer Struktur durch die regelmäßige Abfolge drei- oder vierzeiliger Abschnitte. Auch diese Texte können – wie etwa *Einige sehr populäre Songs* – »hoffnungslos überfüllt«[63] sein mit unterschiedlichsten Verweisen und Vokabularen. Oft aber sind sie auch inhaltlich sehr klar und auf *ein* Bild, die Beschreibung *eines* Augenblicks, *einen* Gedanken konzentriert. Bei der abschließenden *Improvisation* ist es die Idee vom Singen eines Lieds, das selbstzweckhaft keine andere Absicht verfolgt, als eben ein Lied zu singen. Weder die Inhalte des Lieds noch seine Wirkungen auf etwaige Adressaten sind relevant. Absichten des oder der Singenden, die über den reinen Akt des Singens hinausgehen, zählen nicht. Das Gedicht gibt allerdings zu, dass dieses Aufgehen im bloßen Tun, ohne weiteren Grund, ohne weiteres Ziel, »schwere Arbeit« ist. Wie aber soll durch »Arbeit«, also zweckgerichtetes Tun, Selbstzweckhaftigkeit erreicht werden? Nicht zufällig verlässt das Gedicht nach dem Hinweis auf die »schwere Arbeit« das semantische Register von Gesang und Lied und zieht auf der paradigmatischen Achse der Sprache einen Vergleich: Ebenso schwere Arbeit, wie ein Lied zu singen mit nichts als der Absicht, ein Lied zu singen, ist es (und genau dieses »es« findet sich bei Brinkmann bezeichnenderweise nicht⁶⁴), jahrelang vor einem schneebedeckten Berg zu sitzen, ihn ohne Ablenkung anzuschauen und dann mit weißer Tusche auf weißem Papier »zu setzen, daß jeder / sieht der Berg ist / absolut leer«. Aber knirscht es da nicht gewaltig beim Einsatzpunkt des Vergleichs und vor allem am Schluss dieses scheinbar so leicht und einfach daherkommenden Gedichts? Man spürt beim Lesen, dass das Gedicht offenbar selbst »schwere Arbeit« zu verrichten hat. Diese Arbeit steckt per se schon einmal darin, dass hier ja nicht einfach gesungen, sondern »u. a. nach Han Shan« getextet, also Lesearbeit geleistet wird. Das enzyklopädische Universum, in dem der Text sich bewegt, ist so gesehen alles andere als »leer« und »absolut« schon mal gar nicht, weil durchs Lesen stets Relationen hergestellt werden, Bezüge und potentiell unendliche Vergleichsmöglichkeiten. Durch das »u. a.« im Titel wird genau das reflektiert und der eigenen Spurensuche beim Lesen von vornherein Tür und Tor geöffnet: Kants »Zweckmäßigkeit ohne Zweck« kann einem bei diesem kleinen Gedicht genauso einfallen wie beispielsweise Cages *Vortrag über nichts*.⁶⁵ Die Arbeit dieser *Improvisation* betrifft aber nicht nur das Paradigmatische und Intertextuelle, sondern auch die Grammatik. Der wichtigste Trick des Textes ist – passend zur Leere und zur Enteignungsbewegung des Zen – die Abwesenheit eines singenden, arbeitenden, schauenden oder setzenden Subjekts. Im Unterschied etwa zu Brinkmanns berühmtestem Gedicht *Einen jener klassischen* taucht nicht einmal gegen Ende noch ein Ich auf. Die Subjektposition wird in der dritten *Improvisation* von den Infinitivsätzen übernommen: Wer oder was ist schwere Arbeit? Lieder zu singen, vor dem Berg zu sitzen etc. Auf so eine Satzkonstruktion muss man erst mal kommen. Ebenso wichtig ist aber der Trick mit dem fehlenden Objekt am Schluss. Wie beim fehlenden Subjekt wird die Objektfunktion scheinbar von einem Nebensatz übernommen. Auch der »daß«-Satz am Ende aber füllt die Lücke des zu erwartenden Akkusativobjekts nicht, da es sich bei »daß jeder sieht« um einen Konsekutivsatz handelt, der auf die Folge des Gesetzten und nicht auf das Gesetzte selbst verweist. Man könnte zwar behaupten, dass das mit der weißen Tusche gesetzte Objekt nun einmal die absolute Leere sei – das aber steht so nicht im Text. Wie es also kein die Leere aussagendes Subjekt in Brinkmanns Gedicht gibt, gibt es auch die Leere nicht als Objekt des angebotenen Satzes. Und das ist ja auch kein Wunder. Denn weder kann ein Gedicht wie dieses, das so viel Spracharbeit leistet, einfach nur singen, noch ist ein weißes Papier mit einem einzigen Strich weißer Tusche absolut leer. Die Leere muss eine Leerstelle bleiben.

Was Brinkmann in seinem Gedicht versucht, hat mit dem zu tun, was Roland Barthes »Neutrum« nennt. Dieser Begriff bezeichnet für Barthes »dasjenige, was das Paradigma außer Kraft setzt«; das Paradigma wiederum, so Barthes als guter Strukturalist, sei »die Opposition zweier virtueller Terme, von denen ich einen aktualisiere, wenn ich spreche, wenn ich Sinn erzeugen will«.[66] Will ich also zum Beispiel den Term »leer« im aktuell vorliegenden Syntagma, einem Text, einer Rede, verwenden, erzeuge ich den Sinn dieses Terms durch seine Differenz, seine Opposition, zu dem Term »voll«. Beide Terme bilden virtuell als Opposition ein Paradigma, und ich muss bei jedem Wort, das ich verwende, jedem Satz, den ich bilde, in solche Paradigmen greifen, bestimmte semantische oder auch nur lautliche Oppositionen aus ihrem virtuellen Stadium in die Präsenz meines Syntagmas holen. Was Barthes da also vom Neutrum sagt – dass es das Paradigma außer Kraft setze –, ist beim Sprechen und Schreiben oder beim auf Sprache angewiesenen Denken gar nicht möglich: Ohne die oppositionelle Kraft des Paradigmas gibt es keinen Zeichengebrauch. Selbst das Schweigen als bestimmtes Intervall, als Redepause, erst recht als überraschendes Verstummen, erzeugt Sinn, wird in Opposition zu all den anderen virtuellen Aktualisierungsmöglichkeiten als beredtes Schweigen wahrgenommen und setzt das Paradigma nicht einfach außer Kraft.

Was meint Roland Barthes also mit diesem Neutrum? Und wieso interessiert sich ausgerechnet ein Zeichentheoretiker wie er dafür, dass die entscheidende Voraussetzung unseres Zeichengebrauchs, das Paradigma, außer Kraft gesetzt wird? Barthes interessiert sich deshalb dafür, weil das Begehren, aus den Oppositionen und Sinnzuschreibungen, den Vergleichen und Verweisen der Sprache herauszukommen, selber Teil von Sprachpraxis, von Kunst und Literatur, aber auch von uralten religiös-spirituellen Zeichensystemen wie der christlichen Mystik oder dem Zen-Buddhismus ist. Das kulturell und sprachlich Spannende ist gerade das Unmögliche des Neutrums.

Außer-Kraft-Setzen des Paradigmas bedeutet für Barthes also gerade nicht absolute Leere und Schweigen, sondern im Gegenteil wie bei Brinkmann »Arbeit« mit den Möglichkeiten der Sprache, das genaue Evaluieren der »Kosten des Zeichens«:

Das Neutrum würde sich nicht durch permanentes Schweigen definieren – das wäre systematisch, dogmatisch und würde zum Signifikanten einer Bejahung (»Ich bin grundsätzlich schweigsam«) –, sondern bemäße sich nach dem Mindestaufwand einer Redeoperation, die bestrebt ist, das Schweigen als Zeichen zu neutralisieren.⁶⁷

Schon in seinem Japan-Buch *Das Reich der Zeichen* hatte sich Barthes der Form des Haikus gewidmet, die die »Kosten des Zeichens« extrem gering hält, ohne dabei das Schweigen selbst als demonstratives Zeichen zu setzen. Was der Haiku leistet, ist die »Zügelung der Sprache«.⁶⁸ Weder will ein Haiku etwas definieren (und dadurch scharfen Oppositionen aussetzen), noch will der Haiku, wie man vielleicht denken könnte, irgendwelche Eindrücke festhalten, das Kleine und Besondere beschreiben. Und erst recht will ein Haiku nicht symbolisch-metaphorisch gelesen werden. »Der ganze Zen – und der Haiku ist nur dessen literarischer Zweig – erscheint […] als gewaltiges Verfahren, das dazu bestimmt ist, die Sprache anzuhalten, jene Art innerer Radiophonie zu brechen, die unablässig in unserem Inneren sendet.« Ein Haiku ist der in sich widersprüchliche Versuch, »das unbezwingliche Geplapper der Seele zu leeren, auszutrocknen und in Sprachlosigkeit zu versetzen«.⁶⁹

Askese und Konsumverzicht

So wie es das Begehren gibt, mit Sprache die Sprache zu zügeln, so gibt es in Überflussgesellschaften die in vergleichbare Aporien führende Sehnsucht, durch Konsumentscheidungen der Überflussgesellschaft zu entkommen. »Wer mit permanenter Fülle konfrontiert wird«, so der Kulturwissenschaftler Thomas Macho, »sehnt sich nach Leere: nach einer Erlösung vom Zwang, alle Genußangebote akzeptieren zu müssen. Wer unaufhaltsam versorgt wird, beginnt nach Entzug zu streben.« Askese als bewusster Entzug ist dabei allerdings nicht das ganz Andere der Konsumgesellschaft, sondern »reüssiert als Funktion des Konsums«: »Das Paradies des Konsums ist inzwischen so reich, daß es auch den Verzicht, den Mangel und die Leere anzupreisen versteht.«⁷⁰

Die (historische) Voraussetzung solcher Geschäftsfelder der Leere ist genau der Überfluss, der dabei in Frage steht. Die Leere als asketisches Ideal oder als Phantasma der Befreiung ist so alt wie die Erfahrung eines spirituellen Mangels innerhalb bestimmter konventionalisierter Lebensformen und hat schon weit vor der Moderne all die Einsiedler und Gottsucher aus dem kulturellen Gewimmel hinaus an die Ränder und in die Meditation getrieben. Auch die Leere als melancholischer Schatten inmitten einer Welt der Dinge erlebt, wie im dritten Kapitel gesehen, bereits im 19. Jahrhundert ihre Blütezeit. Erst die Überflussgesellschaften nach dem Zweiten Weltkrieg machen aus der Leere ein popkulturelles Phänomen und damit ein globales Geschäft.

Das Faszinierende am Kapitalismus lag immer schon darin, dass er alles zu bewirtschaften vermag – auch unsere antikapitalistischen Ausstiegswünsche und die damit einhergehenden Widersprüche und Aporien. Es ist deshalb kein Wunder, dass die Aussteiger der Beat-Generation schon in den 1950er Jahren erst einmal in einem Skigeschäft einkaufen gehen, bevor sie auf den Spuren von Hanshan mit dem Auto ins Gebirge fahren. Was bei Kerouac nur das Skigeschäft war, ist heute der Weltmarkt der Outdoor-Industrie. In kaum einer anderen Branche ist der Widerspruch zwischen Leere-Sehnsucht und Massenkonsum, zwischen Wachstumskritik und Kapitalismus so offensichtlich und bei den interessanten Marken auch Teil der Kommunikation. »Don't buy this jacket«, lautete etwa eine Werbeanzeige des Outdoor-Unternehmens Patagonia im Jahr 2011. Die 1973 von dem Bergsteiger Yvon Chouinard gegründete Marke wirbt so konsequent wie keine andere mit dem Label der Reduktion (*Reduce – Repair – Reuse – Recycle*) und wurde 2022 an eine gemeinnützige Stiftung übertragen. »Earth is now our only shareholder«, so Chouinard zu diesem in der kapitalistischen Welt in der Tat bemerkenswerten Schritt.

Das Problem aber ist die Geschichte, die zu diesem bemerkenswerten Schritt geführt hat. Denn diese Geschichte ist nicht nur eine Erfolgsgeschichte nachhaltiger Produktion und vorbildlicher unternehmerischer Ethik. Sie ist schlicht auch eine des Wachstums – von 20 Millionen US-Dollar Umsatz im Jahr 1985 hin zu etwa einer Milliarde US-Dollar Umsatz im Jahr 2020. Und wenn Wachstum unterm Strich immer auch gesteigerten Verbrauch bedeutet, hat Patagonia genau die Probleme mit verursacht, die die Marke nun mit den erwirtschafteten Gewinnen bekämpfen will. De facto wurden und werden eben doch jede Menge neuer Jackets hergestellt und gekauft, damit die ehrenwerten Unternehmensziele finanziert werden können und damit wir Konsument*innen dann schön gewärmt auf offener See Wale beobachten oder – möglichst ungestört in menschenleerer Natur – schmelzende Gletscher bewundern können.

Ein weiteres gigantisches Geschäftsfeld der Leere ist die mit der Outdoor-Branche verknüpfte Wellness-Industrie. Schon das böse Wort »Industrie« versetzt uns in diesem Zusammenhang einen Stich in der Herzgegend. Denn der Erfolg, also das enorme Umsatzwachstum dieser Branche, verdankt sich vor allem dem Fiktionswert von Ursprung und Natur, Reinheit und Klarheit, Ruhe und Entschleunigung. Metaphorisches Paradigma ist hier in der Regel bezeichnenderweise die Manufaktur, Handarbeit und Familienbetrieb, nicht die Fabrik oder die agroindustriell betriebene Landwirtschaft. Das schmutzige Öl des Containerschiffs, das meinen guten grünen (Bio-)Tee von Japan oder Sri Lanka in meine gasbeheizte Altbauwohnung bringt, hat keinen Platz in der schönen neuen Wellness-Welt. Ganz zu schweigen vom in jeder Hinsicht schmutzigen Geschäft des Abbaus seltener Erden, ohne die gar nichts läuft auf unseren sauberen Nutzeroberflächen, auf denen wir uns Netflix-Dokus wie *Aufräumen mit Marie Kondo* oder *Minimalismus. Weniger ist jetzt* anschauen.

Apropos saubere Nutzeroberflächen: Vom Bauhaus über Dieter Rams' legendäres Design bis hin zu Richard Hamiltons *White Album* zieht sich eine ästhetische Linie von den Avantgardebewegungen mitten in den Kapitalismus hinein. In seinem Buch *From Bauhaus to Our House* hat Tom Wolfe die damit verbundenen Entleerungen im Bereich von Architektur und Inneneinrichtung scharf kritisiert:

Ich habe erlebt, wie die Besitzer eines solchen Orts durch dessen Helles & Grelles & Reines & Feines & Leeres & Hehres an den Rand des sinnlichen Entzugs-Komas getrieben wurden. Verzweifelt suchten sie ein Gegengift, waren um Gemüt bemüht und mußten doch nach Farben darben. Sie versuchten, die obligatorischen weißen Sofas unter Knautschkissen aus Thai-Seide in jeder nur vorstellbaren rebellischen irisierenden Schattierung von Magenta, Rosa und tropischem Grün zu begraben.[71]

Bis heute gehören bestimmte minimalistische Versatzstücke zum kuratierten Leben der Mittelklasse dazu.[72] Wichtig bei dieser Kuratierung ist aber beides: Leere *und* Gemüt, das Weiße ebenso wie das Warme, Farbige und Knautschige. Rams' berühmter »Schneewitchensarg« etwa, die Radio-Phono-Kombination SK4, hat diese Verbindung des Kalten mit dem Warmen, von Acryl und Weiß mit dem Holz der traditionellen Musiktruhe bereits 1956 auf den Markt gebracht:

Die Art, wie er [...] beim SK4 das Warme der Holzwangen mit dem metallisch Kalten des weiß lackierten Blechkorpus, und dessen Massivität mit dem Transparenten der durchsichtigen Acrylabdeckung kombinierte – all das erzeugte eine formale Spannung, die die Sinne schärfte, statt öde und leer zu wirken.[73]

Niklas Maak geht sogar noch weiter und attestiert dem Rams'schen Design eine höchst gegenwärtige Nachhaltigkeit: »Erst heute wird klar, wie hellsichtig Rams die Idee der Nachhaltigkeit schon zu einer Zeit vertrat, als Design noch bedeutete, das Produkt aus dem Vorjahr möglichst alt aussehen zu lassen. In Zeiten der Klimakrise brauchen wir Rams' nachhaltige Schönheit mehr denn je.«[74]

Aber stimmt das? Um die Nachhaltigkeit des SK4 beurteilen zu können, dürfte man nicht nur über Design reden, sondern müsste sich die Lieferketten, CO_2-Emmissionen, (Gift-)Müll-Externalisierungen der Firma Braun in den 1950er Jahren anschauen. Doch worauf Maak hier abzielt, ist ja etwas anderes: die Verlangsamung der ästhetischen Obsoleszenz. »Nachhaltig« ist die Schönheit des SK4 deshalb, weil sie eigentlich nie alt aussieht und solche Geräte deshalb nicht den sonst herrschenden Frequenzen von Kaufen, Wegwerfen, Neukaufen ausgesetzt sind. Das verbindet Rams' Idee mit der Idee von Patagonia. Die Frage ist aber wie bei Patagonia: Selbst bei radikal verlangsamter Obsoleszenz durch klassische Schönheit, hohe Qualität und die Möglichkeit von Re-Use und Repair – wie ist es um die Nachhaltigkeit bestellt, wenn ich genau mit dieser Differenz zu anderen (weiterhin gekauften) Produkten auf dem Markt erfolgreich werde, also de facto von Jahr zu Jahr immer mehr solcher schönen Produkte herstelle und verkaufe? Und wenn dann nach dem langen, ressourcenverbrauchenden Wachstumsweg der ideale Punkt erreicht wäre und die ganze Welt die eine unverwüstliche Patagonia-Jacke und den einen nie veraltenden Plattenspieler hätte – woher käme danach dann der nötige Umsatz? Komplett über die Dienstleistungen des Re-Use und Repair? Oder löst sich das Unternehmen dann auf, hat also seine eigene Obsoleszenz ins System eingebaut?

Wie wenig »nachhaltige Schönheit« mit geringerem Verbrauch, also wirklicher Nachhaltigkeit zu tun hat, sieht man bei einer der größten Erfolgsgeschichten der letzten Jahrzehnte, bei dem milliardenschweren Tech-Konzern Apple. Im Unterschied zum SK4 verzichten die iPhones, iPads und MacBooks von Apple auf das »Warme der Holzwangen« und setzen ganz auf einen kalten, weißen Minimalismus, der von Richard Hamilton oder Kenya Hara inspiriert ist.⁷⁵ Das Warme überlässt Apple der sonstigen Kuratierung: den Schreibtischplatten aus Massivholz oder den Knautschkissen aus Thai-Seide. Kaum ein kuratiertes Leben der neuen Mittelklasse kommt ohne die Geräte von Apple und all der Nachahmer aus. Auch dieses Buch ist auf so einem Gerät geschrieben worden. Und anders als die Braun AG, die 1967 an Gillette, 2005 weiter an Procter & Gamble verkauft wurde, gehört Apple mittlerweile zu den mächtigsten Unternehmen der Welt. Auf 383 Milliarden US-Dollar belief sich der Umsatz im Jahr 2023, 2004 betrug er noch lediglich 8 Milliarden US-Dollar.⁷⁶ Und genau das ist der springende Punkt, wenn es um Nachhaltigkeit geht. Die Geräte mögen noch so toll in ihrer nachhaltigen Schönheit sein, ich selbst mag mich als Apple-User noch so sehr als Teil einer irgendwie anderen, nachhaltigeren Stilgemeinschaft empfinden – »Think different«, lautete der perfekte Slogan von Apple zwischen 1997 und 2002, als die Erfolgsgeschichte so richtig Fahrt aufnahm –, und doch ist man auch als Apple-User vor allem eines: Teil einer globalen Mittelklasse, deren zunehmender Massenkonsum seit den Krisen der 1970er Jahre zu einem gigantischen Verbrauch von Ressourcen und fossiler Energie geführt hat. Nichts, absolut nichts ist da *different*, sondern ganz auf der Linie oder besser: der Wachstumskurve sonstiger ›Erfolgsgeschichten‹. Wer sich einmal all die nach oben zeigenden Kurven in dem Anthropozän-Klassiker von Will Steffen u. a. aus dem Jahr 2011 angeschaut hat⁷⁷, kann sich da nichts mehr vormachen, auch wenn man sich im Alltag mit den damit verbundenen kognitiven Dissonanzen eingerichtet hat. Apples minimalistische Ästhetik der Leere ist in ihrer Coolness die perfekte Verschleierung des Gegenteils: der durch die Tech-Industrie maßgeblich mitbefeuerten Erderhitzung.

»The Earth will be quiet again«

Hier kippt plötzlich der Ton. Die Ausführungen über Patagonia und Apple klingen ziemlich pessimistisch, fast zynisch – dabei fing doch alles so toll an. Dieses Kapitel, das mit Jennys Begeisterung für den Rock 'n' Roll einsetzte, wollte doch eigentlich eine Feier der Popkultur sein. Und jetzt? Die Popkultur ist nun einmal beides: ein Kind der Demokratie ebenso wie der Überflussgesellschaft. Keine Feier der Popkultur ohne die

Feier der Demokratie und umgekehrt. Aber eine Feier der Überflussgesellschaft und des Kapitalismus? Wie soll noch Feierstimmung aufkommen, wenn klar ist, dass das Ganze aufgrund seines irren Verbrauchs weder global universalisierbar noch in der bestehenden Form zukunftsfähig ist? Wie soll man sich freuen, wenn der Stoffwechsel hinter all den wunderbaren kulturellen Errungenschaften die Grundlagen für genau das zerstört, was dabei entstanden ist: eine offene und vielfältige, von keinem moralischen, religiösen oder staatlichen Zentrum kontrollierte Kultur, an der endlich nicht nur gebildete Privilegierte, sondern potentiell alle partizipieren können?

Schon bei Kerouac rüsten sich die Aussteiger im Skigeschäft für die Apokalypse aus. Der Endzeitdiskurs ist also von Anfang an im Pop präsent, und damit auch das Phantasma der Leere. Die Band Jefferson Airplane beispielsweise singt 1968 in ihrem Song *The House of Pooneil Corners*:

You and me we keep walking around and we see
All the bullshit around us [...]
Everything someday will be gone except silence
The Earth will be quiet again

Neben der Outdoor- und Wellnessbranche, neben Design und Unterhaltungselektronik gehört auf der Content- und Softwareseite des Kapitalismus das dystopische Erzählen zu den besonders erfolgreichen Geschäftsfeldern der Leere. Gerade hier tun sich Widersprüche und Ambivalenzen auf, dass einem schwindlig wird. Im Unterschied jedoch zu den ›nachhaltigen‹ Schönheiten und den teuren minimalistischen Kuratierungen, mit denen man es sich mitten in einer Welt der Krisen und Kriege privat gemütlich machen kann, hat die dystopische Leere auf den ersten Blick etwas Ungemütliches und Bedrohliches.

Minimalismus ist nur dann schön, wenn er freiwillig ist und sich als bewusster Verzicht unterscheiden kann von der sonstigen Buntheit und Fülle des Warenangebots. Minimalismus macht weder Spaß noch Sinn, wenn die Regale leer sind, man also wirklich nicht und nicht nur *demonstrativ nicht* konsumieren kann. Der Literaturwissenschaftler Heinz Drügh hat in seinem Buch *Ästhetik des Supermarkts* auf zwei künstlerische Arbeiten hingewiesen, die im Jahr 2012 die Insolvenz der Drogerie-Kette Schlecker reflektiert und leere Regale in Szene gesetzt haben: Die

Künstlergruppe FORT baute für die Berliner Galerie Crone eine leere Schlecker-Filiale nach, der Künstler Thomas Demand erstellte aus Papier für die Berliner Galerie Sprüth Magers ebenfalls ein mehr oder weniger ausgeräumtes Schlecker-Regalsystem und fotografierte es anschließend. Solche leeren oder halbleeren Warenregale sind für Drügh als Formen des »*horror vacui* im Kapitalismus« zu verstehen: »die blickgewordene Sorge, alles könne irgendwann nicht mehr weiter gedeihen, wachsen, boomen, mit dem Wohlstand könne es zu Ende gehen«.[78]

Genauso gibt es aber die umgekehrte Sorge, den Horror von Fülle und Überfluss. Die zornig-aggressiven Formen des Pop werden oft gerade von dieser Art Horror angetrieben und entladen sich in apokalyptischen Vernichtungsphantasien und Explosionen. Die wohl berühmteste Explosion der Filmgeschichte, in der die Dinge unserer Überflussgesellschaft über mehrere Minuten hinweg aus unterschiedlicher Perspektive und in Zeitlupe in die Luft gesprengt werden, steht am Ende von Michelangelo Antonionis Film *Zabriskie Point*.

Der Film kam 1970 in die Kinos, in dem Jahr also, als das eingangs genannte Album *Loaded* von Velvet Underground erschien, und er spielt genau dort, wo *Counter Culture* und neuer Geist des Kapitalismus[79] zusammentreffen: in Kalifornien. Bezeichnend ist, dass der Film vor allem in der Wüste spielt. Die beiden Hauptfiguren, Mark und Daria, sind aus unterschiedlichen Gründen Richtung *Death Valley* unterwegs. Mark fliegt mit einem gestohlenen Flugzeug in die Wüste, weil er nach tödlichen Schüssen bei einer Protestaktion auf der Flucht vor der Polizei ist; Daria fährt mit dem Auto in die Wüste, weil ihr Arbeitgeber sie zu einem dort stattfindenden Meeting in einer Villa eingeladen hat. Die beiden treffen am Zabriskie Point aufeinander, haben paradiesischen Sex im Wüstensand und trennen sich wieder. Im Radio erfährt Daria später, dass Mark beim Zurückbringen des gestohlenen Flugzeugs von der Polizei erschossen wurde. Sie flieht schließlich aus der Villa ihres Arbeitgebers und stellt sich vor, dass das ganze Gebäude in die Luft fliegt.

Die Gewalt der Explosion wird dabei von Antonioni als Konsequenz aus der Gewalt der Gesellschaft dargestellt, die sich in der Brutalität der Polizei zeigt, sich aber auch hinter der Fassade von Darias Arbeitgeber, der »Sunny Dunes Land Development Company«, verbirgt. Der klimatisierte Wüsten-Luxus der Unternehmer-Villa inklusive Pool verdankt sich ja nicht nur der freundlichen Ausbeutung mexikanischer Hausangestellter und hübscher junger Sekretärinnen wie Daria. Er verdankt sich vor allem einem expansiven Kapitalismus, der profit- und energiehungrig immer auf der Suche nach neuen Räumen und Märkten ist.

Zu Antonionis Death Valley gehören also nicht nur Love and Peace, sondern auch Tod und Gewalt, Ausbeutung und Kapitalismus. Vor allem aber lässt die aus dreizehn unterschiedlichen Kameraperspektiven gefilmte Explosion und die sich daran anschließende Zeitlupensequenz, in der zur Musik von Pink Floyd all die Konsumgüter der Luxusvilla durch die Luft fliegen, nicht nur die gefilmten Gegenstände, sondern auch die Bedeutungen tanzen.

Thomas Macho hat darauf hingewiesen, dass asketische Praktiken *heterotopisch* sind: »sie projizieren ihre erwünschten (oder gefürchteten) Wirkungen auf einen fremden Ort, an dem keine anderen Menschen leben. Zu solchen Orten zählen die Felsenhöhlen des Anachoreten Antonius, [...] die Berge (von Petrarcas Mont Ventoux bis zum Monte Verità), die Inseln Robinsons oder Rousseaus, die leeren Steppen aller ›Frontier‹-Bewegungen (im Osten wie im Westen), die eisigen Polarregionen der Forschungsexpeditionen, die interstellaren Räume der Kosmonauten.«[80] Wenn das so ist, wäre die Explosion nicht Ausdruck einer neuen gegenkulturellen Befreiung, sondern einer uralten Tradition der Askese. Die Wüste muss dabei aber als ersehnter heterotopischer Ort brutal leergeräumt werden. Und vielleicht ist die Brutalität dieser Askese verstrickter in den Kapitalismus, als man denkt.

Damit aber hören die Ambivalenzen der scheinbar so eindeutigen Explosion noch längst nicht auf. Vor allem die Bildästhetik führt vor Augen, wie vielschichtig hier alles ist. So hat etwa Hartmut Böhme darauf hingewiesen, dass an »den Grenzen der Askese« »in gleißender Versuchung die bunte Welt der Dinge« tobe. »Vielleicht«, so Böhme, »ist niemand ein größerer Experte der unendlichen Lüste, die in den Dingen liegen, als der heilige Asket [...].«[81] Und in der Tat fragt man sich beim Anschauen der genüsslich gedehnten Explosionsszene zunehmend, ob die Lust an der Zerstörung nicht auch mit der Lust an den Dingen selbst zu tun hat – bis hin zu dem so offensichtlichen Widerspruch, dass man beim Anschauen eines explodierenden Fernsehers nun einmal selbst einen Bildschirm oder eine Leinwand benötigt, und zwar hoffentlich von besserer Qualität als das alte Röhrengerät, das da im Film in die Luft gesprengt wird.

Entscheidend aber ist, dass die Lust an der bunten Welt der Dinge im Verlauf der gedehnten Erzählzeit in eine geradezu antinarrative Lust an den Bildern selbst übergeht:

[...] nicht nur die Dinge verlassen hier ihren angestammten Ort, in einer gleichsam exterritorialen Bewegung verlässt auch der Film selbst den Raum seiner Geschichte, bevor er ganz zum Schluss noch einmal kurz in seine narrative Landschaft eintaucht. Er inszeniert ein Tanztheater ohne menschliche Akteure, das dem Publikum ermöglicht, was ansonsten nur das Schauspiel landschaftlicher Natur vermag: in der gedeuteten Welt die gedeutete Welt für eine Weile hinter sich zu lassen.[82]

Für Martin Seel gelingt der minutenlangen Explosion bei Antonioni also durchaus so etwas wie jenes Außer-Kraft-Setzen des Paradigmas, von dem Roland Barthes geträumt hat. Zugleich aber geht mit diesem Außer-Kraft-Setzen paradoxerweise eine ungeheure Aufladung mit unterschiedlichsten Bedeutungsebenen einher. Die Entleerung der Zeichen wäre so gesehen nur durch ihre Fülle zu haben. Im Unterschied zu den modernistischen Entleerungen und Zeit-Bildern, die für Antonioni so charakteristisch sind, zeigt *Zabriskie Point*, dass sich die Fülle vor allem aus der Konsum- und Popkultur speist. Bei allem Zerstörerischen und Apokalyptischen, allem modernistisch Strengen und uralt Asketischen feiert der Film genau diese Kultur.

VI. Die Leere am Ende

»Was könnte uns wirklich *erzittern* lassen?«
Alenka Zupančič, *Die Apokalypse enttäuscht (noch) immer*[1]

Ein junger Mann läuft im Licht der tiefstehenden Sonne über die menschenleere Westminster Bridge. Überall liegt Müll. Der Mann ruft »Hallo«, aber weit und breit ist keine Menschenseele zu sehen. Auf der leeren Whitehall liegt ein umgestürzter roter Bus, und auf den Treppenstufen zum Duke of York-Denkmal liegen zahllose Geldscheine herum, die der Mann in eine weiße Plastiktüte steckt. Aber es wird sich herausstellen, dass man mit Geldscheinen in dieser Welt nichts mehr anfangen kann.

Grillenzirpen und Vogelgezwitscher in New York. Erneut das warme Licht einer tiefstehenden Sonne. Ein Mann läuft mit einem Gewehr durch das hohe Gras am Times Square. Kaputter, überwucherter Asphalt, Autos mit platten Reifen und schmutzigen Scheiben, zerschlissene Werbeplakate. Da es bald dunkel wird, macht sich der Mann auf den Heimweg. Im Dunkeln nämlich lauert so manche Gefahr.

Diese Bilder eines menschenleeren London und New York stehen am Anfang zweier Endzeitfilme der Nullerjahre: *28 Days Later* und *I Am Legend*. Es sind Bilder einer Leere, die sich einprägen und in Erinnerung bleiben, auch wenn die Filme diese Leere nicht lange aushalten und früher oder später mit *Action* füllen. Es sind schöne und friedliche Bilder, die sich kurz fast wie bei Antonioni zu verselbstständigen und keiner Erzählökonomie zu folgen scheinen. Entsprechend teuer ist die Herstellung dieser Leere: »Creating the illusion of a verdant, depopulated Manhattan«, so das *New York Magazine*, »took $40 million of the film's $150 million budget.«[2]

Ganz so verlassen ist es dann aber doch nicht. Irgendjemand muss ja noch da sein, von dem sich etwas erzählen lässt. Selbst wenn die postapokalyptische Welt noch so verwüstet ist, gibt es keine restlose *Tabula rasa*. Immer spaziert da noch ein Letzter Mensch durch die zertrümmerte, lebensfeindliche Welt. Es gibt mal mehr, mal weniger übriggebliebenes Zeug, es gibt Tiere und Untote, und der Letzte Mensch ist in der Regel auch nicht der Allerletzte, weshalb es in den weniger düsteren Geschichten die Hoffnung auf einen menschlichen Neuanfang gibt. Die anfängliche Leere ist also nicht nur wie immer relativ, sie ist vor allem auch zeitlich begrenzt, ein kurzes Vorspiel wie in den beiden genannten Filmen, eine Atempause, eine kurze Unterbrechung zwischendurch – irgendwann weicht sie den Zwängen der Narration.

Handelt es sich um Weltuntergangsgeschichten, die eine totale Vernichtung als finalen Endpunkt beschwören, den Fokus aber auf die *präapokalyptische* Zeit legen, kann von Leere ohnehin keine Rede sein. Vor der drohenden absoluten Leere durch Kometeneinschlag, Sintflut oder Atomkrieg wimmelt es geradezu von unterschiedlichen Stimmen und Perspektiven. Dieses Chaos von Kultur und Gesellschaft kann zwar vereindeutigt werden zur Erzählung babylonischer Sprachverwirrung, menschlicher Dummheit und Hybris, weshalb der Untergang zu Recht passiert und die präapokalyptische Welt ihre Vernichtung letztlich verdient hat. Allerdings stellen solche Spielarten einer »purgatorisch-puritanischen Science-Fiction« ein Subgenre dar, das, so Claudius Seidl, »unter allen Subgenres das unsympathischste, reaktionärste und erkenntnisfeindlichste ist«. Würde man zum Beispiel den vieldiskutierten Kometen-Endzeit-Film *Don't Look Up* auf diese puritanische Weise verstehen, wäre er »vor allem eine Warnung vor sich selber«. Vielleicht aber lädt der Film auch dazu ein, ihn so zu verstehen oder misszuverstehen, »dass er feiert, was er angeblich kritisieren will: dieses bunte, laute, profund oberflächliche, hyperaktive und aufmerksamkeitsdefizitäre Gewirr aus Politik, Pop und Internetkommunikation. [...] Man hofft natürlich, dass die Dreharbeiten wenig CO_2 verbraucht haben. Man hofft aber vor allem, dass, wenn unser aller CO_2-Ausstoß vernünftigerweise radikal reduziert wird, der Ausstoß an absolut unvernünftigen Pointen weiterhin hoch bleiben kann.«[3]

Auch ein anderer Kometen-Film, Lars von Triers *Melancholia*, der mit der bunten Popwelt auf den ersten Blick absolut nichts zu schaffen hat und sich nichts sehnlicher zu wünschen scheint als totale Auslöschung und Erlösung, treibt dann doch ganz schön viel Aufwand, bevor es mit der abschließenden Schwarzblende wirklich nichts mehr zu sehen gibt. Ostentatives Anhäufen von Bildern und aufdringliche Mitteilsamkeit waren eben schon immer typische Begleiterscheinungen der Melancholie.

Der Letzte Mensch (II)

»Der Horizont der spekulativen Phantastik ist nicht der einer Sportveranstaltung, bei der diejenigen als erste ins Ziel gelangen, die irgendeine utopische oder dystopische Lektion gelernt haben. Er ist offen und soll es sein.«[4] Zu dieser Offenheit gehört nicht nur, dass es trotz aller kulturindustrieller Schemata und Produktionszwänge sehr unterschiedliche Weltuntergänge, Katastrophen-Spielarten, prä- und postapokalyptische Konstellationen gibt. Der Horizont der spekulativen Phantastik ist auch deshalb offen, weil nicht einmal innerhalb einer bestimmten dystopischen Spielanordnung alles so eindeutig und zielgerichtet ist, wie es scheint. Irgendwo zwischen Großer Erzählung und Erhabenem, zwischen Vakuum- und Subjektdiskurs, zwischen Kitsch, Pop und Anthropozän verzettelt sich letztlich jede dystopische Lektion. Leere als Endpunkt, als schweres, apokalyptisches Zeichen wird notwendigerweise dadurch durchkreuzt, dass sie nun einmal nur relational zu denken und als Konzept und Phantasma in eine Welt der Zeichen verstrickt ist, die keine Endpunkte, sondern nur Differenz und Wiederholung kennt.

Was den *Tabula rasa*-Topos vom in die Leere gestellten Letzten Menschen angeht, ist dieser auch unter noch so säkularen Bedingungen nie ganz unabhängig von dem heilsgeschichtlichen Narrativ zu sehen, das seit Noahs Arche mit im Spiel ist. Die Katastrophe hat in diesem Erzählrahmen stets einen vom gerechten Gott gestifteten Sinn, und die Menschenleere nach der Sintflut erscheint nicht als grausame Massenvernichtung, sondern als reinigender Schritt, durch den ein Neuanfang möglich wird. Heilsgeschichtlich also ist die Sache klar: Gott ist gut, Noah ist ein Auserwählter, und die Menschen haben es mit ihrer Freiheit vermasselt und mussen bis auf Noah und seine Familie vernichtet werden. Zwar gibt es bei den modernen Varianten der Erzählung vom Letzten Menschen keinen transzendenten Urheber all der atomaren, pandemischen oder klimatischen Katastrophen mehr – das Massensterben ist in der Moderne stets hausgemacht –, dennoch lauert auch in der noch so säkularen Selbstzerstörungsgeschichte das religiöse Motiv der gerechten Strafe oder der Rache der Natur, und am allerschwersten abzuschütteln scheint der versöhnliche Fluchtpunkt eines Neuanfangs nach der Katastrophe zu sein.

In Richard Mathesons Romanvorlage *I Am Legend* aus dem Jahr 1954 besteht der Neuanfang im Überleben einer dritten Menschengruppe jenseits der lichtempfindlichen, toten Vampire und jenseits des letzten nichtinfizierten Menschen, der historisch überholten »Legende« Robert Neville. Dieser dritten Art der lebenden Vampire, die mit Hilfe einer selbst entwickelten Pille trotz Infektion weiterleben und Tageslicht ertragen können, gehört die Zukunft – wobei auch sie wie der teuflisch humane Neville jede menschliche Lebensform außer ihrer eigenen auszurotten versucht. In der Verfilmung von 2007 allerdings wird dieser Sieg der ›zivilisierten‹ Vampire und überhaupt die Möglichkeit einer dritten Lebensform zurückgenommen: Der von Will Smith gespielte Virologe Neville opfert sich am Ende selbst und kann dabei ein Serum übergeben, mit dem das Überleben anderer, ›normaler‹ Menschen gesichert werden kann. Neville also erweist sich am Ende – wie in der biblischen Erzählung – doch nicht als Letzter Mensch, ein Neuanfang ist wenn auch nicht mit Hilfe Gottes, so doch mit Hilfe der Wissenschaft möglich, und die bösen Infizierten sprengt der Held gleich mit in die Luft. Im ursprünglich vorgesehenen Filmschluss, der auf Druck des Filmstudios geändert werden musste, wird zwar immerhin eine friedliche Koexistenz zwischen Infizierten und Immunisierten zugestanden, auch dabei aber kann der Film nicht darauf verzichten, dass es zur Beruhigung des angenommenen Publikums einen Neuanfang der Menschen im Indian Summer von Vermont gibt.

Allein die Tatsache, wie unterschiedlich der Schluss gestaltet wird, zeigt schon, wie offen der Erzählstoff ist und in welch unterschiedlichen Formen sich das Letzte immer wieder dagegen wehrt, das Letzte zu sein. Wie wird zum Beispiel die Frage des Bösen verhandelt, die in der biblischen Noah-Geschichte eindeutig geklärt ist? Wenn die Menschen nämlich sämtliche Positionen selbst besetzen müssen, auch die Position des massenvernichtenden Gotts, lässt sich zwischen dem Guten und dem Bösen keine klare Grenze mehr ziehen: Wir Menschen entwickeln vielleicht rettende Impfstoffe, genauso aber sind wir für atomare Verwüstung, Erderhitzung und verheerende Zoonosen verantwortlich. Und die Vampire oder Zombies sind als Infizierte zunächst mal keine Monster, sondern Opfer. Man könnte in der religiösen Erzählsprache auch von Verfluchten sprechen. Damit aber öffnen sich bereits wieder die nächsten Grenzen, denn ist der Letzte Mensch, ob im alles andere als heilsgewissen Alltag auf so einer öden Arche oder mutterseelenallein in London und New York, nicht auch selbst ein Verfluchter? Oder vielleicht, moderner gesprochen, ein Wahnsinniger, also alles andere als normal? Die Verlassenheit und Menschenleere womöglich nichts als Einbildung?

Viele Erklärungen gab es nicht. Eine Katastrophe war schuld. Aber wenn die Menschen etwa vor einem drohenden Angriff mit Nuklearraketen geflüchtet waren – wo blieben die Bomben? [...]
Ein Asteroideneinschlag. Jonas hatte Filme gesehen, in denen sich nach einem solchen Ereignis kilometerhohe Flutwellen landeinwärts wälzten. Waren die Leute davor geflüchtet? Etwa in die Alpen? Aber dann mußte irgendeine Spur von ihnen geblieben sein. Man konnte doch nicht eine Millionenstadt innerhalb einer Nacht evakuieren und nur ihn vergessen. Und das alles, ohne daß er es merkte.
Oder er träumte. Oder war wahnsinnig geworden.
[...] An Außerirdische, die jahrelang unterwegs waren, bloß um ausgerechnet alle Wiener bis auf ihn verschwinden zu lassen, glaubte er nicht. Er glaubte gar nichts von alldem.[5]

Und wir Leser von Thomas Glavinics Roman *Die Arbeit der Nacht* – was glauben wir? Welche Erklärungen fallen uns noch so ein, wenn da plötzlich ein fünfunddreißigjähriger Mann namens Jonas in Wien erwacht, und niemand ist mehr da? An welche Filme und Skripte ähnlicher Geschichten erinnern wir uns? Was könnte eine Erklärung dafür sein, dass es über die Stadt verteilt noch nicht einmal – wie zum Beispiel in der früheren Verfilmung von *I Am Legend*, in *The Omega Man* aus dem Jahr 1971 mit Charlton Heston in der Hauptrolle – jede Menge mumifizierter Leichen gibt? Denn auch bei so plötzlichen Massenvernichtungen wie in der Comicreihe und Serie *Y: The Last Man* oder in Howard Overmans Neuadaption von H. G. Wells' *Krieg der Welten* verschwinden die Toten ja nicht einfach. Die popkulturell nächstliegende Erklärung wäre, dass sich alle anderen wie in *28 Days Later* in Zombies verwandelt haben, so dass es nur eine Frage der Zeit ist, bis Jonas im Supermarkt oder an der Tankstelle von einem Untoten angefallen wird. Doch Glavinics Roman lässt diese anfängliche, vom Titel getriggerte Zombie-Erwartung genauso ins Leere laufen, wie er uns auch sonst mit unserem Wunsch nach Erklärungen allein lässt. Also vielleicht doch Traum oder Wahnsinn, und der träumende oder wahnsinnige Jonas hat in der von ihm errichteten Welt eben die Freiheit mit eingebaut, das Verschwinden aller Menschen nicht weiter erklären zu müssen? Erzähllogisch eine Stufe höher könnte es auch das Spiel eines Erzähler-Demiurgen sein, der dabei zuschaut, was mit einer Figur passiert, wenn man eine wichtige Variable des *world building* ändert und alle sozialen Mitspieler einfach weglässt.

Das Besondere an Glavinics Roman besteht darin, dass er die Setzung der Menschenleere am Anfang vornimmt, an keiner Stelle realistisch erklärt und bis zum Schluss – fast 400 Seiten lang – durchhält. Der erzählerische Normalfall ist ja wie gesehen, dass der Letzte Mensch letztlich doch nicht ganz allein ist: Noahs Arche muss man sich als dichtes Soziotop vorstellen, als Nukleus für ein besseres Zusammenleben in der Zukunft, und die visuell und akustisch beeindruckende Leere am Anfang von *28 Days Later* oder *I Am Legend* weicht nach wenigen Sequenzen ganz anderen Bildern: Will Smith hat wie Mary Shelleys Letzter Mensch immerhin einen Hund, ein paar andere Überlebende gibt es immer, und der Traum von der menschenleeren Welt gebiert hinter jeder Ecke Massen von Ungeheuern.

Ein anderes Szenario entwirft Cormac McCarthys Roman *The Road* aus dem Jahr 2006: Im Zentrum steht kein einzelner Letzter Mensch, sondern ein Letztes Menschenpaar, Vater und Sohn, die durch eine gottverlassene Landschaft Richtung Meer laufen. Die Welt, die hier entworfen wird, erinnert an die apokalyptischen Bilder der Bibel: »Und siehe, das Fruchtland war zur Wüste geworden und alle Städte waren zerstört.« (Jer 4, 26) Aber anders als im Rahmen der biblischen Eschatologie gibt es in McCarthys Roman keine Aussicht auf Erlösung. Worum es nur noch geht, ist Reste-Verwertung und die Bewahrung eines letzten Rests von Menschlichkeit. Das Trinken aus einer zufällig gefundenen Dose Coca Cola wird dabei – als Reminiszenz an die süßen, sprudelnden Jahre von Kapitalismus und Popkultur, deren gesamten technischen Schnickschnack man längst nicht mehr gebrauchen kann – zu einem kurzen, ephemeren Moment des Glücks:

Es schmeckt richtig gut, sagte er.
Ja.
Trink auch was, Papa.
Ich möchte, dass du es trinkst.
Trink auch was.
Er nahm die Dose, trank einen kleinen Schluck und reichte sie zurück.
Trink du es, sagte er. So lang bleiben wir einfach hier sitzen.
Weil ich nie mehr eine andere zu trinken kriege, stimmt's?
Nie mehr ist eine lange Zeit.
Okay, sagte der Junge.[6]

In einer Welt, in der man ohne Zukunft nur noch von übriggebliebenen Resten zehrt, wird der Mensch selbst zur Ressource. Den Letzten Menschen müssen bei McCarthy keine Zombies oder Vampire gegenübergestellt werden. Vielmehr wirken sie selbst wie »die wandelnden Toten in einem Horrorfilm«[7] und essen sich gegenseitig auf. Der Rest an Menschlichkeit besteht darin, wenigstens nicht zum Kannibalen zu werden und innerhalb der Sozialform einer auf die Vater-Sohn-Beziehung reduzierten Kleinfamilie feierlich altruistisch zu sein. In ihrem Buch *Zukunft als Katastrophe* hat Eva Horn diese kleinfamiliale Feierlichkeit als Sprachphänomen beschrieben: »McCarthys Dialoge feiern die gegenseitige Bestätigung von Vater und Sohn in permanenten Wiederholungen kürzester Formeln. Bewusst greift McCarthy dabei auf ziemlich abgedroschene Formeln zurück [...] – aber nur, um diese mit Sinn und Humanität *zu füllen*.«[8] Als Füllmaterial dienen dabei auch die Sprachreste der Heilsgeschichte, auch wenn diese für die Erzählung im Ganzen kein tragfähiges Fundament mehr liefert. Aber negative Metaphysik ist immer noch Metaphysik: »Wie Pilger in einer Sage« laufen Vater und Sohn mit ihrem umfunktionierten Einkaufswagen durch das verwüstete, aschebedeckte Land, »jeder die ganze Welt des anderen«. »Er wusste nur, dass das Kind seine Rechtfertigung war. Er sagte: Wenn er nicht das Wort Gottes ist, hat Gott nie gesprochen.«[9]

Im Unterschied zu Beckett geht es also bei McCarthy inmitten der Leere um die Füllung mit Sinn. Das mag vom Plot her gesehen ein aussichtsloses Unterfangen sein, da Zukunft als Sinnquelle ausgedient hat und der ganze zurückgelegte Weg der »Pilger« letztlich umsonst ist. Dennoch verweist das Feierliche der lakonischen Dialoge und der wiederkehrende hohe Ton darauf, dass hier immer noch an etwas geglaubt wird. Was dabei sprachlich immer wieder produziert wird, könnte man Leere-Kitsch nennen. Auch der zitierte Dialog über die Cola-Dose kippt in diesen Kitsch: Eigentlich wollen die kurzen, lakonischen Dialogzeilen schon optisch im Schriftbild viel Raum für die Leere lassen. Gerade deshalb aber entsteht beim Lesen auch das Gefühl des *too much*: Hätte man den Dialog nicht einfach nach dem »Ja.« abbrechen können? Kippt das zunächst Rührende der väterlichen Zurückhaltung nicht auch ins Nervige? Bei Dosen-Produkten jedenfalls war die Popkultur, was die Leere angeht, schon mal weiter.

Wiederum anders liegt der Fall bei H. G. Wells' Roman *The Time Machine*. Einerseits räumt der Roman bei der Schilderung einer menschenleeren Welt im Unterschied zu Glavinic oder McCarthy wirklich alles ab – nicht nur Menschen, Tiere, Pflanzen, Dinge, heilsgeschichtliche Reste oder Dialoge, sondern auch Töne und Farben:

Alle Töne der Menschen, das Blöken der Schafe, die Rufe der Vögel, das Summen der Insekten, die Unruhe, die den Hintergrund unseres Lebens bildet – das alles war vorbei. Mit tiefer werdender Dunkelheit fielen die trudelnden Flocken dichter und tanzten vor meinen Augen, und die Kälte der Luft wurde strenger. [...] Ich sah den schwarzen Schatten, der die Sonne verfinsterte, auf mich zustürzen. Im nächsten Moment waren nur noch die blassen Sterne zu sehen. Sonst herrschte lichtloses Dunkel. Der Himmel war vollkommen schwarz.[10]

Andererseits endet der Text der erzählten Geschichte bezeichnenderweise eben nicht mit diesem absoluten Endpunkt, sondern läuft danach noch einige Seiten weiter und schickt den Helden mit seiner Zeitmaschine erneut auf die Reise: zunächst zurück in die Gegenwart, wo der Held einer ungläubigen Abendgesellschaft seine verrückte Geschichte erzählt, und dann mit der Zeitmaschine – so die offene Frage im Epilog – entweder weiter zurück in die Vergangenheit oder wieder nach vorn in die Zukunft, aber wahrscheinlich nicht noch einmal ganz nach vorn ins vollkommene Schwarz.

Das Unglück der Selbstreferenz

Was *Die Arbeit der Nacht* nicht nur mit *I Am Legend*, sondern auch mit dem Schluss des bereits genannten Genre-Vorbilds, mit Mary Shelleys *The Last Man*, verbindet, ist die anthropologische Frage danach, was uns Menschen ausmacht. Die experimentelle Anordnung des Letzten Menschen soll die Frage klären, was von uns übrig bleibt, wie wir handeln, wie wir leben, was uns wirklich wichtig ist, wenn wir (fast) alles verloren haben: Die Variablen in diesem (nie restlosen) *Tabula-rasa*-Szenario sind die vorhandenen oder nicht mehr vorhandenen Standards der alten Kultur- und Konsumwelt, vor allem aber die Anzahl anderer Überlebender. Spannung entsteht vor allem durch die Suche nach weiteren Letzten Menschen oder durch die Konfrontation mit anderen Überlebenden. Ohne eine gewisse Dosis Alterität oder Differenz droht Langeweile – sowohl für die Figuren der Geschichte als auch für uns Zuschauer und Leserinnen. Auch in Glavinics Roman gibt es die Sehnsucht nach Differenz und nach Hinweisen auf »besondere Vorkommnisse«.[11] Wie aber soll es in einer Welt besondere Vorkommnisse geben, wenn wirklich niemand mehr da ist, der einen überrascht? Poetologisch gewendet: Wie kann man eine interessante, abwechslungsreiche, spannende Geschichte erzählen, wenn nichts Besonderes passiert? Denn das will Glavinics Roman ja durchaus und hat so gesehen nichts mit den Minimalismen der Moderne am Hut.

Wie in *I Am Legend* entsteht Dynamik schon allein dadurch, dass die Hauptfigur Jonas sich im menschenleeren Stadtraum bewegt und mit dem Auto von einem Schauplatz zum nächsten fährt. Spannung entsteht vor allem dadurch, dass Jonas immer wieder fremde Wohnungen und dunkle Innenräume betrit – und wir beim Lesen die (abwesenden) Zombies immer im Kopf haben. Das einzige Monster in dieser leeren Welt jedoch ist Jonas selbst, und wie in Goyas berühmtem Capriccio wird es im Schlaf, durch die »Arbeit der Nacht« produziert. Das Eigenleben dieses Doppelgänger- und Schlafwandler-Wesens, das »Der Schläfer« genannt wird, zeichnet Jonas mit einer Videokamera auf, wodurch weitere popkulturell vertraute Grusel- und Spannungseffekte entstehen, die man aus Schizophrenie-Geschichten wie *Dr. Jekyll & Mr. Hyde*, *Fight Club* oder *Lost Highway* kennt.

Vor allem durch das nächtliche Eigenleben des Schläfers kommt Differenz in die gleichförmige leere Welt. Als antagonistische Differenz hat sie eine narrative Funktion und sorgt wenigstens für eine gewisse Dosis der Action, für die in anderen Endzeitgeschichten die Kannibalen, Treibstoffkonkurrenten, Vampire oder Zombies zuständig sind. Immerhin zum Beispiel kann so ein Schläfer-Ich eigenmächtig in der Nacht ein Messer aus der Wand ziehen, die vorprogrammierte Kamera entfernen und sich selbst heimlich im Schlaf – »Ich bin es, nicht der Schläfer« – schmerzende Zähne ziehen, so dass der Jekyll-Jonas am nächsten Morgen mit einer blutenden Zahnlücke erwacht. Differenz ist so gesehen in einer menschenleeren Welt nur als *unheimliche* möglich und verweist nicht auf andere Subjekte, sondern immer nur selbstbezüglich auf den Letzten Menschen, mit Freud gesprochen: auf das »Heimliche-Heimische«, das »eine Verdrängung erfahren hat und aus ihr wiedergekehrt ist«.[12]

»Guten Morgen!«, ruft Jonas ganz am Anfang des Romans, und das bis zum Schluss ungelöste Problem besteht darin, dass es niemanden gibt, der diesen Sprechakt erwidern könnte. Die mit der Begrüßungsformel aufgerufene Struktur der Reziprozität, also einer nur durch Kommunikation und Resonanz erfahrbaren Anerkennung, läuft in Glavinics Roman von Anfang an ins Leere. Die tödliche Konsequenz dieser Leere ist schließlich Jonas' Selbstmord durch den Sprung vom Stephansdom. Wenn Liebe die wechselseitige Erfahrung von Anerkennung ist, wäre sie eine rettende Alternative – aber ist Jonas' »I. l. d.« am Ende seiner ersten SMS an Marie nicht selbst schon so leer wie die Welt um ihn herum? Etwas nüchterner könnte man mit dem Soziologen und Systemtheoretiker Dirk Baecker sagen: Was Jonas fehlt, ist nicht Liebe, sondern Perspektivendifferenz. *Die Arbeit der Nacht* ist ein Roman über das »Unglück der Selbstreferenz«, das darin liegt, dass ich meine Vorstellungen nicht mit sich unterscheidenden Vorstellungen anderer vergleichen und überprüfen kann. Für Dirk Baecker ist diese Perspektivendifferenz das Einzige, an das wir uns halten können. Es gibt weder Sicherheit in der Welt da draußen – ein Ding an sich, einen Stein der Weisen – noch Sicherheit in meinen Beobachtungen, Annahmen und Vorstellungen. Worum es stattdessen geht, sei es methodisch kontrolliert in den Wissenschaften oder ganz alltagspraktisch beim Streit mit der Freundin, sind fortwährende Unterbrechungen, Irritationen, kleine Gewissheitslücken, minimale Distanzen zum scheinbar Selbstverständlichen, bei denen wir zwischen unterschiedlichen Formen der »Wirklichkeitsproduktion« wechseln: Dieses »Hin- und Her-Wechseln« ist es, »das die einzige Sicherheit, die einzige wirkliche mögliche Sicherheit in Ihr Leben bringt. Sonst gibt es da gar nichts.«[13] So gesehen ist *Die Arbeit der Nacht* – anders als Flaubert sich das dachte – ein Buch über nichts.[14]

Paare in der Wüste

Die Kamera folgt einem schnell fahrenden Yellow Cab durch die weiße Salzwüste bei Salt Lake City. Schnitt, Supertotale von oben: Das winzig kleine gelbe Taxi fährt vom unteren Bildrand durchs Weiß nach oben. Schnitt, erneut Supertotale von oben: Das Taxi, schon etwas größer, fährt vom rechten Bildrand in die Mitte des weißen Bildes. Schnitt, Großaufnahme: Die gelbe Taxitür öffnet sich, zwei nackte Füße berühren nacheinander den körnigen Salzboden der Wüste. Schnitt, wiederum Totale von oben: Eine Person steigt aus dem gelben Taxi und bewegt sich oberhalb des Taxis im Weißraum, eine zweite Person steigt auf der anderen Seite aus und bewegt sich unterhalb des Taxis im Weißraum. Schnitt, Totale von vorn: Eine Frau und ein Mann stehen auf dem weißen Salzboden, zwischen ihnen das Schatten werfende gelbe Taxi mit ebenfalls ausgestiegenem Fahrer, im Hintergrund ein Bergkamm.

Der Film *Der 32. August auf Erden* aus dem Jahr 1998 des damals noch unbekannten Regisseurs Denis Villeneuve erzählt die Geschichte von Simone und ihrem besten Freund Philippe. Nach einem schlimmen Autounfall beschließt Simone, auf ein Versprechen zurückzukommen, das sie und Philippe sich einmal gegeben haben: Wenn sie vor ihrem 30. Geburtstag niemanden findet, mit dem sie ein Baby haben will, dann soll Philippe ihr als Freund ein Baby machen, ohne Verpflichtung für ihn als Vater. Das Problem an der Sache: Philippe war immer schon in Simone verliebt und hat es ihr nie gesagt. Obwohl er durch seine unglückliche Liebe in eine längere Depression gestürzt ist, die er einigermaßen überstanden hat, und er mittlerweile eigentlich mit einer anderen Frau zusammen lebt, lässt er sich auf Simones Wunsch ein – unter der Bedingung, dass sie in einer Wüste miteinander schlafen. Die Wahl fällt auf die Salzwüste in Utah. Nachdem der Taxifahrer sie vom Flughafen in die Wüste gefahren hat, bitten sie ihn, sie für eine Stunde allein zu lassen. Da sitzen sie dann also, mitten in der endlosen weißen Weite, sie mit ihrer Angst vor dem Tod und dem Kinderwunsch, er nach all den Jahren immer noch unsterblich in sie verliebt. Sie sitzen mit Abstand voneinander auf dem harten Salzboden bei strahlend blauem Himmel, und die gleißend helle, leere Wüste macht beide in diesem Moment sehr glücklich ...

Jean Baudrillard stellt in seinem Buch *Amerika* »désir« und »désert«, Begehren und Wüste, gegeneinander. Die amerikanischen Wüsten löschen ebenso wie die endlosen, gesichtslosen Städte Kaliforniens jedes Begehren aus. Die große Salzwüste bei Salt Lake City gleicht nicht zufällig einer »unbefleckten Oberfläche«[15], ideal für Geschwindigkeitsrekorde mit Versuchsrennwagen, nicht aber für den ersten Sex zweier komplizierter Menschen. Und doch gibt es immer wieder Filme, die von Sex und Begehren in der Wüste erzählen. Analog zum Topos vom Letzten Menschen gibt es auch den Topos vom Letzten Paar, das sich in der Wüste zu lieben versucht und das dabei auf das Erste Paar, auf Adam und Eva, verweist. Kein Wunder also, dass die Wüste zumindest für Augenblicke als Paradies erscheinen kann. Auf jeden Fall gilt auch für die Sand- und Salzwüste das, wovon schon in Bezug auf die Eiswüste bei Edgar Allan

Poe die Rede war: Der leere Raum der Wüste, für Baudrillard ein »irreferentielle[r]« Ort, der uns die »Faszination des Nichtsinns« entdecken lässt[16], ist als kultureller Raum immer auch ein Raum voller Zeichen und Projektionen.

In dem Wüstenfilm *Twentynine Palms* von Bruno Dumont zum Beispiel drängen sich die immer gleichen Bilder psychopathischer Serienkiller auf, und wenn es am Ende tatsächlich zu Vergewaltigung, Mord und Selbstmord kommt, entlädt sich dabei eine Gewalt, die schon vorher in den langen Einstellungen und heimlich-heimischen Amerika-Bildern lag. Die Wüste ist für Dumont aber nicht nur ein Ort des Horrors, sondern ein faszinierender Raum ambivalenter Bilder:

Die sexuelle Beziehung in *Twentynine Palms* ist heikel, sie ist orgiastisch und wild. Die Wüste ist […] das Paradies, der Ursprung der Leidenschaft, des Begehrens, der Liebe. Und zugleich ist es ein feindseliger Ort. Ihm wohnt etwas Verdorbenes inne. Diese Doppeldeutigkeit finde ich großartig. Nirgendwo sonst spürt man, wie untrennbar Liebe und Tod miteinander verknüpft sind.[17]

Auch in Villeneuves *Der 32. August auf Erden* stoßen Simone und Philippe auf ihrem Weg durch die Wüste auf eine verweste Leiche (wie ja ohnehin mit Simones Autounfall das Todesmotiv von vornherein gesetzt ist). Dennoch überwiegt bei Villeneuve eher die Hoffnung auf Liebe. Nie hat man beim Zuschauen das Gefühl, dass dem sympathischen Paar in der Wüste etwas Schlimmes zustoßen könnte. Und nach der Rückkehr kann Philippe endlich wenigstens per Brief seine Liebe gestehen. Was Villeneuve über seinen Film *Dune* sagt, gilt so gesehen auch für seinen früheren Film: »Für mich ist die Wüste ein Ort der Introspektion. Mich fasziniert die Idee, dass man, je mehr man in ihr voranschreitet, umso tiefer in sich selbst vordringt. Der Raum wird zur Metapher einer inneren Reise.«[18]

Bei menschenleeren Wüstenbildern gibt es aber auch die Gegenbewegung zu solchen metaphorischen Aufladungen und Heldenreisen: der Blick auf Flächen statt in die Tiefe irgendwelcher Bedeutungen. Noch einmal Bruno Dumont:

Twentynine Palms ist ein Experiment, der Versuch, ein Kino zu machen, das sein eigenes Sujet zerstört. Bei der Malerei hat mich immer interessiert, wie sie das Motiv überwindet, um zum Kern vorzustoßen. Cézanne hat über fünfzigmal die Montaigne Sainte-Victoire gemalt. Und warum auch nicht? Das Motiv hat keine Bedeutung. Was den Betrachter fasziniert, sind Cézannes Sinneseindrücke, seine Empfindungen. Und mir geht es auch nur um meine Wahrnehmung der Welt. Die Welt an sich ist mir egal.[19]

Auch im Film des 21. Jahrhunderts also ist die Moderne nicht einfach tot, wird von einem experimentellen Kino geträumt, das sich von den eigenen Sujets und Figuren emanzipiert, einem Kino, das weniger erzählen als malen will. Interessant an Dumonts Vergleich mit Cézanne ist dabei vor allem das Serielle von Cézannes Methode, sein Kreisen um das immer gleiche Motiv, wodurch es in seiner Bedeutung entleert und die Aufmerksamkeit auf den Malvorgang selbst gerichtet wird.

Die Leere der Wüste scheint besonders geeignet, sich einer Art filmischem Travelling ohne Gegenstand und Ziel zu überlassen.[20] In Gus Van Sants Wüstenfilm *Gerry* beispielsweise wollen die beiden Protagonisten zwar anfangs noch auf einem steppenartigen Gelände zu einem »thing« laufen. Schnell aber geben die beiden ihr Ziel auf, von dem ohnehin nie klar war, worin es überhaupt besteht, und mit dem orientierungslosen Herumirren seiner Figuren in unterschiedlichen Wüstenlandschaften kann sich auch der Film selbst ganz dem »nothing« der Leere zuwenden. Worum es bei Van Sant also wie bei Ozu oder Antonioni geht, ist die Darstellung leerer, handlungsfreier Zeit.

Aber auch die schönsten Zeit-Bilder von Wüsten- und Steppenlandschaften entkommen den Ambivalenzen der Leere nicht. Unerträglich ideologisch zum Beispiel ist der schöne Schein der Leere in dem preisgekrönten Film *Nomadland*. Was der Film aufruft, ist das alte Narrativ einer menschlichen Freiheit, die sich in der Grenzenlosigkeit amerikanischer Prärien und Landstraßen spiegelt und nur am Rand der Gesellschaft wirklich zu sich selbst kommen kann. Was die von Frances McDormand gespielte Frau, die ihren Mann und ihr Haus verloren hat, für diese Freiheit benötigt, ist lediglich ein eigener Campingwagen und ein bisschen freundschaftliche Wärme auf abgelegenen Campingplätzen. Um sich Benzin und Nahrungsmittel leisten zu können, arbeitet sie als Tagelöhnerin und Saisonarbeiterin für Amazon, in Fast-Food-Restaurants oder in der Zuckerrüben-Industrie – auf die Win-win-Situation steuerbefreiter Minijobs ist im heutigen Kapitalismus eben Verlass. Das Geld für teure Reparaturen kommt von der Mittelklasse-Schwester an der Küste, die noch ein Haus und einen Mann hat und in Frances McDormand eine bewundernswerte Nachfolgerin der alten amerikanischen Pioniere sieht. Das Problem ist, dass der ganze Film im Zeichen dieser Bewunderung steht – einer Bewunderung, die sich dann auch auf das Kinopublikum der Mittelklasse und die Oscar-Academy übertragen hat. Was aber bewundert man da eigentlich? Die tollen Jobs bei Amazon? Das apolitische *cocooning* im Campingwagen? Bei aller Schönheit und Würde inmitten der Armut – Leere bedeutet in *Nomadland* vor allem die neoliberale Abwesenheit des Staates. Freundschaft am Lagerfeuer ersetzt den Klassenkampf. Und weil zur Freiheit am Lagerfeuer auch eine bittersüße *loneliness* gehört, bedeutet der schöne Schein der Leere – 50 Jahre nach Antonionis *Zabriskie Point* – die konsequente Abwesenheit von Sex.

Terra nullius

»Sunny Dunes Land Development Company«, so heißt die Firma in *Zabriskie Point*, die auf dem leeren Boden der Wüste moderne Wohnanlagen errichten will. Der in Antonionis Film gezeigte Werbefilm mit sachlichen Modellhäusern und fröhlichen Menschenpuppen aus der weißen Mittelklasse verspricht gute Wüstenluft abseits der Großstadt, und bei der Puma-Jagd oder auf dem bewässerten Golfplatz kann sich der Hauskäufer wie ein Pionier des Wilden Westens fühlen. Landnahme also, Hausbau und Besiedelung, darin liegen gerade in Amerikas Westen die klassischen Projektionen, die durch leere Flächen ausgelöst werden. Die Projektion der freien Liebe im Wüstensand steht dieser ökonomischen Projektion diametral entgegen. Das Symbol der Wüstenbebauung in Antonionis Film ist die Villa, in die der Chef von »Sunny Dunes« die junge Hauptfigur Daria einlädt. Diese Villa gibt es wirklich, so wie es die Luxus-Resorts und Golfplätze in wasserarmen Regionen nicht nur in schlechten Werbefilmen, sondern überall auf der Welt in Wirklichkeit gibt. Antonioni ließ ein Modell des sich an den Berg anschmiegenden Hauses nachbauen, um es für den berühmten Schluss des Films, von dem bereits die Rede war, aus unterschiedlichen Perspektiven in die Luft zu sprengen.

Die Gewalt, die sich dabei entlädt, ist eine nachvollziehbare Reaktion auf die Polizeigewalt des Staates. Hinter der Gewalt im Kalifornien der Jahre um 1970 verbirgt sich aber noch eine ganz andere, ältere Gewalt, auf die auch Baudrillard verweist, wenn er über die Wüste schreibt:

Selbst die Indianer mußten erst vernichtet werden, damit eine die Anthropologie überragende Vorzeit sichtbar wird: eine Mineralität, Geologie, Gestirnhaftigkeit, eine unmenschliche Künstlichkeit und Trockenheit, die die künstlichen Gewissensbisse der Kultur verjagt und eine Stille einziehen läßt, die es nirgendwo anders gibt.[21]

Hinter der Leere des amerikanischen Westens, dem vor allem im Kino viel beschworenen »Weiten Land«, der Schönheit und Erhabenheit der Wüsten und Prärien, verbirgt sich also nichts anderes als ein Genozid. Die kolonialistische Wahrnehmung eines Landes als leer ist von der Praxis der Vernichtung gar nicht zu trennen. Der Begriff, mit dem sich diese Praxis ihr eigenes, selbst gesetztes Recht gibt, lautet: *terra nullius*. Bezeichnet wird damit ein Land, »das nach der Bestimmung des römischen Bodenrechts niemandem gehört, das herrenlos und noch unbearbeitet ist«. Es lässt sich deshalb »als Leere, Abwesenheit, Wüste oder weißer Fleck verstehen und in eine Aufforderung übersetzen: expandieren, entdecken, erobern, das Abwesende anwesend zu machen, von diesem Land Besitz zu ergreifen, es zu beherrschen und zu bearbeiten«.[22]

Viele indigene Bevölkerungsgruppen sind eben deshalb für das neuzeitliche Völkerrecht »niemand« und das von ihnen besiedelte Gebiet ein »Niemandsland«, weil das Besitzrecht auf Land von seiner ›Kultivierung‹ abhängt. Wer nomadisch herumzieht oder der Natur nur das Nötigste entnimmt, wer das Land brach liegen lässt und keinen Ackerbau betreibt, hat kein Recht auf die Gebiete, in denen er sich bewegt. Zu Eigentum wird etwas nach dem englischen Philosophen John Locke nur dadurch, dass es dem natürlichen Zustand entzogen wird, indem man ihm etwas hinzufügt, was einem selbst eigen ist. Etwas wird zu etwas Eigenem nur dadurch, dass wir etwas daraus *machen*. »Wer nichts produziert«, so Dorothee Kimmich in ihrem Buch *Leeres Land*, »gleicht einem wilden Tier und ist daher besitzrechtlich nicht zu berücksichtigen.«[23] Mehr noch: Einen solchen »Niemand« kann man selbst jagen und vernichten, weil er außerhalb des durch Eigentum und Arbeit definierten Kulturraums steht. Oder man kann ihn wie ein wildes Tier zu zähmen versuchen und ihm das Arbeiten beibringen. Das Land ist dann aber bereits verteilt.

Im 20. Jahrhundert gab es allerdings kein leeres, zu eroberndes Land mehr, das vom europäischen Arbeits- und Produktionsparadigma ausgenommen und völkerrechtlich verfügbar war. Auch der nordamerikanische »Wilde Westen« jenseits der Frontier hatte spätestens mit der

Auflösung eines zugestandenen Indianerterritoriums 1890 kein verheißungsvolles Niemandsland mehr zu bieten. Die einzige verbliebene *terra nullius* im herkömmlichen Sinne war im 20. Jahrhundert noch die Antarktis. Folglich war auch die sich über Jahrhunderte erstreckende Zeit des alten Kolonialismus mit seinen völkerrechtlichen Regelungen und Konstruktionen leerer Länder vorbei. »*nullus*« jedoch, so die Rechtshistorikerin Cornelia Vismann, »hat noch jedes ›-los‹ angenommen, das man ihm aufgebürdet hat: herrenlos, glaubenslos, rechtlos, staatenlos«.[24] Wenn es nicht mehr um völkerrechtliche Begriffs- und Ideologiebildung geht, so Vismann, »ist der Raum frei für einen metaphorisch hoch aufgeladenen Diskurs vom ›Niemandsland‹«.[25] Für eine totalitäre Ideologie wie den Nationalsozialismus zum Beispiel wird dann im Grunde alles zu einem Niemandsland, das es zu erobern und rassistisch zu ›säubern‹ gilt. Die gesamte Welt außerhalb des eigenen Herrschaftsgebietes wird in eine *terra nullius* verwandelt, die keinerlei Rechte hat. Und bei aller Eroberung und Bereicherung geht es dabei vor allem um eines: um Vernichtung. Die Dynamik der Vernichtung verwandelt aber nicht nur die Kriegsgebiete und Lager in Niemandsländer, in denen Millionen Menschen missbraucht und ermordet, in Massengräbern verscharrt oder verbrannt werden. Vielmehr schlägt die Logik der Vernichtung auch auf das sich durch Angriffskrieg vergrößernde ›eigene‹ Territorium zurück und hinterlässt auch in der sogenannten Heimat, weitab von den Lagern und Frontlinien, eine nie gesehene Verwüstung voller Ruinen und leerer Herzen, die unfähig zu trauern sind.[26] Die größenwahnsinnige Architektur der Nazis mit ihren Paradeplätzen, Autobahnen und marmornen Hallen führt die Leere dieser *terra nullius* genauso vor Augen wie der Rauch, der aus den Krematorien aufsteigt. Der Schriftsteller Franz Mon hat die Vernichtungs- und Selbstvernichtungslogik, die sinnlos um ein leeres Zentrum kreist, folgendermaßen beschrieben:

Die Lüge, an die einer glaubt: ist sie auch für ihn Lüge? – Vielleicht das Sprachphänomen unseres Jahrhunderts. – Weil er ahnt, dass sein Geglaubtes nicht haltbar ist, muss er durch Handlungen (sich) beweisen, dass die Wahrheit, und das heißt hier immer: die historische Realität, auf seiner Seite ist. Daraus sind die absurden, überdimensionalen Katastrophen entstanden, und nicht erst in unserem Jahrhundert. Die selbstgemachten Debakel beweisen die Wahrheit von Lügen.[27]

Auch Theodor W. Adorno hat darauf hingewiesen, dass es »ja sehr oft so [sei], daß Überzeugungen und Ideologien gerade dann, wenn sie eigentlich durch die objektive Situation nicht mehr recht substantiell sind, ihr Dämonisches, ihr wahrhaft Zerstörerisches annehmen«.[28] Gerade aus den Entleerungen und Substanzverlusten der Moderne folgt ein fanatischer, autosuggestiver Glaube ohne jede Toleranz oder Perspektivendifferenz, »der viel bösartiger ist als alle beschränkte Orthodoxie von dazumal, weil er sich selbst nicht ganz glaubt«.[29] Und weil sich der Glaube selbst nicht ganz glaubt, muss die Leere der haltlosen Ideologie immer wieder neu mit selbst geschaffenen Tatsachen und Gewaltakten gestopft oder kaschiert werden. Einzig der restlose, globale Triumph der Ideologie durch die Eliminierung sämtlicher Beweise der eigenen Leere und Lüge könnte die Ahnung der eigenen Haltlosigkeit vielleicht ebenfalls eliminieren. Man ist also verdammt zur totalen Weltherrschaft – oder zum totalen Untergang. Tertium non datur.

Das Ende von allem

Vom totalen Untergang haben nicht nur die Nazis geträumt. Sintflut und Pest, Außerirdische und Kometen – globale Vernichtung und die fast vollständige Auslöschung der Menschheit gibt es als Szenario in zahllosen Geschichten vom Weltuntergang.[30] Totale und globale Vernichtung als Menschenwerk aber ist ein Szenario, das erst mit dem Atomzeitalter Einzug ins Erzählen hält. Erst mit der Atombombe ist es denkbar geworden, dass wir selbst uns als Ganzes restlos auslöschen. »An die Stelle der, omnipotenzbezeugenden, *creatio ex nihilo*«, so Günther Anders in seinem 1956 erschienenen Buch *Die Antiquiertheit des Menschen*, »ist deren Gegenmacht getreten: die *potestas annihilationis*, die reductio ad nihil – und zwar eben als Macht, die in unserer eigenen Hand liegt. [...] Da wir die Macht besitzen, einander das Ende zu bereiten, sind wir die *Herren der Apokalypse*.«[31]

Von *Das letzte Ufer* bis *The Day After*, von *Threads* bis *Chernobyl*: Die Liste von Filmen und Serien über nukleare Katastrophen ist endlos, auch wenn dieses Katastrophenszenario, bei dem die Menschen und nicht Götter, Kometen oder Außerirdische die Herren der Apokalypse sind, seit den Umbrüchen in Osteuropa in den später Achtziger- und frühen Neunzigerjahren eher in den Hintergrund getreten und Themen wie Klimawandel oder Pandemie gewichen ist. Natürlich wird bei einem lokalen Super-GAU mit globalen Folgen wie in Tschernobyl nicht die ganze Menschheit ausgelöscht, und natürlich wird auch bei nuklearen Katastrophen aus dramaturgischen Gründen auf den Topos vom Letzten Menschen, von den Letzten Überlebenden zurückgegriffen, die Zerstörung und Menschenleere ist also in den Filmen, Büchern und Computerspielen nie restlos und total. Dennoch geht es wie bei den biblischen Weltuntergangsgeschichten ums Ganze. Die Perspektive ist global und planetarisch. Und angesichts von nach wie vor über 13000 Atomwaffen weltweit, die die gesamte Weltbevölkerung mehrfach vernichten könnten (»Overkill«), betrifft die militärische Nutzung der Atomtechnik – auch im 21. Jahrhundert und politisch spürbar spätestens wieder seit Putins Überfall auf die Ukraine – potentiell das Ganze. Mit einem Satz von Günther Anders gesagt, der das historisch Neue des Atomzeitaltes markiert und sich radikal unterscheidet von dem Satz, dass alle Menschen sterblich sind: »Die Menschheit als ganze ist tötbar.«[32]

Allerdings ist es mit der Souveränität der angeblichen Herren der Apokalypse in all den erfundenen nuklearen Vernichtungen nicht weit her. In der HBO-Serie *Chernobyl* etwa wirken die Entscheidungsträger, die mitverantwortlich für die Katastrophe sind, von Anfang an ziemlich kläglich, und wenn dann der rote AZ-5-Knopf für die Notabschaltung nicht nur nicht funktioniert, sondern alles nur noch schlimmer macht, liegt das daran, dass die Herren der Apokalypse vorher wie alle Herren einfach nur Geld sparen wollten und – ein wiederkehrender Topos in modernen Katastrophen-Geschichten – die warnenden Hinweise der Wissenschaft ignoriert und zensiert haben.[33]

Auch bei Pandemien und beim Klimawandel geht es insofern ums Ganze, als alle Staaten und Gesellschaften der Erde betroffen sind und das Klima als metereologische Durchschnittsgröße auf der Grundlage globaler Messungen per se die ganze Erde umfasst. Auch der Begriff des Anthropozäns verweist darauf, dass der ungeheure Ressourcen- und Energieverbrauch seit der industriellen Revolution nicht nur globale Wirtschafts-, Sozial- und Kulturgeschichte, sondern auch Erdgeschichte schreibt – eine Geschichte allerdings, die keine Zukunft hat, da global wachsender Verbrauch mit Folgen wie Erderhitzung, Artensterben, Wasserknappheit und Verwüstung irgendwann auf natürliche Grenzen des Wachstums stößt und in dynamischen, komplexen Systemen wie dem des Klimas zu irreversiblen Kipppunkten führt. Anders gesagt: Wenn das

Anthropozän durch das globale Ausmaß unseres Stoffwechsels mit der Natur definiert und dieses Ausmaß nicht zukunftsfähig ist, bezeichnet es schon vom Begriff her eine Epoche, die zum Untergang verurteilt ist. Wird im Anthropozän aber auch die »Menschheit als ganze« untergehen? Natürlich nicht. Erstens ist ja nicht ausgeschlossen, dass es einen noch rechtzeitigen, politisch geregelten Ausstieg aus den Wachstumsdynamiken gibt, die die Menschheit zu einem ihre eigenen Lebensbedingungen zerstörenden erdgeschichtlichen Faktor machen. Zweitens aber wäre selbst innerhalb einer unfreiwilligen, chaotischen Postwachstumswelt, deren Durchschnittstemperatur weit mehr als zwei Grad über dem vorindustriellen Niveau läge, in der der Aralsee ausgetrocknet, die Niederlande überflutet, der arktische Permafrost getaut, der indonesische Regenwald abgeholzt, Ghana mit Elektroschrott, Linfen und Tianying in China mit Arsen und Blei verseucht und der Kongo mit seinen Erzminen für unsere Akkus geplündert wäre, die Menschheit als ganze ja nicht einfach ausgerottet und die Erde nicht vollständig »wüst und leer«.

Hans Magnus Enzensberger hat schon 1978 in seinen *Bemerkungen zum Weltuntergang* darauf hingewiesen, dass uns unter anderem die Vorstellung vom Weltuntergang als einer Angelegenheit abhanden gekommen sei, »von der alle miteinander gleichzeitig und ausnahmslos betroffen sein würden«. Der Untergang ist »kein Gleichmacher mehr, im Gegenteil. Er ist von Land zu Land, von Klasse zu Klasse, von Ort zu Ort verschieden; während er die einen ereilt, betrachten die andern ihn auf dem Fernsehschirm. Es werden Bunker gebaut, Gettos eingemauert, Festungen errichtet, Leibwächter engagiert, im großen wie im kleinen.« Der sogenannte Weltuntergang geht also mit großen Ungleichzeitigkeiten einher; »seine afrikanischen und indischen Versionen werden von denen, die er nicht ereilt, einschließlich der afrikanischen und indischen Regierungen, mit einem Achselzucken übergangen. Spätestens an diesem Punkt hat der Jux ein Ende.«[34]

Vielleicht aber fängt der »Jux« mit solchen Ungleichzeitigkeiten überhaupt erst richtig an. Denn im Anthropozän, dessen Kipppunkte niemand genau vorhersagen oder errechnen kann, wird in den privilegierten Gettos die Angstlust angesichts zunehmender Katastrophen immer größer und besteht – anders als es die Ungleichzeitigkeiten und sozialen Ungleichheiten nahelegen – in immer perfekter inszenierten Untergängen ›ganzer‹ Welten. Der Weltuntergang als »Ware wie jede andere« – so lautete Enzensbergers nüchterne Diagnose vor fast fünfzig Jahren.[35] Seither aber gibt es vor allem mit den global verbreiteten Streaming-Plattformen nicht nur einen immer größeren Hunger nach Strom für all die Server und Endgeräte, sondern auch einen immer größeren Hunger nach totalem Kollaps und weltweiter Katastrophe in unseren Köpfen. Gibt man auf Netflix den Suchbegriff »Apokalypse« ein, spucken einem die Algorithmen der Plattform mit Titeln wie *Dawn Of The Dead*, *I Am Legend* oder *Don't Look Up* unzählige Treffer aus. Bei den gefeierten Computerspielen der letzten Jahre, bei *Death Stranding* etwa oder *The Last Of Us*, ist das postapokalyptische Setting fast schon selbstverständlich. Und bei einem Erfolg wie *The Last Of Us* folgt dann auf das Spiel auch die entsprechende Serie.

Natürlich dient der ganze Erzählaufwand nicht einfach dem Zweck, dass wir uns, mit Günther Anders gesagt, besser vorstellen können, was wir herstellen[36]; und erst recht stellen wir nicht durch die Zuspitzung der Katastrophe die Weichen im Hier und Jetzt anders. Im Gegenteil: Das Hier und Jetzt im kapitalistischen Norden, mit Chipstüte, Strom aus der Steckdose und Highspeed-Internet, wirkt im Vergleich zu einer gruseligen Welt voller Mutanten und Kannibalen eigentlich ganz gemütlich. Wir werden deshalb durch den Katastrophenkonsum weder sonderlich berührt noch politisch aktiviert: »Wir *lassen untergehen*. Denn die Desaster stoßen ja *anderen* zu.«[37]

Wenn die Bedrohung von außen kommt, also etwa wie bei *Don't Look Up* von einem Kometen oder wie bei *Krieg der Welten* von Außerirdischen, muss man ohnehin keinen Bezug zum eigenen Wohlstandsleben herstellen. Auch Pandemien, selbst wenn sie in irgendwelchen Rückblenden kurz als hausgemacht entlarvt werden, wirken in den meisten Filmen und Serien eher wie Naturkatastrophen: Mit der eigenen Lebensform haben sie nichts zu tun, und irgendein Überlebender findet sich immer, der immun ist und für Licht am Ende des Tunnels sorgt. Auch die Zeiten, als eine Katastrophe noch als »Metapher für den Zusammenbruch des Kapitalismus«[38] verstanden wurde, sind längst vorbei – es sei denn, die Marktforschung ermittelt eine ausreichend große antikapitalistische Zielgruppe, die auf solche Metaphern mitten im Kapitalismus steht. In der Regel aber gilt, dass wir uns eher das Ende der Welt als das Ende des Kapitalismus vorstellen können.[39]

Das ästhetische Problem an den meisten Dystopien ist nicht der »Jux« und das Unpolitische, auch nicht der Waren- und Seriencharakter. Das Problem ist eine auf Dauer unbefriedigende Gegenläufigkeit von Form und Inhalt. Dafür, dass inhaltlich so schwere Geschütze aufgefahren werden und so viel kaputtgeht, sind die Erzählformen meist erstaunlich stabil und konventionell. Je disruptiver die Katastrophe, desto vorhersehbarer das Erzählen. Je unbewohnbarer die postapokalyptische Welt, desto bewohnbarer die Serien-Struktur mit ihrem verlässlichen Personal.[40]

Aber auch wenn das gesamte Personal abgeschafft, also wirklich totale Menschenleere imaginiert wird, ändert das nichts an der Sicherheit einer uralten Institution: der des gottgleichen Erzählers, der einfach mal durchspielt, wie es wäre, wenn … Die *armchair*-Haltung dieses Erzählers korrespondiert dann mit unserer eigenen beim Lesen eines Buchs wie Alan Weismans *Die Welt ohne uns*, in dem plausibel ausgemalt wird, wie in einer menschenleeren Welt zum Beispiel unsere Häuser durch die Einwirkung von Wasser, Sonne und Wind, von Nagetieren und Insekten, Bakterien und Pilzen immer mehr zerfallen; wie hartnäckig sich unsere wunderbaren hinterlassenen Kunststoffe dem natürlichen Abbau durch Mikroorganismen widersetzen; oder wie das von uns genutzte spaltbare Material aus Plutonium und Uran viele tausend Jahre nach uns noch weiterstrahlt und weiterhin lebende Zellen beschädigt.[41] Schon Adorno hat den performativen Selbstwiderspruch aufgespießt, der darin besteht, dass »das Gruseln vorm Weltuntergang mit dem angenehmen Gefühl [einhergeht], auf philosophisch gesichertem Boden zu stehen«.[42]

Auch die Astrophysikerin Katie Mack steht auf irritierend sicherem Boden, wenn sie in ihrem Buch *Das Ende von allem* die fünf interessantesten Weltuntergänge präsentiert. Wobei mit Weltuntergang nicht die sichere Zerstörung der Erde in etwa fünf Milliarden Jahren durch die zu einem Roten Riesen anschwellende Sonne gemeint ist, bei der von unserem blauen Planeten nur noch ein verkohlter Gesteinsbrocken übrigbleibt. Mit Weltuntergang meint Katie Mack nichts Geringeres als das Ende des Universums insgesamt. Sie nennt ihr Forschungsgebiet »kosmische Eschatologie«.

Szenario 1 besteht darin, dass sich die Expansion des Universums irgendwann zurückbildet und schließlich in einem »Big Crunch« zum vollständigen Kollaps führt. Dabei kollidieren nicht nur Galaxien, sondern schon vor den Kollisionen werden durch die Gesamtstrahlung aller Sterne und hochenergetische Teilchenfontänen Nuklearexplosionen auf den Sternen ausgelöst, die sie zerreißen, und die Strahlungsintensität all dieser zerreißenden, explodierenden Sterne wird auf allen Planeten des Universums dazu führen, dass nichts und niemand überlebt.

Szenario 2 besteht gerade umgekehrt darin, dass die Expansion des Universums sich nicht nur nicht zurückbildet, sondern sogar beschleunigt. Was dabei entsteht, ist ein sogenannter *De Sitter-Raum*, in dem »alle Sterne ausgebrannt, alle Teilchen zerfallen und alle schwarzen Löcher verdampft sind«.[43] Wenn es so etwas wie absolute Leere gibt, dann im sich fortwährend ausdehnenden *De-Sitter-Raum*. Am Ende wird dann ein Zustand maximaler Entropie erreicht sein und das Universum einen sogenannten »Wärmetod« sterben. »Wärmetod« bedeutet, dass es keine Energiegefälle mehr gibt, ein Zustand völliger energetischer Indifferenz. Ohne Energiegefälle aber, ohne zunehmende Entropie, ist kein Leben, sind keinerlei Strukturen oder Maschinen mehr möglich, die Formen von Stoffwechsel betreiben oder Arbeit verrichten.

Szenario 3 ist der »Big Rip«. Katie Mack versteht darunter die »Apokalypse der Dunklen Energie«.[44] Während beim »Wärmetod« die Dunkle Energie eine kosmologische Konstante darstellt, die für eine Art kosmischen Unterdruck und dadurch für die permanente Ausdehnung des Universums sorgt, liegt dem Szenario des »Big Rip« die Annahme zugrunde, dass die Dunkle Materie nicht konstant ist. Anders als beim »Wärmetod« liegt der Quotient w aus Druck und Energiedichte nicht konstant bei -1, sondern ist kleiner -1. Diese scheinbare mathematische Kleinigkeit hat zur Folge, dass die Expansion des Universums nicht einfach zur maximalen Entropie führt, sondern alles zerreißt. Die gute Nachricht dabei: Bevor in etwa 200 Milliarden Jahren sämtliche Molekül-Strukturen zerrissen werden, hat der »Big Rip« schon unser Sonnensystem aufgelöst und die Erde explodieren lassen. Etwaige Erdenbewohner würden das Zerreißen ihrer Moleküle also gar nicht mehr mitkriegen. Abgesehen davon, wie gesagt, dass vor der Katastrophe in 200 Milliarden Jahren sowieso erst mal die in fünf Milliarden Jahren stattfindende Verbrennung der Erde auf dem kosmologischen Kalender steht.

Szenario 4 hingegen kann theoretisch sofort passieren. Es handelt sich dabei um einen plötzlichen »Vakuumzerfall«, der dadurch zustande kommt, dass das sogenannte Higgs-Feld seinen aktuellen, scheinbar stabilen Vakuumzustand verlässt und durch hochenergetische Fluktuationen in seinen »echten« Vakuumzustand gerät. In einem Prozess totaler Dissoziation wird das gesamte Universum in Lichtgeschwindigkeit vom »echten« Vakuum geschluckt. Aber auch wenn diese Auflösung nicht erst in 200 Milliarden Jahren, sondern jederzeit möglich ist, lautet die gute Nachricht, dass man von so einem »Vakuumzerfall« nichts mitbekommt, da der mit Lichtgeschwindigkeit ablaufende Zerstörungsprozess viel schneller ist als unsere neuronalen Verarbeitungen im Gehirn, einschließlich unseres Schmerzempfindens.[45]

In *Szenario 5* widmet sich Mack abschließend der durchaus ernst gemeinten Hypothese eines »ekpyrotischen«, also feurig-infernalen Kosmos, die bezeichnenderweise nicht nur aus der Wissenschaft, sondern auch aus der Science Fiction stammt. Das Ende der Welt ereignet sich dabei in einem »Urprall«, bei dem zwei »Brane«, zwei parallel existierende Universen, wie zwei klatschende Hände aufeinanderprallen. Zuvor haben sich die beiden Universen wie beim Urknall ausgedehnt. Nach dem Aufprall dehnen sie sich erneut aus und prallen dann erneut aufeinander und so weiter. Ein fortwährender Wechsel von Neubeginn und Zerstörung, ein »ewiger kataklysmischer kosmischer Applaus«.[46] Die Auslöschung des uns bekannten Universums als Moment eines unendlichen Klatschens? Macks Buch ist angesichts der Unvorstellbarkeit ihrer Szenarien immer wieder auf solche hübschen Allegorien angewiesen. Aber ob das andere Universum, das da mit ›unserem‹ zusammenklatscht, wirklich existiert und, falls ja, ob es in dem anderen Bran Formen von Leben gibt, die ebenfalls ausgelöscht werden, wird man wohl nie erfahren. »Vielleicht gibt es auch dort Zivilisationen, die beobachten, wie sich ihr Universum entleert, während es durch eine unsichtbare Leere reist. Möglich aber auch, dass sie ein tauber, trostloser Raum ist, in dem die Materie aus unerfindlichen Gründen nie gelernt hat, Leben hervorzubringen.«[47]

Vor allem Katie Macks letztes Szenario vom »Urprall« macht deutlich, wie nah sich *science* und *fiction*, eine auf Mathematik und Weltall-Daten beruhende Wissenschaft einerseits, die Spekulationen der Phantastik andererseits sein können. *Das Ende von allem* zeichnet sich aber nicht nur durch seine Lust am Ausmalen astrophysikalisch möglicher Endzeit-Szenarien aus, sondern auch durch seine Erzählperspektive. So weit weg die Szenarien sein mögen, so sehr die astrophysikalische Perspektive die Erde nur als Planeten unter anderen denken kann und dabei stets einen *point of view from nowhere* einnimmt[48], so lässig und »cool« will die Sprache des Ich sein, das hier spricht.

Was auf diese Weise entsteht, sind süffige Katastrophen. Und das ist auch völlig okay bei einem Buch, das in einem Publikumsverlag erschienen ist und mit seinem blauen Weltall-Cover nicht nur Physiklehrer, sondern auch Nerds, Science-Fiction-Leser, Apokalypse-Freaks und Leute aus den Feuilletons mit erweitertem Kulturbegriff erreichen will. Da all die anvisierten Laien die Sachurteile des Buchs nicht überprüfen können, die geschilderten Szenarien aber wahrscheinlich irgendwie gruselig oder zumindest interessant finden, werden auch die astrophysikalisch betrachteten Weltuntergänge vor allem ästhetisch wahrgenommen. Das Buch reiht sich dadurch mit seiner wissenschaftlichen Perspektive in all die popkulturell einschlägigen Romane, Filme, Serien und Computerspiele zum Thema ein. Der Unterschied zu den Fiktionen der Popkultur ist aber, dass Macks Buch, so interessant und sympathisch es sein mag, keine Fiktion und auch kein bloßes Spiel mit Möglichkeiten ist – und zwar nicht nur deshalb, weil die fünf totalen Weltuntergänge astrophysikalische Plausibilität haben (durchaus plausibel können ja auch Pandemie-Filme wie *Contagion* sein), sondern vor allem deshalb, weil sich hinter der heiteren Erzählhaltung ein Dispositiv verbirgt, das konstitutiv für die zerstörerischen Prozesse diesseits ferner, astrophysikalischer Zeit-Räume ist. Zugespitzt gesagt: Die astrophysikalische Leere, die Mack konstruiert, stellt eine Verschiebung der Verwüstungen dar, die jetzt schon hier auf der Erde passieren und die aufs Konto eines Naturbegriffs gehen, den auch eine Wissenschaftlerin wie Mack unreflektiert voraussetzt.

Natur ist dabei eine uns Menschen gegenüberstehende Entität, ein Objekt unter anderen, das wir unters Mikroskop legen oder durchs Fernrohr beobachten können. Natur, schreibt Timothy Morton in seinem Buch *Hyperobjects*, »is the featureless remainder at either end of the process of production. Either it's exploitable stuff, or value-added stuff. Whatever it is, it's basically featureless, abstract, grey. [...] You will never find Nature. It's an empty category looking for something to fill it.«[49] In der Leere des Weltalls spiegelt sich so gesehen immer auch ein leerer Naturbegriff, der im Fall der kosmischen Eschatologie mit faszinierenden Katastrophen-Szenarien gefüllt wird. Das Problem dabei ist weniger die übliche Verstrickung. Das von Mack angehimmelte CERN in Genf etwa, dessen Rohre unter der Erde »so leer wie interplanetarer Raum« sind[50], hat im Jahr 2012 mit 1,2 Terrawattstunden so viel Strom geschluckt wie der halbe Kanton Genf (und diesen Strom aus einem französischen Atomkraftwerk bezogen).[51] Das Problem ist vielmehr der komplett blinde Fleck der eigenen Perspektive. Wie, fragt man sich, kann man so lässig von fernen Weltuntergängen erzählen, wenn der dabei vorausgesetzte Naturbegriff die Grundlage für tatsächliche, greifbare Katastrophen hier und jetzt ist.

Macks nett gemeinter Hinweis darauf, dass man lieber Kohlekraftwerke boykottieren als den Vakuumzerfall fürchten soll, wirkt dann beim zweiten Lesen fast zynisch.

Bruno Latour hat in seinem *Terrestrischen Manifest* durchaus Bewunderung übrig für die moderne Erfindung der »galileischen« Natur-Objekte und der Erde als einem Planeten unter anderen. Wäre es historisch dabei geblieben, dass man diese Perspektive lediglich in eine Richtung einnimmt, von den wunderbaren Teleskopen auf der Erde Richtung Weltall, wäre alles gut gewesen. Was Latour kritisiert, ist die Übertragung dieser Perspektive: dass die modernen Naturwissenschaften vom entdeckten Außen, vom unendlichen Universum aus auch die Vorgänge auf der Erde zu beschreiben versuchen: »Die grandiose galileische Erfindung wird den ganzen Platz besetzen und uns vergessen lassen, dass die Anschauung der Erde von Sirius aus nur einen winzigen Bruchteil […] dessen ausmacht, was wir zu Recht positiv wissen dürfen.« »Unvermeidliche Konsequenz: Man begann, nicht mehr viel vom Geschehen auf ERDEN zu sehen.«[52]

Wo bin ich?

Mit Bruno Latour könnte man sagen: Auch all die Weltuntergangsgeschichten jenseits der Astrophysik sehen nicht viel vom Geschehen auf Erden. Tragen mit bei zum Verlust dessen, was Latour *Terra* nennt. Entscheidend ist aber – wie schon beim Problem der Erzählperspektive bei Katie Mack –, dass es dabei nicht einfach nur um Inhalte, sondern immer auch um Formen und Erzählverfahren geht. Eva Horn fordert deshalb, dass eine »genuine Ästhetik des Anthropozäns […] über die Rhetorik der politischen Mobilisierung und über bloße Thematisierungen hinausgehen (muss). Sie hat zu fragen, was es eigentlich heißen könnte, sich dem Befund des Anthropozäns in der *Form* ästhetischer Darstellung zu stellen.«[53] Auch für Latour sind Kunst und Literatur gerade deshalb so wichtig, weil sie bestimmte Selbstverständlichkeiten unseres Blicks auf die Welt unterlaufen können. Die Frage, die ihn dabei leitet, ist die nach dem *Ort*, von dem her anders, weder galileisch noch erhaben-apokalyptisch, von einer Welt erzählt werden kann, die nicht erst nach Überschreiten irgendwelcher Kipppunkte oder in einer fernen astrophysikalischen Zukunft untergeht, sondern als Normalität bereits untergegangen ist. Weil das so ist, gibt es keinen sicheren Ort der Beobachtung oder des Erzählens mehr.

In *Kampf um Gaia* führt Latour die »Instabilität jedes Blickpunkts auf die Welt«[54] am Beispiel von Caspar David Friedrichs *Das Große Gehege bei Dresden* vor Augen: das Bild einer weiten, sumpfigen Ebene, das die Landschaft merkwürdig verzerrt darstellt und keinen klaren Beobachterstandpunkt erkennen lässt. Für Latour ist es der Inbegriff unserer Situation, in der die Natur nicht mehr als Objekt gegenübergestellt, verfügbar gemacht werden kann und der Mensch seine vorgängige, beherrschende Position eingebüßt hat. In Latours Corona-Buch *Wo bin ich?* ist es dann Kafkas *Verwandlung*, die unsere Lage veranschaulicht. Denn wie bei Gregor Samsa in Kafkas berühmter Erzählung ist plötzlich nichts mehr, wie es einmal war.

Ich erinnere mich noch, wie unschuldig ich früher mitsamt meinem Körper herumreisen konnte. Jetzt spüre ich einen langen CO_2-Schweif, den ich hinter mir herziehen muss, der mir verbietet, ein Flugticket zu kaufen und wegzufliegen, und der inzwischen alle meine Bewegungen einschränkt, so dass ich kaum wage, meine Tastatur zu benutzen, aus Furcht, ich könnte irgendeinen fernen Gletscher zum Schmelzen bringen.[55]

Wie bei Kafka lässt sich von einem solchen Welt- und Normalitätsverlust nicht mehr auktorial und souverän erzählen, sondern nur noch tastend, aus der Perspektive eines kleinen, schäbigen Insekts, das sich den noch nicht Verwandelten der eigenen Familie nicht mehr verständlich machen kann, dafür aber vielleicht auf andere Käfer und Termiten trifft. Vielleicht geht es Gregor Samsa wie dem Helden von Poes Erzählung *Sturz in den Mahlstrom*: Der Schiffbruch ist nichts, was bevorsteht, sondern ist längst passiert; was »den einzigen Überlebenden […] von den Ertrunkenen unterscheidet, ist die kaltblütige Aufmerksamkeit, mit der er die Bewegung der Bruchstücke, die der Strudel um ihn herumwirbelt, beobachtet. Als das Schiff in den Schlund getrieben wird, klammert sich der Erzähler an ein leeres Fass und überlebt.«[56]

Die Frage nach dem Ort betrifft aber nicht nur das Subjekt, sondern immer auch die Welt, in der es sich nach dem Untergang (aber eben nicht postapokalyptisch) bewegt und neu zu orientieren versucht. Mit Timothy Morton gesprochen, handelt es sich um eine Welt der Hyperobjekte. Hyperobjekte übersteigen unser Fassungsvermögen (weshalb sie an das mathematisch und dynamisch Erhabene bei Kant erinnern). Schwarze Löcher im All zum Beispiel sind Hyperobjekte, die Biosphäre, aber auch viele Phänomene des Anthropozäns: Plastik in den Ozeanen, radioaktives Material, die Erderhitzung.[57] Im Unterschied zu Kants Erhabenem erfährt sich das Subjekt durch die Überforderung der Hyperobjekte nicht als überlegenes Vernunftwesen, sondern wie bei Kafka als unbeholfenes Ungeziefer, dem die normale Welt abhanden gekommen ist. Schon ein einfaches Gespräch über das Wetter erlaubt keine Unterscheidung mehr zwischen belanglosem Hintergrund und einem Vordergrund, in dem sich die vermeintlich wichtigen Dinge des Lebens abspielen.[58] Indem der Hintergrund, zum Beispiel ein normales Gespräch über das Wetter, seinen bloß akzidentiellen, harmlosen Charakter verliert, da es beim Wetter immer auch um den Klimawandel geht, verliert das scheinbar Wichtige im Vordergrund seine normale Bedeutung. Das *global warming* führt zu einem *global weirding*, einem Unheimlichwerden und Seltsamwerden unseres Weltbezugs.[59] Die Dinge, so Eva Horn und Hannes Bergthaller, sind »zu nah, um sie objektivieren zu können, zu groß, um sie abbilden zu können, und zu komplex, um sie erzählen zu können«.[60]

Nicht nur wegen Latours Kafka-Vergleich erinnert diese Diagnose an die Ausgangssituation der Moderne. Der entscheidende Unterschied ist jedoch, dass die ehemals radikal antirealistische Entleerung der Zeichen vor allem in der bildenden Kunst und im Design längst zur Inneneinrichtung des Anthropozäns gehört und man sich eher weniger nach disruptivem Antirealismus als nach anderen, besseren Formen des Realismus sehnt. Besser ist der Realismus zum Beispiel immer dann, wenn er seine eigenen Produktionsbedingungen beim *world building* miterzählt. Da das Anthropozän die Gegenüberstellung von Mensch und Natur, Subjekt und Objekt in Frage stellt, wird auch die eigene Autorschaft vom *global weirding* erfasst. Selbstreflexion und Metadiegese gibt es in der Literaturgeschichte zwar schon lange. Nie aber war die transzendentale Vorgängigkeit und demiurgische Omnipotenz von Weltenbauern und -zerstörern fragwürdiger als heute. Der Schreibprozess selbst, Recherchen und Vorarbeiten, materielle Voraussetzungen der Arbeit am Text oder Kunstwerk, Ressourcen- und Energieverbrauch, *race*-, *class*- und *gender*-Fragen – alles das ist nicht mehr strikt von der Objektwelt des Erzählten zu trennen und muss mit hinein.

Was die sich gegen das Erzählen sperrende Komplexität angeht, wird man allerdings eher in der Moderne als im Realismus des 19. Jahrhunderts fündig. Von Robert Musils *Mann ohne Eigenschaften* bis zum *Ulysses* von James Joyce war die Unerzählbarkeit der modernen Welt geradezu ein Topos der neuen Romanpoetiken nach 1900.[61] Polyphonie und Enzyklopädie lauteten die Alternativen zum psychologischen Realismus des 19. Jahrhunderts, wobei dieser Realismus in bestimmten Spielarten – siehe Flaubert – selbst schon komplexere Wege eingeschlagen hatte. Kein Zufall jedenfalls ist es, wenn sich ein Science-Fiction-Autor der Gegenwart wie Kim Stanley Robinson bei seinem Klimawandel-Roman *Das Ministerium für die Zukunft* auf moderne Erzählverfahren beruft:

Der Roman als literarische Gattung ist eigentlich eine Erfindung des 19. Jahrhunderts, um von Menschen aus dem Bürgertum zu erzählen, die ihr individuelles Leben gegen die Gesellschaft und die Geschichte stellen. Wie konstruiert man nun einen Roman über den Klimawandel, der alle Menschen auf der Welt betrifft? Meine Lösung war die Vielzahl der Stimmen und Stile: Augenzeugenberichte, dramatische Szenen, Memos, Radio-Dialoge, Parabeln, Rätsel oder Mini-Erzählungen im Stil von Italo Calvino.[62]

Was aber, könnte man fragen, hat die »Vielzahl der Stimmen und Stile« mit Leere zu tun? Geht es dabei nicht ums genaue Gegenteil: um Fülle und Diversität, eben um Komplexität? Vielleicht hat der erzählerische Aufwand insofern immer auch mit Leere zu tun, als ›das Ganze‹ solcher Romane im Unterschied etwa zum Epos, das mit seiner erzählerischen Totalität gerne als Vergleich herangezogen wird, kein Zentrum und kein durch Vorsehung festgelegtes Ziel mehr hat. Vor allem aber liegt die Leere wie schon in der Epoche der Moderne in den Zwischenräumen, vornehmer und mit Roland Barthes gesagt: im Asyndeton der unverbundenen Aufzählungen, also genau *zwischen* all den Stimmen und Stilen, den Lexemen und abgeschriebenen Lexikonartikeln, im Raum der Querverweise und Sprünge zwischen (scheinbarem) Haupttext und Kommentar.

Interessant sind auch Texte, die der Komplexität dadurch gerecht zu werden versuchen, dass sie sich zwischen den Gattungen bewegen, sich vom Roman ebenso verabschieden wie von normaler Wissenschaft oder großer Theorie aus der Position eines universalen, unbeteiligten Außen. Anna Lowenhaupt Tsings Buch *Der Pilz am Ende der Welt* ist eines der bekanntesten Beispiele dafür.[63] Mit seiner hybriden, wuchernden Schreibweise zwischen Essay, Bericht und Narration versucht es dem verhandelten Inhalt auch formal zu entsprechen. Am Beispiel des Matsutake-Pilzes, der zum ersten wiedererwachten Leben nach der nuklearen Verwüstung in Hiroshima gehörte, widmet sich Lowenhaupt Tsing dem, so der Untertitel des Buchs, »Leben in den Ruinen des Kapitalismus«. Die Ruinen also sind jetzt schon da und nicht erst nach dem Weltuntergang. Vor allem aber: In und zwischen den Ruinen, in den Lücken des Kapitalismus, ist Leben möglich, und statt auf ein *ganz anderes* System zu warten, gilt es, dieses Leben mitten in den hässlichen, »*störungsbasierten Ökologien*«[64] aufgeforsteter Kiefernwälder, an den Rändern der Metropolen, auf dem Gelände von Stadt- und Industriebrachen jetzt schon wahrzunehmen, von ihm zu erzählen, von ihm zu lernen, mit ihm zu kollaborieren. Der Kapitalismus ist »ja kein einheitliches System«, vielmehr besteht er, so Joseph Vogl, »aus den verschiedensten Routinen, Geschäftsroutinen, Praktiken, Akteuren, Rechtssystemen, Institutionen«, und entscheidend ist, »dass dieses System überall Löcher hat, leckt, ausfließt, wenig kohärent ist und deswegen natürlich auch unterschiedlichste Möglichkeiten für Interventionen bietet«.[65]

Eine der Formen, die sich auf narrative Zwischenräume fokussiert, ist in Film und Fotografie die *Nahaufnahme*, in der Literatur die detailrealistische Beschreibung. Auffällig ist zum Beispiel eine Nahaufnahme in Lars von Triers *Melancholia*, kurz bevor der Komet einschlägt und der Film mit einer Schwarzblende die Abbildung der finalen Katastrophe verweigert: Justine hinterlässt tiefe Fußabdrücke im weichen Waldboden. Und was dabei geradezu hervorquillt, sind all die Falter, Käfer und Würmer, die im Boden leben. Inmitten der hochartifiziellen Opernwelt des Films kommt für wenige Sekunden *Terra* zum Vorschein. Wobei der ästhetische Witz darin besteht, dass das Kunstmittel einer Nahaufnahme der Natur gerade deshalb so irritierend wirkt, weil die gezeigte Natur im Kontrast zur sonstigen Künstlichkeit steht. Das ›natürliche‹ Gewimmel der Insekten im Boden ist nicht nur eine weitere kunstvolle Vanitas-Allegorie, wie man sie von Barock-Stillleben kennt, sondern eine Art Schock, der sich nach Walter Benjamin bekanntlich der Zerstörung der Aura verdankt. Zu denken wäre auch an Lacans Begriff des Realen, das nach Slavoj Žižek kein »äußeres Ding (ist), das sich dem Einfangen durch das symbolische Netzwerk widersetzt, sondern der Riß im symbolischen Netzwerk selbst«.[66] Die Leere ginge auch hier mit Fülle einher und bestünde in der Abwesenheit des Menschen, der den Fußabdruck hinterlassen hat, im kurzen Riss im symbolischen Netzwerk der Kultur, in dem wir uns immer schon befinden.

Neben der Nahaufnahme und dem Detail kann es aber auch – gerade umgekehrt – die *Totale* sein, die Raum für die Leere schafft. Das wäre dann keine Zwischenraum-Leere, sondern – wie in den genannten Wüstenfilmen – eine Leere der großen, weiten Flächen. Wie die Nähe nach Eva Horn und Hannes Bergthaller nicht objektivierbar ist, ist die Größe nicht abbildbar. Dennoch gibt es in der zeitgenössischen Fotografie immer wieder Versuche, die Leere als etwas Großes und Monströses einzufangen. Worum es dabei geht, ist weniger das Phantasma einer unberührten Welt ohne Zeichen als vielmehr das visuelle Protokoll einer Verwüstung, einer zerrissenen, gekerbten Fläche, in die sich der Mensch mit seinen Maschinen und Chemikalien tief eingeschrieben hat. Zurückgelassene, erschöpfte Brachen, eine präapokalyptische *terra nullius*, die postapokalyptisch aussieht. Edward Burtynskys großformatige *Anthropocene*-Bilder oder David Maisels *Desolation Desert*-Serie sind Beispiele für eine solche Ästhetik der Leere. Auch Nikolaus Geyrhalters Dokumentarfilm *Earth* verfolgt eine ähnliche Ästhetik. Wird aber nicht durch die Distanz der Weitwinkel-Ansichten und Luftbilder an eine falsche Tradition des Erhabenen angeknüpft, bei der die der Natur übergeordnete Verfügungsgewalt des Menschen, die zur Zerstörung der Landschaften geführt hat, auch noch verklärt und ästhetisiert wird? Vielleicht geht es bei solchen Bildern vor allem darum, »durch den Blick von oben oder aus großer Ferne die *Größenordnung* ökologischer Zerstörung, massiver Landschaftstransformation oder auch exzessiven Konsums vor Augen zu stellen«.[67] Der Blick von oben ist eben kein astrophysikalischer von *nowhere*, sondern ein Blick aus dem Flugzeug oder der Drohne innerhalb unserer Atmosphäre. Die Erhebung verdankt sich also keinem transzendentalphilosophischen Vorgang, sondern Kerosin und Lithiumbatterien, und bei aller Distanz bleiben selbst die fast abstrakt wirkenden Bilder der Landschaft immer noch innerhalb der »Kritischen Zone«[68] zwischen Erdgestein und Atmosphäre.

Wenn in Romanen Landschaften beschrieben oder Details aufgezählt werden, wird das Geschichtenerzählen bezeichnenderweise unterbrochen. In der Erzählforschung spricht man in solchen Fällen von narrativen Pausen, bei denen der Text zwar weiterläuft, die Handlung aber stoppt. Das Erzählen wird auf diese Weise bis zum Stillstand verlangsamt. Die bereits genannten *pillow-shots* haben in Filmen eine ähnliche Funktion und erzeugen eine Art erzählerisches Vakuum, in dem sich die gezeigten Dinge vom Druck der Handlung, auch vom zielgerichteten Zeitschema der Apokalypse, befreien können.

Auch das für Pop charakteristische Setzen von Anführungszeichen erzeugt ein erzählerisches Vakuum. In dem Moment, in dem sich ein apokalyptischer Text dessen bewusst ist, was alles er da so beim Aufbau seiner dynamisch erhabenen Katastrophenszenarien und postapokalyptischen Welten zitiert, wiederholt und variiert, widerruft er als Text immer, was er inhaltlich beschwört: die Matrix des Alarmismus. Anders gesagt: Weltuntergangsgeschichten im Camp- oder Pop-Modus erlauben uns, von apokalyptischer Immersion umzuschalten in die Wahrnehmung des Konstruierten und Zitierten, des Spielerischen und auch Kitschigen. Statt der Suggestion einer Naherwartung und finalen Offenbarung auf den Leim zu gehen, fangen wir an zu vergleichen und landen nicht in einer verwüsteten, menschenleeren Welt der Zukunft, sondern in der für Pop charakteristischen Hölle unendlicher Verweise. Kein noch so pessimistischer, kulturkritischer Endzeit-Diskurs kann dieser strukturellen Bejahung unserer Gegenwart mit all ihren Vergleichsmöglichkeiten und archivierten Alternativen entkommen. Und die Texte, Filme, Serien, Comics oder Computerspiele, die das reflektieren, sind nicht zufällig auch offener und interessanter im Umgang mit ihren schweren, apokalyptischen Zeichen.[69]

Selbst ein so schwerer, mit Wagner und Bruegel daherkommender Film wie *Melancholia* – um dieses aufdringliche »Meisterwerk« ein allerletztes Mal zu nennen – ist nicht zu reduzieren auf seinen reaktionären Antimodernismus und auf seine gerade nach Corona unerträgliche Verhöhnung der Wissenschaft, die den Kollisionskurs des Kometen angeblich nicht modellieren kann. Das liegt zum Beispiel am Schock der genannten Nahaufnahme. Es liegt aber vor allem an den letzten Augenblicken kurz vor der Kollision. Justine nämlich baut mit ihrem Neffen aus Stöcken eine »magische Höhle«. Da sitzen die beiden dann also gemeinsam mit Justines Schwester Claire im Holzgerippe eines Indianerzelts und warten auf das Ende. Plötzlich also gibt es, für wenige Sekunden, einen kleinen, rührend ungeschützten Raum, wie Barthes' Eiffelturm vor allem aus Leere bestehend, nicht schwer, sondern offen und leicht. »Tante Stahlbrecher« – der Name, den ihr der Neffe gibt, verweist nicht auf Wagner, sondern auf das Computerspiel *World Of Warcraft* – zeigt ganz am Schluss, wie eine andere, bessere Welt aussehen könnte, eine Welt der Phantasie und des Spiels, in der die Erwachsenen endlich nicht mehr vor der Leere davonlaufen und an der Seite der ängstlichen Kinder sind.

Etwas ganz anderes als die üblichen Weltuntergangsgeschichten ist zum Beispiel Dietmar Daths Roman *Die Abschaffung der Arten*. So wie der Letzte Mensch im Roman, Cordula Späth, an einer Stelle davon spricht, etwas werden zu wollen, was es noch nie gab, nämlich ein freier Mensch, so nimmt sich auch Daths Roman ganz viele erzählerische Freiheiten. Dass die menschliche Zivilisation untergegangen ist, ist geradezu die Voraussetzung für diese Freiheit und wird vom Roman ohne apokalyptisches Getue einfach gesetzt. Leere als Phantasma, das sich auf die Zeit nach dem Untergang bezieht, erscheint von Daths Poetik her gesehen als Beleg für unseren Mangel an Einbildungskraft und Denkvermögen. Dazu gehört auch, dass die alten begrifflichen Gegenüberstellungen und all die beliebten Nachordnungen mit der Vorsilbe *post-* nicht mehr funktionieren. Nur weil Daths Roman lange nach dem Untergang der Menschheit spielt, ist er nicht postapokalyptisch. Nur weil mit den sogenannten Gente eine hochentwickelte, nicht-menschliche Lebensform existiert, die sich im Krieg mit Keramik-Maschinen befindet, ist *Die Abschaffung der Arten* nicht posthuman. Und nur weil der Roman von der fernen Zukunft erzählt, wendet er sich nicht von der Gegenwart und Vergangenheit ab. Im Gegenteil: Mit seiner phantastischen Zeitkunst reist der Roman ganz bewusst und demonstrativ durch die Archive unserer Kultur, und mit seiner nie melancholischen Wut auf Grausamkeit und Verwüstung, mit seiner Sehnsucht nach Austausch und Kooperation, ist er Gegenwartsliteratur im emphatischsten Sinn. Austausch aber bedeutet poetologisch, dass der Text die unterschiedlichsten Gäste – Sprachen, Vokabulare, Narrationen, Metaphern – aus einem grenzenlosen kulturellen Universum willkommen heißt. Daths Zukunftstext vermeidet dadurch nicht nur inhaltlich jede erzählerische Schließung, sondern öffnet sich auch sprachlich-formal.

Das gilt ebenso für Juan Guses Roman *Miami Punk*. Die Kontingenz und Vielfalt von Vokabularen bestimmt die gesamte Textur dieses Romans über eine mögliche alternative Welt. Sein Miami wird letztlich nur durch eine einzige geänderte Variable zu einem dystopischen oder heterotopischen Ort: dadurch, dass der Atlantik verschwunden ist. Was tun wir, wie geht es weiter, wenn nicht nur der Kühlschrank oder das Regal der Drogerie-Kette, sondern eine ganze Bucht, das riesige Becken des Atlantik, ein gesamter Lebensraum plötzlich leer ist? Was wird aus einem Küstenort, wenn er nicht mehr am Meer, sondern an einer Wüste liegt? Guses Roman spielt unterschiedliche Interpretationen und soziale Umgangsformen mit dieser Leerstelle, dieser neu entstandenen *terra nullius*, durch. Und all diese sozialen Deutungen und Handlungsmuster kommen einem sehr bekannt vor – vom nostalgischen Blick zurück auf bessere, maritime Zeiten bis zum Rechtsanspruch auf neue Hoheitsgebiete, vom Abwarten und Diskutieren im Moratorium bis zur politischen Aktion. Besonders bekannt kommen einem die Hafenarbeiter vor, die einfach so tun, als wäre nichts passiert, und weiterhin zur Arbeit gehen, obwohl es gar keinen Hafen, gar keine Jobs mehr gibt, sondern nur noch die Orte, Abläufe, Gerätschaften, mit denen man Arbeit wenigstens spielen kann. Guse hat in einem Interview erzählt, dass er bei diesem Umgang mit der Abwesenheit von Arbeit sowohl an die berühmte Studie *Die Arbeitslosen von Marienthal* als auch an David Graebers Buch *Bullshit Jobs* dachte.[70] Guse wie Dath bedienen sich in ihrem jeweiligen »Experimentalraum des Fiktiven«[71] der unterschiedlichsten Quellen von Wells und Saramago über *Dune* und *Counter Strike* bis hin zu Graeber und Marx, und sie zelebrieren dabei eine kulturpoetische Praxis des Vergleichs[72], die mit den Anführungszeichen ihrer Zitate und Vergleiche immer auch die Nahtstellen und Lücken *dazwischen* markiert.

Es ist kein Zufall, dass gerade zwei so politische, der sozialen Gegenwart zugewandte Autoren wie Guse und Dath nicht mit Leere und Vernichtung als schweren, apokalyptischen Zeichen kokettieren. Was sie interessiert, ist das Ändern von Variablen, das figurenreiche, sprachlich offene Spiel, das durch bestimmte Setzungen in Gang kommt. Deborah Danowski und Eduardo Viveiros de Castro weisen in ihrem Buch *In welcher Welt leben? Ein Versuch über die Angst vor dem Ende* darauf hin, dass auch die gesamte Idee einer Welt ohne Menschen kulturell relativiert und lediglich als mögliche Setzung angesehen werden muss, so mächtig sie sich in der europäischen Erzählliteratur oder auf unseren Streaming-Plattformen ausgebreitet haben mag. In indigenen Mythologien vom Weltende zum Beispiel ist eine Welt ohne Menschen kaum denkbar. In den Kosmologien bestimmter Amazonas-Stämme wird »das menschliche Sein als der Welt *empirisch vorgängig*« gedacht: »Es gab nichts auf der Welt, nur Menschen – und Schildkröten!«, so der Anfangsmythos der Aikewara, eines Tupi-Stammes.[73] Entsprechend ist dann auch am Ende aller Zeiten eine finale Vernichtung der Menschheit kaum vorstellbar, da die »Menschheit [...] *konsubstanziell* zur Welt« ist, es in einem von vornherein anthropomorphistischen Weltbild also gar keine Welt ohne menschliche Form des Lebens geben kann.[74] Für Deborah Danowski und Eduardo Viveiros de Castro liegt in diesem Anthropomorphismus ein mögliches Gegengift zum westlichen Anthropozentrismus, der nicht nur in all den Geschichten von Fortschritt und Weltherrschaft, sondern eben auch in den apokalyptischen Erzählungen von Menschenleere und Vernichtung zum Ausdruck kommt.

Vielleicht aber sind die aktuell so inflationären Bilder und Geschichten vom Untergang der Menschheit auch Anzeichen dafür, dass der Anthropozentrismus der westlichen Kultur ohnehin längst sein eigenes Ende durchspielt und reflektiert. Das vermeintliche Zentrum erweist sich dabei als leer. »Keine menschliche Gesellschaft, wie weise, subtil, achtsam, vorsichtig wir sie uns auch vorstellen, musste sich bisher mit den Reaktionen des Systems Erde auf das Handeln von acht bis neun Milliarden Menschen befassen.« Deshalb bleibt, so Bruno Latour, die »Leere der gegenwärtigen Politik […] ein Rätsel, wenn man sich nicht klarmacht, wie beispiellos die jetzige Situation ist. Das kann einen wahrlich in Schockstarre versetzen.«[75]

Die genannten Beispiele aus bildender Kunst, Film und Literatur zeigen, dass im Vergleich zur relativen Leere und Lähmung der Politik, deren Vakuum anfällig für die üblichen Rückfälle in autoritäre Handlungs- und Sinnstiftungsmuster ist, im kulturellen Feld der Gegenwart alles andere als Schockstarre herrscht. Nie war in den Experimentalräumen unserer Zukunftsbilder und -geschichten eine solche Vielfalt zu erleben. Das hat mit interkulturellem Austausch zu tun, es liegt aber vor allem daran, dass es immer offenere Verhandlungen zwischen Hochkultur und Popkultur gibt.

Zur genannten *weirdness* gehört allerdings auch, dass die Vielfalt im Ästhetischen nur die halbe Wahrheit ist. Angst und Unbehagen gehören im Zeitalter des Anthropozäns historisch beispiellos dazu. Historisch beispiellos deshalb, weil selbst die von Günther Anders beschriebene »Tötbarkeit« der gesamten Menschheit durch einen Atomkrieg noch ins Außen militärischer Entscheidungen verlagert und als simpler Knopfdruck imaginiert werden kann – was im Umkehrschluss bedeutet, dass man nur die Knöpfe nicht drücken oder alle Sprengköpfe abschaffen muss, um das Problem aus der Welt zu schaffen. Die Erderhitzung des Anthropozäns wird aber nicht durch Knopfdruck ausgelöst und bezieht sich nicht nur auf den militärisch-industriellen Komplex oder die unberechenbare Regierung einer Atommacht. Die Erderhitzung bezieht sich vielmehr auf die gesamte Ökonomie aller großen Industrienationen und sogenannten Schwellenländer. Sie betrifft damit auch jede Form kultureller Poesis im Rahmen kapitalistischer Wachstumsökonomien, also auch all die kulturindustriell vermittelten, global vermarkteten Weltuntergangsgeschichten, die mit ihrem Ressourcen- und Energieverbrauch bei der Produktion, Distribution und Rezeption nicht jenseits dessen stehen, wovon sie handeln.

Andererseits benötigt man nichts dringender als eine kulturelle Poesis, die zu neuen Ideen führt, neue Sichtweisen, Lebensformen und Kollaborationen ermöglicht. Leere wäre dann vielleicht innerhalb unserer Ressourcen und Energie verbrauchenden Arbeit an einer anderen, besseren Kultur die beunruhigende Erfahrung von Handlungshemmung und verzögerter Anschlusskommunikation. Worum es ginge, wäre vielleicht erst einmal die Bereitschaft, die eigene Verstrickung, auch das eigene Nichtwissen und die eigene Angst auszuhalten, statt die Angst, in Wut verwandelt, ständig nur nach außen zu projizieren und unerschütterlich so weiterzumachen wie bisher. Auch Lachen kann helfen – das Lachen über die eingangs genannte »Leerheit« so mancher »Rednerei«, vor allem aber das Lachen über sich selbst.

Epilog

»Möglich, daß irgendwann / beim anblick eines
leeren schuhs / das universum über uns zusammenstürzt«
Reiner Kunze, *Tapferer Vorsatz*[1]

Nach Dada und biblischer Genesis, nach der entsetzlichen Leere in Büchners *Lenz* und dem sinnlos gewordenen Hafen in einem Miami ohne Meer ist dieses Buch nun (fast) zu Ende. Die von Roland Barthes beklagte innere Radiophonie, das fortwährende Geplapper der Seele, ist durch die zurückliegenden Seiten nicht besser geworden. Aber das war auch nicht die Absicht.

Durch das Nachdenken über die Leere ist das Gegenteil eingetreten: Die leeren Seiten haben sich gefüllt mit einer Vielzahl an Bildern und Geschichten. Nur so konnte aus dem Begriff der Leere ein etwas weniger leerer Begriff werden. Nur so konnte deutlich werden, wie sehr die Leere als Topos und Problem, als Begriff und Phantasma von den altorientalischen Ursprungsmythen bis zum Zen-Buddhismus, von den Vorsokratikern bis zur neuzeitlichen Naturwissenschaft, von der modernen Lyrik bis zur Pop-Kultur Teil unserer kulturellen Selbstverständigungen ist.

Was bleibt davon, am Ende dieses Buchs, im Gedächtnis? Die (fast) menschenleeren Städte und Straßen in *I am Legend* oder *The Road*? Das Weiß bei Poe, der Schneesturm bei Stifter? Das *x* in der *Kritik der reinen Vernunft*? Das Vakuum oberhalb von Torricellis umgestülpter Quecksilbersäule? Roland Barthes' Eiffelturm? Die Explosion am Ende von *Zabriskie Point*? Die Ruinen und leeren Paläste der Diktatoren? Oder sind es vielleicht eher die Bilder von Menschen, die in Erinnerung bleiben? Madame Bovary in der öden Provinz? Freuds Enkelkind, das die Holzspule mit einem lauten »*o–o–o–o*« verschwinden lässt und immer wieder hervorzieht mit einem freudigen »*Da*«? Lana Del Rey, wie sie schaukelnd mit einem Autoreifen am blauen Himmel hängt? Die urbanen *Mad Men* mit ihren schwarzen Anzügen und Zigaretten? Auch in diesem Buch war »Alles voll Gewimmels«, um erneut mit Georg Büchner zu sprechen, der sich neben Kafka und Beckett von allen Dichtern wahrscheinlich am besten mit der Leere auskannte. Und auch jetzt, am Ende des Buchs, lautet die Spielregel des Epilogs, dass es weitergeht. Nicht einmal der Rest ist Schweigen. Und bestimmt habe ich etwas Wichtiges vergessen.

Genau davon war in diesem Buch bislang erstaunlicherweise kaum die Rede: vom *Horror vacui* als Angst vor dem Vergessen. Noch schlimmer: als Angst davor, dass man das Vergessen gar nicht merkt. Die Leere als blinder Fleck oder als sich ausbreitende Demenz. Die Leere als Verschwinden einer Welt, nicht *der* Welt, sondern meiner eigenen kleinen oder der Welt einer anderen, geliebten Person, einer bestimmten Kultur. Ist dieses Buch mit all seinen Zitaten und Lektüren nicht auch das: der Versuch, so viele Stimmen wie nur möglich in Erinnerung zu rufen, sie dem Vergessen zu entreißen?

Auch beim Thema Vergessen zeigt sich die hartnäckige Ambivalenz der Leere. Werthers entsetzliche Lücke und die in unzähligen Pop-Songs besungene *emptiness* nach gescheiterten Liebesgeschichten mögen einerseits zu allen möglichen Rückgewinnungsversuchen, sie mögen vom *Ent*setzen zum *Er*setzen führen. Andererseits aber löst die gescheiterte Liebe auch den starken Wunsch zu vergessen aus. *Weißes Papier* heißt beispielsweise ein schöner Song von Element of Crime, in dem Sven Regener den Topos der *Tabula rasa* auf die Lage nach einer Trennung überträgt: Weil die Erinnerung an die verflossene Liebe weh tut, scheint Vergessen die beste Medizin. Und natürlich klappt es nicht, wie ja im Grunde das ganze Lied mit seinem sprachlichen Aufwand ein einziger performativer Selbstwiderspruch ist: »Am liebsten wär ich ein Astronaut / Und flöge auf Sterne wo gar nichts vertraut / Und versaut ist durch eine Berührung von dir.« Aber, leider, leider: »Ich werd' nie mehr so rein / Und so dumm sein wie weißes Papier.«

Einer der schönsten Filme der Nullerjahre, *Eternal Sunshine of the Spotless Mind* von Michel Gondry mit Jim Carrey und Kate Winslet in den Hauptrollen, spielt genau diesen ambivalenten Wunsch durch, die gescheiterte Liebe zu vergessen, und verfolgt dabei als *Mind Game Movie* »nichts so sehr wie die Inszenierung der Lücke und des Verschwindens«.[2] Bei ihrem Wunsch nach einer vollständigen *Tabula rasa* können die beiden Hauptfiguren Clementine und Joel auf eine neuartige Technik der Gedächtnislöschung zurückgreifen, die von einer dubiosen Firma namens »Lacuna Inc.« angeboten wird. Beim Vorgang des Löschens jedoch bereut der schlafend in seinem Bett liegende Joel seine Entscheidung und versucht die Clementine seiner Erinnerung vor der ablaufenden Löschung zu retten. In großartigen Bildern aus Joels Gedanken- und Erinnerungswelt verschwinden plötzlich die Regale einer Buchhandlung im Dunklen, ein Palisadenzaun löst sich nach und nach auf, in einer Bahnhofshalle werden die Menschen um das flüchtende Liebespaar herum nacheinander aus dem Bild gelöscht, oder das Haus am Strand, wo sich Joel und Clementine zum ersten Mal begegnet sind, zerfällt stückweise vor unseren Augen. Letztlich kann die Löschung nicht verhindert und die Erinnerung an Clementine nicht gerettet werden, kurz vor der vollständigen Löschung kann Clementine Joel aber noch den Ort eines möglichen Wiedersehens zuflüstern, weshalb der wiedererwachte Joel die reale Clementine tatsächlich wiedertrifft. Da eine Mitarbeiterin von »Lacuna Inc.« aus Rache an ihrem Chef den Patienten die Akten der Löschung zurückschickt, erfahren Joel und Clementine von all den nervigen Macken des anderen, all der Langeweile und Entzauberung, die nach zwei Jahren Beziehung zur Trennung geführt haben – wollen es aber trotzdem noch einmal miteinander versuchen. Ein fast klassisches, tränenreiches Happy End also, wäre da nicht die Schlussszene am verschneiten Strand: Clementine und Joel laufen vergnügt von der Kamera weg, während sich das Bild langsam auflöst und die Schneelandschaft in eine Weißblende übergeht. Aber handelt es sich dabei wirklich um den Ausblick auf einen geglückten Neubeginn oder erneut nur um die Erinnerung an vergangenes Glück? Ist das Abblenden ins Weiß nur ein Zeichen dafür, dass auch diese Erinnerung verblassen und vergessen wird? Oder geht alles wieder von vorne los? Und wäre die Wiederholung im echten Leben dann nicht der viel schlimmere Horror als die Leere des Vergessens?[3]

In Gaspard Noés Film *Vortex* wird ebenfalls die Geschichte eines Paares erzählt. Vorangestellt ist dem Film das Motto: »Für alle, deren Gehirn sich früher zersetzen wird als ihr Herz«. Das Gehirn, das sich altersbedingt zersetzt, gehört einer früheren Psychiaterin, gespielt von Françoise Lebrun, die in einer mit Büchern vollgestopften Wohnung mit ihrem von dem Horror-Regisseur Dario Argento gespielten Mann zusammenlebt. Die beiden sind zusammen alt geworden. Der Film erzählt von ihrer verbleibenden Zeit als Paar, bis schließlich zuerst der Mann und dann auch die Frau stirbt.

Der von Argento gespielte Mann ist Autor und arbeitet am Ende seines Lebens an einem Buch über das Kino und die Träume. Das Motiv seiner Arbeit hat er Edgar Allan Poes Gedicht *A Dream within a Dream* entnommen: »All that we see or seem«, heißt es in der ersten Strophe des Gedichts, »Is but a dream within a dream.« Das Leben also nicht nur als Traum, sondern als Traum im Traum, der die Frage nach einer greifbaren, bleibenden Welt jenseits des Traums in noch weitere Ferne rückt. In der im Film nicht erwähnten zweiten Strophe greift das Gedicht auf eine weitere bekannte Allegorie zurück: auf das Bild vom Sand, der nicht durch die Sanduhr rinnt, sondern weggespült wird von den Wellen des Meeres. Und genau davon erzählt auch Noés Film: vom zerrinnenden Leben und von der verzweifelten Frage des Gedichts, ob man nicht vielleicht wenigstens ein Sandkorn retten kann: »O God! can I not save / *One* from the pitiless wave?«[4]

Sicher, es gibt Poes Gedicht genau darüber, es gibt Noés Film, der Poe und so viel anderes ins Gedächtnis ruft. Dennoch: Der Film lässt keinen Zweifel daran, dass wir am Ende mit leeren Händen dastehen. All die schlauen Bücher in der Wohnung des Paares helfen nicht gegen die Zersetzung des Gehirns. Das frühere Glück des Paares ändert nichts am Unglück zum Schluss. Und auch wenn sich der Film Zeit lässt – die Zeit vergeht, die Sandkörner rinnen allesamt durch die Hand.

Das ist aber gar nicht das Schlimme. Vergänglichkeit gehört zum Leben und ist in der Kunst ein uralter Topos. Schlimm wären körperliche Schmerzen oder Gewalt, aber darum geht es nicht in diesem Film, der nicht im Krieg und nicht in einer Zeit ohne moderne Schmerzmittel, sondern im Paris der weißen, gebildeten Mittelklasse spielt. Das Schlimme, von dem dieser Film erzählt, ist das mit dem Topos des Letzten Menschen verbundene Unglück der Selbstreferenz und die zunehmende Beziehungslosigkeit des Mannes und der Frau.

Auch Verschmelzung, missverstanden als Liebe, wäre nichts anderes als eine Form der Beziehungslosigkeit. Beziehung bedeutet immer Differenz und damit eine notwendige, unhintergehbare Lücke zwischen den Menschen, die sich aufeinander beziehen. Das Paar in Noés Film hat als modernes Paar zweier ehemals selbständiger, berufstätiger Menschen wahrscheinlich nie einen Hang zur Verschmelzung gehabt. Was aber ist, wenn – umgekehrt – die Erfahrungslücken und Leerstellen so groß werden, dass nicht nur der Andere, sondern auch der über viele Jahre gemeinsam bewohnbar gemachte Raum immer fremder, die Leere immer größer wird?

Das filmische Mittel zur Darstellung der Beziehungslosigkeit ist das Splitscreen-Verfahren, das Noé ohne große Geste wiederbelebt, weil es für das, was er erzählen will, verblüffend funktional ist: Als die Frau nach einer glücklichen, gemeinsamen Episode auf dem Balkon am Anfang des Films eines Morgens im Bett erwacht, schiebt sich von oben nach unten ein schwarzer, vertikaler Balken zwischen sie und den neben ihr liegenden Mann. In der Folge bewegen sich die beiden Figuren in der jeweils für sie vorgesehenen Bildhälfte, wir als Zuschauer sehen auf der gespaltenen Leinwand dem Nebeneinander des Paares zu. In einer Szene am Esstisch mit dem Sohn und Enkelkind reicht der Mann seiner Frau über den Trennungsbalken hinweg seine Hände und hält ihre Hände in ihrer Bildhälfte fest. Da scheint kurz auf, was möglich sein könnte, wenn der Ehemann nicht so überfordert wäre von der Demenz seiner Frau. Insgesamt aber macht der Film niemandem einen Vorwurf und zeigt einfach nur das parallele Leben und die zunehmende Verlorenheit in der jeweiligen Bildhälfte. Wenn der Mann dann stirbt, bleibt die rechte Bildhälfte schwarz. Links irrt die Frau allein durch die Wohnung, dreht schließlich das Gas auf, zieht sich die Bettdecke übers Gesicht und stirbt ebenfalls.

Bei der Trauerfeier werden Diabilder aus dem früheren Leben des Paares gezeigt. Der Film selbst zeigt daraufhin wie bei der Dia-Vorführung in der Trauerhalle einzelne Einstellungen der zurückgebliebenen leeren Wohnung. Nun ist die linke Bildhäfte, die zuvor von der Frau eingenommen wurde, schwarz, in der rechten Bildhälfte sieht man dabei zu, wie die Wohnung von Einstellung zu Einstellung immer leerer wird. Anfangs ist noch alles da: das Ehebett, die Filmplakate, die Bücher, die Halsketten der Frau an der Stange im Schlafzimmer, Toilettenpapier, Essensreste, all die im Lauf eines Lebens angesammelten und für den Alltag nötigen Dinge. Das in die Schreibmaschine eingespannte Blatt, die Kissen auf dem Sessel, die Zettel und Notizbücher, die beschrifteten Videokassetten und zerlesenen Zeitschriften – alles das steht noch spürbar in Beziehung zu den beiden Menschen, die hier zuvor gelebt haben. Aber da ist niemand mehr, der den Absatz auf der Schreibmaschine weiterschreiben würde, die Frau steht nicht mehr morgens auf und sucht sich eine ihrer bunten Halsketten aus. Ein paar Einstellungen später sieht man dann Umzugskisten, ausgeräumte Regale, das Bett ohne Matratze, die Wände kahl, die Zimmer leer …

Der französische Philosoph Jean-Luc Nancy versucht am Schluss seines Buches *Das nackte Denken* den Nihilismus als Abwesenheit eines Finales zu denken: Es gibt, so Nancy, keine Vollendung, kein Happy End, kein vom Subjekt hinterlassenes Monument, schon gar kein himmlisches

Paradies, es gibt aber auch keine finale Annullierung, keine Auslöschung und *Tabula rasa*, keinen abgeklärten Spott, keinen coolen Tanz auf den Ruinen oder die Feier der Absurdität. Nichts – das hieße immer auch »ein Nichts an Abschluss und Vernichtung« und unterschiede sich damit für Nancy von allen Totalitarismen und Identitätslehren, die die Abwesenheit eines Finales stets »*mit aller Gewalt auffüllen wollen*«.[5] »Fin« steht in der rechten Bildhälfte (fast) ganz am Ende von Noés *Vortex*, aber der Film hat diesem mächtigen kleinen Wort zum Trotz keinen Abschluss und kein Finale zu bieten. Schon alleine deshalb nicht, weil die linke Bildhälfte schwarz und das »Fin« auf der rechten Seite somit nur die halbe Wahrheit ist. Und auch wenn die Wohnung von Einstellung zu Einstellung immer leerer wird, es bleibt der Skandal dieses Endes. Es bleibt auch beim hier gezeigten Tod im Alter – ohne Gewalteinwirkung von außen – das Gefühl der Brutalität. Es bleibt der Schmerz über die zuvor erlebte Beziehungslosigkeit: über den vertikalen schwarzen Balken, der das Paar schon zu Lebzeiten trennt, über das Fremdwerden der dementen Frau in den eigenen Räumen, das sich in Lebruns leeren, verlorenen Blicken auf die sie umgebenden Dinge zeigt, wenn sie nachts alleine durch die Wohnung läuft. Der Trost der Dinge, von dem der Ethnologe Daniel Miller in seinem gleichnamigen Buch spricht[6] und der daher rührt, dass unsere Beziehung zu den Dingen auch Ausdruck unserer Beziehung zu anderen Menschen ist – diesen Trost gibt es für die Frau nicht mehr.

»Mein Kopf ist leer geräumt wie eine gekündigte Wohnung vor der Schlüsselübergabe«: Dieses Bild bezieht sich auf die Erfahrung einer sogenannten *transienten globalen Amnesie*, einer Gedächtnisstörung, die zum Glück nicht lange andauert, die aber insofern global ist, als sie alles betreffen kann, bis hin zum Namen der eigenen Tochter.[7] So gesehen ist die leer geräumte Wohnung am Ende von Noés Film auch ein Bild für das Vergessen – für das Vergessen der Frau, deren Kopf sich vielleicht schon so leer anfühlte, als sie noch durch die vollgestopfte Wohnung lief, aber auch für unser eigenes Vergessen, für unser brutales »Das Leben geht weiter«, das buchstäblich über Leichen geht. Paul Valéry hat zwar recht, wenn er schreibt: »*Ohne* Vergessen ist man nur Papagei.«[8] Man muss sich also immer wieder lösen vom erlernten Wissen, von vergangenen Bedeutungen, von allzu naheliegender, automatischer Anschlusskommunikation. Nur so bleibt man lebendig, nur so kann etwas Neues entstehen. Zu dieser Lebendigkeit gehört aber unbedingt auch die Erinnerung: »Vermöchte das Lebewesen sich nicht zu erinnern, so befände sich sein

Bewußtsein – wären seine Kenntnisse einmal hervorgebracht und verschwunden – immer an demselben Punkt – dem Nullpunkt – und würde die Erregung nicht überdauern.«[9] Dieser Nullpunkt wäre wohl das, was Noé im Motto des Films mit zersetztem Gehirn meint.

Doch wie absolut und restlos ist so ein angeblicher Nullpunkt? Spätestens seit Freuds *Notiz über den »Wunderblock«* wissen wir, dass es unterhalb der scheinbar leeren, gelöschten Oberfläche unseres Gedächtnisses zahllose Spuren der Vergangenheit gibt.[10] Haben diese Spuren vielleicht etwas mit dem Herzen zu tun, das sich laut Motto des Films ja offenbar später zersetzt als das Gehirn? Herzzerreißend jedenfalls ist die Szene im Film, in der Françoise Lebrun wieder einmal nachts durch ihre Wohnung irrt, die Haustür öffnet und im leeren Treppenhaus steht. Später wird sie beim Nachbarn klingeln, der tatsächlich auch im Schlafanzug herauskommt, seine Genervtheit zügelt und sie mit freundlichen Worten zurück in ihre Wohnung bringt. Vorher aber steht sie verwirrt im nächtlichen Flur. Sie schaut die Treppe hinunter, blickt sich um und stellt zweimal eine Frage, die nur aus einem einzigen Wort besteht. Zweimal fragt sie ins Leere: Chéri? Chéri?

Diese Szene ist alles Mögliche, sie ist aber mit Sicherheit kein Nullpunkt. Und auch uns Zuschauern gibt diese Szene nicht nur die Möglichkeit zu weinen. Wir können auch, während die Tränen trocknen, der Frage der Frau im leeren Treppenhaus nachhorchen und weiterfragen. Wen zum Beispiel meint sie eigentlich mit »Chéri«? Meint sie ihren Mann, der tot ist, oder vielleicht ihren Sohn, der sich um eine temporäre Pflegekraft und um ein Pflegeheim gekümmert hat, der in dieser Nacht aber nicht da ist, weil er ein eigenes, schwieriges Leben führt? Man könnte die eigenen Fragen in Vorwürfen und falschem Mitleid ersticken, aber so leicht macht es uns dieser Film nicht. Stattdessen könnte man weiterfragen, ob die ›Tragik‹ nicht auch in dieser ganzen kleinfamilialen Fixierung liegt. Gäbe es nicht vielleicht zwischen »Chéri« und Pflegeheim etwas Drittes?

Genau mit solchen offenen Fragen nach dem Dritten gelingt Noés Film die Abwesenheit des Finales, von der Jean-Luc Nancy spricht. Der Ort dieses Dritten – das sind am Ende wir selbst, die Zuschauer des Films, zurückgelassen oder besser gesagt: versetzt in eine Ratlosigkeit, die uns ach so souveräne Subjekte spüren lässt, dass wir letztlich keinen Plan haben, dass der Tod des Anderen unsere sonstige Egozentrik radikal revidiert.

Vortex – das bedeutet Strudel oder Wirbel, und im Wirbel all der Erinnerungen, die durch Noés Film ausgelöst werden, steht als Schlussbild, das keines ist, immer wieder die leergeräumte Wohnung. Schon im 19. Jahrhundert sind wir dem Bild bei Wilhelm Raabe begegnet, und bei aller Traurigkeit und allem Respekt in Noés Film führt uns diese Erinnerungsspur zu einem wichtigen Gefühl, das mit der Leere spätestens seit der Aufklärung verbunden ist: zu dem Gefühl, all den alten Ballast loswerden zu wollen, neu anzufangen, eben *Tabula rasa* zu machen. Hat man dieses Gefühl nicht die ganze Zeit, während die Kamera all die Dinge in der Pariser Wohnung zeigt? Und ist der leere Blick der Frau nicht auch Ausdruck dessen, dass die meisten Bücher, Videokassetten und Filmplakate gar nicht ihr gehören, sondern dem Mann, die Dinge ihr also bereits vor ihrer Demenz womöglich gar nicht so viel bedeutet haben? Die leergeräumte Wohnung nach dem Tod ist so gesehen durchaus auch ein Bild der möglichen Trennung des Paares zu Lebzeiten. Immerhin hatte der Mann eine Geliebte, er telefoniert mit ihr, während seine demente Frau mit ihm oder neben ihm in der Wohnung lebt.

So viele Erinnerungen, so viele Möglichkeiten. Für uns Dritte entsteht diese Freiheit des Blicks beim Zuschauen – im Unterschied zu dem in seinem Leben gefangenen Paar – dadurch, dass der Film sich zurückhält, dass er sich Zeit nimmt für die Begleitung seiner Figuren und Raum lässt für die Bilder. Eine leergeräumte Wohnung – jeder, der schon mal (mehr oder weniger freiwillig) umgezogen ist oder einen Haushalt auflösen musste, kennt diese Situation, kennt die Ambivalenz dieses Moments zwischen Schwermut, Panik und Erleichterung. Noés Film verweilt bewusst auf dieser Schwelle, in diesem Zwischenraum. Unsere Freiheit liegt vielleicht genau darin – im Nicht-mehr und Noch-nicht, in der kurzen Verzögerung der Schlüsselübergabe.

Anmerkungen

Prolog

[1] Saskia Trebing: Ist hier jemand? Die Ästhetik des Corona Virus. In: Monopol Magazin, 6.3.2020: https://www.monopol-magazin.de/coronavirus-aesthetik (20.4.2023).
[2] Vgl. Martin Burckhardt: Über dem Luftmeer. Vom Unbehagen in der Moderne. Berlin 2023, S. 36–51.
[3] Eva von Redecker: Bleibefreiheit. Frankfurt am Main 2023, S. 25–29.
[4] Walter Benjamin: Der destruktive Charakter. In: Ders.: Gesammelte Schriften. Hrsg. von Rolf Tiedemann u. Hermann Schweppenhäuser. Bd. IV/1. Frankfurt am Main 1991, S. 396–398.
[5] Vgl. Katajun Amirpur: In gleißendem Licht. In: Süddeutsche Zeitung, 9./10.12.2023, S. 20.
[6] Vgl. Hartmut Böhme: Das Volle und das Leere. Zur Geschichte des Vakuums, S. 2–26, hier: S. 21: https://www.hartmutboehme.de/media/vakuum.pdf (20.4.2023).
[7] Zum kulturpoetischen Begriff der Verhandlung/Negotiation und der textuellen Zirkulation sozialer Energien vgl. Stephen Greenblatt: Verhandlungen mit Shakespeare. Innenansichten der englischen Renaissance. Frankfurt am Main 1993, S. 9–33.
[8] Jacqueline Maria Broich u. Daniel Ritter: Die Stadtbrache als »terrain vague«. Geschichte und Theorie eines unbestimmten Zwischenraums in Literatur, Kino und Architektur. Bielefeld 2017, S. 157.
[9] Johann Wolfgang Goethe: Die Leiden des jungen Werthers. Studienausgabe. Paralleldruck der Fassungen von 1774 und 1787. Hrsg. von Matthias Luserke. Stuttgart 1999, S. 35.
[10] Zum Begriff der Leerstelle vgl. Bernhard J. Dotzler: Leerstellen. In: Literaturwissenschaft. Einführung in ein Sprachspiel. Hrsg. von Heinrich Bosse u. Ursula Renner. Freiburg i. Br. 1999, S. 211–229.
[11] Susan Sontag: Die Ästhetik des Schweigens. In: Dies.: Gesten radikalen Willens. Aus dem Amerikanischen von Jörg Trobitius. Mit einem Nachwort von Herfried Münkler. Frankfurt am Main 2022, S. 11–50, hier: S. 20f.
[12] Valentin Groebner: Aufheben, Wegwerfen. Vom Umgang mit schönen Dingen. Konstanz 2023, S. 137.
[13] Georg Wilhelm Friedrich Hegel: Phänomenologie des Geistes. In: Ders.: Werke in zwanzig Bänden. Bd. 3. Frankfurt am Main 1986, S. 290.

I. Die Leere am Anfang

[1] Lukrez: Über die Natur der Dinge. In deutsche Prosa übertragen und kommentiert von Klaus Binder. Mit einer Einführung von Stephen Greenblatt. 3. Aufl. Berlin 2015, S. 51. Vgl. auch Stephen Greenblatt: Die Wende. Wie die Renaissance begann. München 2012, S. 85.
[2] Vgl. den Art. »tabula rasa«. In: Wörterbuch der philosophischen Begriffe. Hrsg.

von Arnim Regenbogen u. Uwe Meyer. Hamburg 2013; Stephen Pinker: Das unbeschriebene Blatt. Die moderne Leugnung der menschlichen Natur. Frankfurt am Main 2017.
   3 Zur leeren, weißen Seite vgl. Jan Seithe: weiß raum. Ästhetik und Poesie weißer Flächen in Typografie, Literatur und bildender Kunst. Siegen 2020; Lars Schneider: Die *page blanche* in der Literatur und bildenden Kunst der Moderne. Paderborn 2016; Thomas Macho: Shining oder: Die weiße Seite. In: Weiß. Hrsg. von Wolfgang Ullrich u. Juliane Vogel. Frankfurt am Main 2003, S. 17–28.
   4 Jean Paul: Appendix des Appendix oder Meine Christnacht. Aus: Der Jubelsenior. In: Ders.: Sämtliche Werke. Hrsg. von Norbert Miller. München 1962, Abt. I, Bd. 4, S. 545.
   5 Zit. n. der Weimarer Lutherbibel von 1534.
   6 Vgl. Wilhelm Gesenius: Hebräisches und aramäisches Handwörterbuch über das Alte Testament. 18. Aufl. Berlin u. Heidelberg 2013, S. 1425 f.
   7 Karl-Heinz Göttert: Luthers Bibel. Geschichte einer feindlichen Übernahme. Frankfurt am Main 2017, S. 317.
   8 Vgl. hierzu etwa Peter Schäfer: Die Schlange war klug. Antike Schöpfungsmythen und die Grundlagen des westlichen Denkens. München 2022, S. 83 ff.
   9 Vgl. hierzu etwa Stefan Maul: Kosmologie und Kosmogonie in der antiken Literatur. Das sog. Babylonische Weltschöpfungsepos *enūma eliš*. In: Pascale Derron (Hrsg.): Cosmologies et cosmogonies dans la littérature antique. Vandoeuvres 2015, S. 15–49, hier: S. 20–23.
   10 Vgl. Schäfer: Die Schlange war klug, S. 36 ff., u. Manfred Krebernik: Altorientalische(ist)ische und biblische Schöpfungsmythen. In: K. Manger (Hrsg.): Jenaer Universitätsreden. Philosophische Fakultät. Antrittsvorlesungen VII. Jena 2005, S. 143–169, hier: S. 160 f.
   11 Art. »Chaos«. In: Hans Dieter Betz u. a. (Hrsg.): Religion in Geschichte und Gegenwart. Handwörterbuch für Theologie und Religionswissenschaft. 4. Aufl. Tübingen 1998–2007, Bd. 2, S. 102–109, hier: S. 103.
   12 Die Götter- und Heldenlieder der Älteren Edda. Übersetzt, kommentiert u. herausgegeben von Arnulf Krause. Stuttgart 2011, S. 12.
   13 Augustinus: Bekenntnisse. Zweisprachige Ausgabe. Aus dem Lateinischen von Joseph Bernhart. Mit einem Vorwort von Ernst Ludwig Grasmück. 4. Aufl. Frankfurt am Main 1994, S. 623.
   14 Vgl. Christoph Schulte: Zimzum. Gott und Weltursprung. Berlin 2014.
   15 Augustinus: Bekenntnisse, S. 625 f.
   16 Stephen Hawking: Kurze Antworten auf große Fragen. Aus dem Englischen von Susanne Held und Hainer Kober. Stuttgart 2020, S. 90.
   17 Augustinus: Bekenntnisse, S. 613.
   18 Ebd., S. 617–619.
   19 Albrecht Koschorke: Wahrheit und Erfindung. Grundzüge einer Allgemeinen Erzähltheorie. Frankfurt am Main 2012, S. 396.
   20 Aristoteles: Poetik. Übersetzt und herausgegeben von Manfred Fuhrmann. Stuttgart 1982, S. 25.
   21 Art. »Creatio ex nihilo«. In: Hans Dieter Betz u. a. (Hrsg.): Religion in Geschichte und Gegenwart. Handwörterbuch für Theologie und Religionswissenschaft. 4. Aufl. Tübingen 1998–2007, Bd. 2, S. 485–489, hier: S. 487.
   22 Ebd., S. 485 f.
   23 Laozi: Daodejing. Das Buch vom Weg und von der Tugend. Aus dem Chinesischen übersetzt und herausgegeben von Günther Debon. Ditzingen 2020, S. 32.
   24 Zhuangzi: Das Buch der daoistischen Weisheit. Auswahl. Aus dem Chinesischen von Viktor Kalinke. Ditzingen 2020, S. 37 f.

I. Die Leere am Anfang

[25] Zit. n. Ernst A. Schmidt: Das Leere. Eine Untersuchung der Theorien in Antike und Früher Neuzeit. Frankfurt am Main 2021, S. 28 [Diels/Kranz 30 B7 (7)].
[26] Die Vorsokratiker. Griechisch–Deutsch. Ausgewählt, übersetzt und erläutert von Jaap Mansfeld u. Oliver Primavesi. Ditzingen 2012, S. 449 [Nr. 51; Diels/Kranz: 31 B 14].
[27] Schmidt: Das Leere, S. 11.
[28] Vgl. Aristoteles: Physikvorlesung. Teilband 1: Bücher I–IV. Griechisch–Deutsch. Mit einer Einleitung, Literaturverzeichnis u. Anmerkungen herausgegeben v. Gottfried Heinemann. Hamburg [2021], S. 151–175. Zu Aristoteles' Kritik an der atomistischen Theorie des Leeren vgl. Schmidt: Das Leere, S. 77–79, sowie Edward Grant: Much Ado about Nothing. Theories of space and vacuum from the Middle Ages to the Scientific Revolution. Cambridge u. a. 1981, S. 5–8.
[29] Aristoteles: Physikvorlesung, S. 131 [4.4 209a7].
[30] Ebd., S. 145 [4.4 212a5/6].
[31] Zum philosophischen Motiv des Krugs vgl. Martin Heidegger: Das Ding. In: Ders.: Gesamtausgabe. I. Abt. Bd. 7: Vorträge und Aufsätze. Frankfurt am Main 2000, S. 167–187. Für Heidegger läuft die Leere des Krugs auf ein mit den Dingen verbundenes Schenken, also auf eine Theorie der Gabe hinaus: »Im Schenken des Gusses west das Fassen des Gefäßes. Das Fassen bedarf der Leere als des Fassenden. Das Wesen der fassenden Leere ist in das Schenken versammelt« (S. 164).
[32] Aristoteles: Physikvorlesung, S. 143–145 [4.4 211b14–b19].
[33] Ebd., S. 147 [4.4 212 a8–a21].
[34] Ebd. S. 147 [4.4 212 a14].
[35] Ebd., S. 131[4.1 208b27–209a2].
[36] Zum Begriff des *Horror vacui* vgl. den Art. »Horror vacui«. In: Historisches Wörterbuch der Philosophie. Hrsg. von Joachim Ritter, Karlfried Gründer u. Gottfried Gabriel. Bd. 3. Basel u. Stuttgart 1974, Sp. 1206–1212; Grant: Much Ado about Nothing, S. 67 ff.; Schmidt: Das Leere, S. 157–170; Henning Genz: Die Entdeckung des Nichts. Leere und Fülle im Universum. München u. Wien 1994, S. 123–129; John D. Barrow: The Book of Nothing. London 2001, S. 75–84.
[37] Grant: Much Ado about Nothing, S. 68.
[38] Mansfeld/Primavesi (Hrsg.): Die Vorsokratiker, S. 517–519 [Nr. 116; Diels/Kranz: 31 B 100].
[39] Zur Poren- und *microvoid*-Theorie vgl. Schmidt: Das Leere, S. 85–134.
[40] Ebd., S. 163.
[41] Genz: Die Entdeckung des Nichts, S. 126.
[42] Ebd., S. 129.
[43] Ebd., S. 124.
[44] Böhme: Das Volle und das Leere, S. 18.
[45] Torricelli an Ricci, 11.6.1644, zit. nach Genz: Die Entdeckung des Nichts, S. 147.
[46] Vgl. zu den folgenden Experimenten ebd., S. 145–165.
[47] Schmidt: Das Leere, S. 41.
[48] Otto von Guericke: Neue (sogenannte) Magdeburger Versuche über den leeren Raum. Übersetzt u. herausgegeben von Hans Schimank. Unter Mitarbeit von Hans Gossen, Gregor Maurach u. Fritz Krafft. Düsseldorf 1968, S. 70.
[49] Böhme: Das Volle und das Leere, S. 19.
[50] Vgl. hierzu Edward Grant: Das physikalische Weltbild des Mittelalters. Aus dem Amerikanischen von Jan Prelog. Zürich u. München 1980, S. 129–144.
[51] Blaise Pascal: Vom Glück und Elend des Menschen. Aus dem Französischen von Ulrich Kunzmann. Frankfurt am Main 2010, S. 88 [Fragment 199 (Lafumas)/72 (Brunschvicg)].

52 Ebd., S. 61 [Fragment 136/139].
53 Ebd., S. 63 [Fragment 137/142].
54 Martin Luther: Das große Lesebuch. Hrsg., in modernes Deutsch gebracht, kommentiert und mit einer Einleitung versehen von Karl-Heinz Göttert. Frankfurt am Main 2016, S. 128 u. 182.
55 Meister Eckhart: Von der Abgeschiedenheit. In: Ders.: Werke II. Hrsg. u. kommentiert von Niklaus Largier. Frankfurt am Main 2008, S. 434–459, hier: S. 443.
56 Pascal: Vom Glück und Elend des Menschen, S. 87 [Fragment 199/72].
57 William Shakespeare: König Lear. In: Erich Fried: Shakespeare. Bd. 3. Frankfurt am Main u. Wien 1989, S. 148 (I/1).

II. Substanzverluste

1 Arthur Schopenhauer: Die Welt als Wille und Vorstellung. In: Ders.: Werke in zwei Bänden. Hrsg. von Werner Brede. Bd. 1. München 1977, S. 360 [§ 54].
2 Georg Büchner: Lenz. In: Ders.: Sämtliche Werke, Briefe und Dokumente in zwei Bänden. Hrsg. von Henri Poschmann. Bd. 1. Frankfurt am Main 1992, S. 225.
3 Georg Büchner: Brief an die Familie, Oktober 1835. In: Ders.: Sämtliche Werke, Briefe und Dokumente in zwei Bänden. Bd. 2. Hrsg. von Henri Poschmann. Frankfurt am Main 1992, S. 419.
4 Büchner: Lenz, S. 250.
5 Goethe: Die Leiden des jungen Werthers, S. 177.
6 Vgl. hierzu das Kapitel »Hello emptiness«.
7 Büchner: Lenz, S. 250.
8 Ebd., S. 226.
9 Johann Wolfgang Goethe: Werke. Jubiläumsausgabe. Bd. 5: Dichtung und Wahrheit. Hrsg. von Klaus-Detlef Müller. Frankfurt am Main u. Leipzig 1998, S. 442 (11. Buch).
10 Büchner: Lenz, S. 242.
11 Ludwig Tieck: Der Aufruhr in den Cevennen. In: Ders.: Werke in vier Bänden. Bd. 4: Romane. Hrsg. von Marianne Thalmann. München 1966, S. 77. Vgl. auch den Kommentar in Büchner: Lenz, S. 856.
12 Voltaire: Candide oder der Optimismus. Aus dem Französischen übersetzt und herausgegeben von Wolfgang Tschöke. München u. Wien 2002, S. 10.
13 Vgl. hierzu das Kapitel »Da ist niemand« in: Marie-Luisa Frick: Mutig denken. Aufklärung als offener Prozess. Stuttgart 2020, S. 92–103.
14 Jean Paul: Vorschule der Ästhetik. In: Ders.: Sämtliche Werke. Abt. I, Bd. 5. Hrsg. von Norbert Miller. München 1963, S. 201.
15 Ebd., S. 173.
16 Vgl. hierzu Sascha Michel: Ordnungen der Kontingenz. Figurationen der Unterbrechung in Erzähldiskursen um 1800 (Wieland – Jean Paul – Brentano). Tübingen 2006, S. 163–169.
17 Jean Paul: Blumen-, Frucht und Dornenstücke oder Ehestand, Tod und Hochzeit des Armenadvokaten F. St. Siebenkäs. In: Ders.: Sämtliche Werke. Abt. I, Bd. 2. Hrsg. von Norbert Miller. München 1959, S. 272 f.
18 Voltaire: Candide, S. 10.
19 Büchner: Lenz, S. 226.
20 Georg Büchner: Woyzeck. In: Ders.: Sämtliche Werke, Briefe und Dokumente in zwei Bänden. Bd. 1, S. 168 f.
21 Friedrich Nietzsche: Die fröhliche Wissenschaft. In: Ders.: Kritische Studien-

II. Substanzverluste 221

ausgabe [KSA]. Bd. 3. Hrsg. von Giorgio Colli und Mazzino Montinari. München 1988, S. 481.

[22] Lord Byron: Selected Poems. Hrsg. von Susan J. Wolfson u. Peter J. Manning. London 2005, S. 412–414.

[23] Samuel Taylor Coleridge an Sara Hutchinson, Juni 1802, zit. n. Jim Holt: Gibt es Alles oder Nichts? Eine philosophische Detektivgeschichte. Aus dem Englischen von Hainer Kober. Reinbek bei Hamburg 2017, S. 61.

[24] Vgl. Timo Feldhaus: Mary Shelleys Zimmer. Als 1816 ein Vulkan die Welt verdunkelte. Hamburg 2022.

[25] Manfred Schneider: Das Attentat. Kritik der paranoischen Vernunft. Berlin 2010, S. 561–589, hier: S. 561.

[26] Jean Paul: Die wunderbare Gesellschaft in der Neujahrsnacht. In: Ders.: Sämtliche Werke. Abt. I, Bd. 4, S. 1121–1138, hier: S. 1133.

[27] Mary Shelley: Der letzte Mensch. Aus dem Englischen übersetzt und mit Anmerkungen von Irina Philippi. Durchgesehen und mit einem Nachwort von Rebekka Rohleder. Mit einem Essay von Dietmar Dath. Ditzingen 2021, S. 532 u. 534.

[28] Ebd., S. 544.

[29] Immanuel Kant: Das Ende aller Dinge. In: Ders.: Werke in zwölf Bänden. Hrsg. von Wilhelm Weischedel. Bd. 11. Frankfurt am Main 1977, S. 175–190, hier: S. 180.

[30] Ebd., S. 187.

[31] Ebd., S. 185.

[32] Ebd., S. 177.

[33] Vgl. hierzu Herbert Schnädelbach: Religion in der modernen Welt. Frankfurt am Main 2009, S. 12–15.

[34] Thomas Hobbes: Vom Körper. Elemente der Philosophie I. Ausgewählt und übersetzt von Max Frischheisen-Köhler. Hamburg 1967, S. 77.

[35] René Descartes: Meditationen. Dreisprachige Parallelausgabe. Latein – Französisch – Deutsch. Hrsg. von Andreas Schmidt. Göttingen 2004, S. 55.

[36] Ebd., S. 65.

[37] Ebd., S. 69.

[38] Michel Foucault: Wahnsinn und Gesellschaft. Eine Geschichte des Wahns im Zeitalter der Vernunft. Aus dem Französischen von Ulrich Köppen. Frankfurt am Main 1989, S. 68.

[39] Vgl. Jacques Derrida: Cogito und Geschichte des Wahnsinns. In: Ders.: Die Schrift und die Differenz. Übersetzt von Rodolphe Gasché. Frankfurt am Main 2016, S. 53–101.

[40] Slavoj Žižek: Weniger als nichts. Hegel und der Schatten des dialektischen Materialismus. Aus dem Englischen von Frank Born. Berlin 2014, S. 452.

[41] Slavoj Žižek: Die Nacht der Welt. Psychoanalyse und Deutscher Idealismus. Aus dem Englischen und Französischen von Isolde Charim, Andreas Cremonini u. a. Frankfurt am Main 1998, S. 11.

[42] David Hume: A Treatise of Human Nature. Hrsg. von L. A. Selby-Bigge. Oxford 1958, S. 252. »The mind is a kind of theatre, where several perceptions successively make their appearance; pass, re-pass, glide away, and mingle in an infinite variety of postures and situations. There is properly no simplicity in it at one time, nor identity in different […]« (ebd., S. 253).

[43] Hume: A Treatise of Human Nature, S. 262. – Vgl. hierzu den Aufsatz von Aleida Assmann: Die Wunde der Zeit. Wordworth und die romantische Erinnerung. In: Memoria. Vergessen und Erinnern. Hrsg. von Anselm Haverkamp u. Renate Lachmann. München 1993, S. 359–382, zu Hume S. 371–373.

[44] Nicht zufällig bezieht sich ein Denker der Immanenz wie Gilles Deleuze nicht

nur auf Nietzsche, sondern auch auf Hume. Wie Nietzsche denkt Hume das Subjekt nicht als Ursache und Substanz, sondern als Effekt unseres Denkens. Vgl. hierzu Daniel-Pascal Zorn: Die Krise des Absoluten. Was die Postmoderne hätte sein können. Stuttgart 2022, S. 66 ff. Wie vor allem Nietzsche in der französischen Rezeption etwa bei Michel Foucault zu einem kritischen Denker der Leere wird, zeigt eine berühmte Passage in der *Ordnung der Dinge*: »Durch eine philologische Kritik, durch eine bestimmte Form des Biologismus hat Nietzsche den Punkt wiedergefunden, an dem Mensch und Gott sich gehören, an dem der Tod des zweiten synonym mit dem Verschwinden des ersten ist und wo die Verheißung des Übermenschen zunächst und vor allem das Bevorstehen des Todes des Menschen bedeutet. […] In unserer heutigen Zeit kann man nur noch in der Leere des verschwundenen Menschen denken. Diese Leere stellt kein Manko her, sie schreibt keine auszufüllende Lücke vor. Sie ist nichts mehr und nichts weniger als die Entfaltung eines Raums, in dem es schließlich möglich ist, zu denken« (Michel Foucault: Die Ordnung der Dinge. Eine Archäologie der Humanwissenschaften. Aus dem Französischen von Ulrich Köppen. 13. Aufl. Frankfurt am Main 1995, S. 412).

45 Kant: Kritik der reinen Vernunft. In: Ders.: Werke in zwölf Bänden. Bd. 3/4, S. 137 (B 134, Anm.). Zu den folgenden Ausführungen vgl. Michel: Ordnungen der Kontingenz, S. 38–50.

46 Kant: Anthropologie in pragmatischer Hinsicht. In: Ders.: Werke in zwölf Bänden. Bd. 12, S. 417.

47 Kant: Kritik der reinen Vernunft, S. 397 (A 402).

48 Ebd., S. 397 (A 401).

49 Ebd., S. 397 (A 402).

50 Ebd., S. 373 f. (A 366).

51 Ebd., S. 344 (B 404).

52 Immanuel Kant: Träume eines Geistersehers, erläutert durch Träume der Metaphysik. In: Ders.: Werke in zwölf Bänden. Bd. 2, S. 919–989, hier: S. 983.

53 Manfred Frank: »Intellektuale Anschauung«. Drei Stellungnahmen zu einem Deutungsversuch von Selbstbewußtsein: Kant, Fichte, Hölderlin/Novalis«. In: Die Aktualität der Frühromantik. Hrsg. von Ernst Behler u. Jochen Hörisch. Paderborn, München u. a. 1987, S. 96–126, hier S. 109.

54 Novalis: Schriften. Die Werke Friedrich von Hardenbergs. Hrsg. von Paul Kluckhohn, Richard Samuel, Hans-Joachim Mähl u. Gerhard Schulz. Bd. II. Stuttgart 1960 ff., S. 104.

55 Friedrich Schlegel: Kritische Ausgabe. Hrsg. von Ernst Behler u. a. Bd. II. München u. a. 1958 ff., S. 306.

56 Novalis: Schriften. Bd. I, S. 325.

57 Georg Wilhelm Friedrich Hegel: Jenaer Systementwürfe III: Naturphilosophie und Philosophie des Geistes. Neu herausgegeben von Rolf-Peter Horstmann. Hamburg 1987, S. 172.

58 Gerhard Gamm: Der Deutsche Idealismus. Eine Einführung in die Philosophie von Fichte, Hegel und Schelling. Stuttgart 2015, S. 103.

59 Hegel: Phänomenologie des Geistes, S. 39.

60 Slavoj Žižek: Das Unbehagen im Subjekt. Aus dem Englischen von Andreas Leopold Hofbauer. Wien 1998, S. 40.

61 Galiani: Gedanken und Beobachtungen. In: Die französischen Moralisten. Bd. 2. Hrsg. u. übersetzt von Fritz Schalk. München 1974, S. 45.

62 John Locke: Ein Brief über Toleranz. Übersetzt, eingeleitet und in Anmerkungen erläutert von Julius Ebbinghaus. Englisch – Deutsch. Hamburg 1996, S. 94.

63 Hegel: Phänomenologie des Geistes, S. 290.

II. Substanzverluste

⁶⁴ Kant: Die Metaphysik der Sitten. In: Ders.: Werke in zwölf Bänden. Bd. 8, S. 585. Vgl. Max Horkheimer / Theodor W. Adorno: Dialektik der Aufklärung. Philosophische Fragmente. Frankfurt am Main 1988, S. 93.
⁶⁵ Winfried Schröder: Moralischer Nihilismus. Radikale Moralkritik von den Sophisten bis Nietzsche. Stuttgart 2005, S. 141 ff.
⁶⁶ Horkheimer / Adorno: Dialektik der Aufklärung, S. 126.
⁶⁷ Michel Foucault: Das unendliche Sprechen. In: Ders.: Schriften zur Literatur. Aus dem Französischen von Karin von Hofer u. Anneliese Botond. Frankfurt am Main 1993, S. 90–103, hier: S. 101.
⁶⁸ Ebd.
⁶⁹ Donatien Alphonse François Marquis de Sade: Die Philosophie im Boudoir. In: Ders.: Ausgewählte Werke. Hrsg. von Marion Luckow. Bd. 3. Frankfurt am Main 1972, S. 196.
⁷⁰ Roland Barthes: Sade Fourier Loyola. Frankfurt am Main 1986, S. 28 f.
⁷¹ Hannah Arendt im Gespräch mit Joachim Fest: https://www.youtube.com/watch?v=GN6rzHemaYo [ab 16:04] (8.3.2024).
⁷² Marquis de Sade: Die 120 Tage von Sodom. In: Ders.: Ausgewählte Werke. Bd. 1, S. 124–127.
⁷³ Ebd., S. 125.
⁷⁴ Vgl. Ralf Konersmann: Die Unruhe der Welt. Frankfurt am Main 2015. Vgl. auch Sascha Michel: Die Unruhe der Bücher. Vom Lesen und was es mit uns macht. Stuttgart 2020, S. 13–29.
⁷⁵ Theodor W. Adorno: Minima Moralia. Reflexionen aus dem beschädigten Leben. Frankfurt am Main 1985, S. 131.
⁷⁶ Kant: Grundlegung zur Metaphysik der Sitten. In: Ders.: Werke in zwölf Bänden. Bd. 7, S. 51 u. 61.
⁷⁷ Bettina Stangneth: Böses Denken. Reinbek bei Hamburg 2016, S. 48.
⁷⁸ Vgl. Omri Boehm: Radikaler Universalismus. Jenseits von Identität. Berlin 2022, S. 14–23.
⁷⁹ Jürgen Habermas: Nachmetaphysisches Denken. Philosophische Aufsätze. Frankfurt am Main 1992, S. 185.
⁸⁰ Jürgen Habermas: Eine genealogische Betrachtung zum kognitiven Gehalt der Moral. In: Ders.: Philosophische Texte. Studienausgabe in fünf Bänden. Bd. 3: Diskursethik. Frankfurt am Main 2009, S. 302–359, hier: S. 336. Vgl. hierzu auch: Glück. Ein philosophischer Streifzug. Hrsg. von Sascha Michel. Frankfurt am Main 2010, S. 243–256.
⁸¹ Martin Seel: Wege einer Philosophie des Glücks. In: Glück und Ethik. Hrsg. von Joachim Schlummer. Würzburg 1998. S. 109–123, hier: S. 114.
⁸² Ebd., S. 115.
⁸³ Ebd., S. 123.
⁸⁴ Martin Seel: Paradoxien der Erfüllung. In: Glück. Ein philosophischer Streifzug, S. 190–204, hier: S. 200.
⁸⁵ Žižek: Die Nacht der Welt, S. 83.
⁸⁶ Zum Zusammenhang von Nichtwissen, Nicht-Identität und Ethik vgl. etwa Judith Butler: Kritik der ethischen Gewalt. Adorno-Vorlesungen 2002. Aus dem Englischen von Reiner Ansén. Frankfurt am Main 2003, S. 31.
⁸⁷ Kant: Kritik der Urteilskraft. In: Ders.: Werke in zwölf Bänden. Bd. 10, S. 215 (§ 33).
⁸⁸ Ebd., S. 156 (§ 18).
⁸⁹ Ebd., S. 228 (§ 40).

90 Vgl. hierzu Juliane Rebentisch: Die Kunst der Freiheit. Zur Dialektik demokratischer Existenz. Berlin 2012.
91 Claude Lefort: Die Frage der Demokratie. In: Autonome Gesellschaft und libertäre Demokratie. Aus dem Französischen von Kathrina Menke. Hrsg. von Ulrich Rödel. Frankfurt am Main 1990, S. 281–297, hier: S. 293.
92 Martin Saar: Gegen-Politik. Zur Negativität der Demokratie. In: Negativität. Kunst, Recht, Politik. Hrsg. von Thomas Khurana u. a. Berlin 2018, S. 281–292, hier: S. 285.
93 Ebd., S. 288.
94 Ebd., S. 291.
95 Horkheimer/Adorno: Dialektik der Aufklärung, S. 215.
96 Ein schönes Beispiel für institutionalisiertes Zögern stellt Sidney Lumets Film *Die zwölf Geschworenen* (1957) dar. Vgl. hierzu Hauke Brunkhorst: Solidarität unter Fremden. Frankfurt am Main 1997, S. 48 ff.
97 Jean-Jacques Rousseau: Brief an d'Alembert über das Schauspiel. In: Ders.: Schriften I. Hrsg. von Henning Ritter. Frankfurt am Main 1995, S. 333–474, hier: S. 462 f.
98 Andreas Reckwitz: Das hybride Subjekt. Ein Theorie der Subjektkulturen von der bürgerlichen Moderne zur Postmoderne. Überarbeitete Neuaufl. Berlin 2020, S. 123.
99 Vgl. ebd., S. 183.
100 Ebd., S. 124.
101 Kant: Anthropologie in pragmatischer Hinsicht, S. 556.
102 Vgl. Wolfgang Herrndorf: Arbeit und Struktur. Berlin 2013.
103 Kant: Anthropologie in pragmatischer Hinsicht, S. 557.
104 Ebd., S. 554 f.
105 Jean-Jacques Rousseau: Emil oder über die Erziehung. Vollständige Ausgabe. In neuer deutscher Fassung besorgt von Ludwig Schmidts. Paderborn 1971, S. 193.
106 Goethe: Die Leiden des jungen Werthers, S. 133 u. 135.
107 Büchner: Leonce und Lena. In: Ders.: Sämtliche Werke, Briefe und Dokumente in zwei Bänden. Bd. 1, S. 103.
108 Vgl. Reckwitz: Das hybride Subjekt, S. 177 ff.
109 Goethe: Dichtung und Wahrheit, S. 538.
110 Ebd., S. 539.
111 Georg Wilhelm Friedrich Hegel: Vorlesungen über die Ästhetik I. In: Ders.: Werke in zwanzig Bänden. Bd. 13. Frankfurt am Main 1986, S. 96.
112 Vgl. Alain Ehrenberg: Das erschöpfte Selbst. Depression und Gesellschaft in der Gegenwart. Aus dem Französischen von Manuela Lenzen und Martin Klaus. Frankfurt am Main 2008; Byung-Chul Han: Müdigkeitsgesellschaft. 8. Aufl. Berlin 2013.
113 Büchner: Lenz, S. 228. Vgl. auch: Christoph Menke / Juliane Rebentisch (Hrsg.): Kreation und Depression. Freiheit im gegenwärtigen Kapitalismus. Berlin 2010.
114 Vgl. Reckwitz: Das hybride Subjekt, S. 217.
115 Adorno: Minima Moralia, S. 207 f.
116 Goethe: Dichtung und Wahrheit, S. 538.
117 Vgl. Reckwitz: Das hybride Subjekt, S. 131 u. 138–145.
118 Vgl. hierzu etwa Wolf Lepenies: Melancholie und Gesellschaft. Mit einer neuen Einleitung. Frankfurt am Main 1998.

III. Die Leere im Jahrhundert der Dinge

[1] Hartmut Böhme: Fetischismus und Kultur. Eine andere Theorie der Moderne. Reinbek bei Hamburg 2006, S. 17 f.
[2] Karl Marx / Friedrich Engels: Manifest der Kommunistischen Partei. In: Dies.: Studienausgabe. Hrsg. von Iring Fetscher. Bd. III: Geschichte und Politik 1. Frankfurt am Main 1990, S. 59–87, hier: S. 63.
[3] Ebd., S. 62.
[4] Sigmund Freud: Trauer und Melancholie. In: Ders.: Gesammelte Werke. Unter Mitwirkung von Marie Bonaparte, Prinzessin Georg von Griechenland, hrsg. von Anna Freud u. a. Bd. 10. Frankfurt am Main 1999, S. 427–446, hier: S. 433.
[5] Walter Benjamin: Ursprung des deutschen Trauerspiels. In: Ders.: Gesammelte Schriften. Hrsg. von Rolf Tiedemann u. Hermann Schweppenhäuser. Bd. I/1. Frankfurt am Main 1980, S. 203–430, hier: S. 298.
[6] Martina Wagner-Egelhaaf: Die Melancholie der Literatur. Diskursgeschichte und Textfiguration. Stuttgart u. Weimar 1997, S. 530.
[7] Edgar Allan Poe: The Raven / Der Rabe. In: Ders.: Gesammelte Werke in 5 Bänden. Aus dem Amerikanischen von Arno Schmidt, Hans Wollschläger u. a. Bd. 5. Zürich 1994, S. 138.
[8] Charles Baudelaire: Les Fleurs du Mal / Die Blumen des Bösen. In: Ders.: Sämtliche Werke / Briefe in acht Bänden. Hrsg. von Friedhelm Kemp und Claude Pichois in Zusammenarbeit mit Wolfgang Drost. Bd. 3. München 1975, S. 244 f.
[9] Baudelaire: Der Maler des modernen Lebens. In: Ders.: Sämtliche Werke. Bd. 5, S. 225 f.
[10] Poe: Der Massenmensch. In: Ders.: Gesammelte Werke. Bd. 2, S. 229.
[11] Benjamin: Ursprung des deutschen Trauerspiels, S. 359.
[12] Benjamin: Ursprung des deutschen Trauerspiels, S. 354.
[13] Baudelaire: Edgar Allan Poe. Sein Leben und seine Werke. In: Ders.: Sämtliche Werke. Bd. 2, S. 292.
[14] Vgl. Gilles Deleuze / Félix Guattari: 1440 – Das Glatte und das Gekerbte. In: Raumtheorie. Grundlagentexte aus Philosophie und Kulturwissenschaften. Hrsg. von Jörg Dünne u. Stephan Günzel in Zusammenarbeit mit Hermann Doetsch u. Roger Lüdeke. Frankfurt am Main 2006, S. 434–446.
[15] Walter Benjamin: Das Passagen-Werk. In: Ders.: Gesammelte Schriften. Hrsg. von Rolf Tiedemann. Bd. V/2. Frankfurt am Main 1991, S. 672.
[16] Günter Oesterle: Zu einer Kulturpoetik des Interieurs im 19. Jahrhundert. In: Zeitschrift für Germanistik 3/2013, S. 543–557, hier: S. 549.
[17] Karl Marx / Friedrich Engels: Manifest der Kommunistischen Partei, S. 63
[18] Wilhelm Raabe: Zum wilden Mann. Hrsg. von Axel Dunker. Stuttgart 2006, S. 6.
[19] Ebd., S. 14.
[20] Ebd., S. 20
[21] Oesterle: Zu einer Kulturpoetik des Interieurs, S. 556.
[22] Raabe: Zum wilden Mann, S. 101 f.
[23] Wilhelm Raabe: Die Akten des Vogelsangs. Mit Anmerkungen von Michael Ritterson u. einem Nachwort von Wolfgang Preisendanz. Stuttgart 1996, S. 167
[24] Ebd., S. 16.
[25] Ebd., S. 169.
[26] Vgl. Fatma Yalçin: Anwesende Abwesenheit. Untersuchungen zur Entwicklungsgeschichte von Bildern mit menschenleeren Räumen, Rückenfiguren und Lauschern im holländischen 17. Jahrhundert. München u. Berlin 2004.
[27] Raabe: Die Akten des Vogelsangs, S. 165.

28 Vgl. ebd., S. 166.
29 Ebd., S. 168.
30 Ebd., S. 170.
31 Zu Stifters Erzählung vgl. Claudia Öhlschläger: Weiße Räume. Transgressionserfahrungen bei Adalbert Stifter. In: JASILO 9/10 (2002/2003), S. 55–68; Juliane Vogel: Mehlströme/Mahlströme. Weißeinbrüche in der Literatur des 19. Jahrhunderts. In: Ullrich/Vogel (Hrsg.): Weiß, S. 167–192; Sabine Schneider: Bildlöschung. Stifters Schneelandschaften und die Aporien realistischen Erzählens. In: Variations 16 (2008), S. 175–188. Zum literarischen Topos der Leere im 19. Jahrhundert vgl. auch Mariane Kesting: Der Schrecken der Leere. Zur Metaphorik der Farbe Weiß bei Poe, Melville und Mallarmé. In: Dies.: Entdeckung und Destruktion. Zur Strukturumwandlung der Künste. München 1970, S. 94–119.
32 Adalbert Stifter: Aus dem bairischen Walde. In: Ders.: Sämtliche Erzählungen nach den Erstdrucken. Hrsg. von Wolfgang Matz. München 2005, S. 1515–1543, hier: S. 1530.
33 Ebd., S. 1520.
34 Ebd., S. 1519.
35 Ebd., S. 1543.
36 Ebd., S. 1518.
37 Sabine Schneider spricht analog vom »Umschlag von der Gegenstandstreue zur Abstraktion« (Schneider: Bildlöschung, S. 188).
38 Sabine Frost: Whiteout. Schneefälle und Weißeinbrüche in der Literatur ab 1800. Bielefeld 2011, S. 302.
39 Kant: Kritik der Urteilskraft, S. 169 ff.
40 Kant: Kritik der Urteilskraft, S. 184 ff.
41 Friedrich Schiller: Vom Erhabenen. In: Ders.: Sämtliche Werke. Hrsg. von Gerhard Fricke u. Herbert G. Göpfert. 9., durchgesehene Aufl. Bd. 5. Darmstadt 1993, S. 489–512, hier: S. 490.
42 Friedrich Schiller: Über das Erhabene. In: Ebd., S. 792–808, hier: S. 797.
43 Schiller: Vom Erhabenen, S. 491.
44 Kant: Kritik der Urteilskraft, S. 193.
45 Ebd.
46 In der philosophischen Tradition bezeichnet »Privation« die Abwesenheit positiver Dingqualitäten und geht zurück auf den *steresis*-Begriff bei Aristoteles.
47 Edmund Burke: Philosophische Untersuchung über den Ursprung unserer Ideen vom Erhabenen und Schönen. Übersetzt von Friedrich Bassenge. Neu eingeleitet und herausgegeben von Werner Strube. 2. Aufl. Hamburg 1989, S. 107.
48 Schiller: Vom Erhabenen, S. 506. Bereits Georg Christoph Lichtenberg hat konstatiert, dass »ein Gedicht auf den leeren Raum einer großen Erhabenheit fähig wäre« (Georg Christoph Lichtenberg: Schriften und Briefe. Hrsg. von Wolfgang Promies. Bd. 2. München 1971, S. 437 [Sudelbücher, K 202]).
49 Karen Bork: Gemalte Leere. Furcht und Faszination im französischen Historienbild des 19. Jahrhunderts. Frankfurt am Main u. a. 2000.
50 Gottfried Keller: Der grüne Heinrich. Erste Fassung. Hrsg. von Thomas Böning u. Gerhard Kaiser. Frankfurt am Main 2007, S. 654–656.
51 Ebd., S. 661 f.
52 Schiller: Vom Erhabenen, S. 507.
53 Christine Pries: Übergänge ohne Brücken. Kants Erhabenes zwischen Kritik und Metaphysik. Berlin 1996, S. 193.
54 Poe: Umständlicher Bericht des Arthur Gordon Pym von Nantucket. Aus dem Amerikanischen von Arno Schmidt. In: Ders.: Gesammelte Werke. Bd. 4, S. 157.
55 Ebd., S. 165.

56 Ebd., S. 261.
57 Ebd., S. 262.
58 Ebd.
59 »Auf See herrscht die Freiheit des Naturzustandes, nicht die vom Rechtsstaat garantierten bürgerlichen Freiheiten einer Gesellschaft. Das liegt auch daran, daß es unmöglich ist, die See zu eigen zu nehmen, Grenzen zu ziehen, Claims abzustecken oder Grenzpfosten einzuschlagen« (Niels Werber: Die Geopolitik der Literatur. Eine Vermessung der medialen Weltraumordnung. München 2007, S. 116).
60 Hermann Melville: Moby-Dick oder Der Wal. Aus dem Amerikanischen von Matthias Jendis. Hrsg. von Daniel Göske. München 2002, S. 322.
61 Frost: Whiteout, S. 256.
62 Poe: Arthur Gordon Pym, S. 266.
63 Vgl. Bettine Menke: Die Polargebiete der Bibliothek. Über eine metapoetische Metapher. In: DVjs 1/2000, S. 545–599.
64 Gustave Flaubert: Briefe. Hrsg. u. übersetzt von Helmut Scheffel. Zürich 1977, S. 181.
65 Gustave Flaubert: Madame Bovary. Sitten in der Provinz. Hrsg. u. übersetzt von Elisabeth Edl. München 2012, S. 50f.
66 Ebd., S. 60.
67 Ebd., S. 64.
68 Ebd., S. 78.
69 Elisabeth Bronfen sieht im Drehen eine der zentralen Metaphern des Romans. Nicht zufällig drechselt der Steuereinnehmer Binet (fr. ›binet‹/›biner‹: ›Sparbüchse‹, ›verdoppeln‹) in seiner Freizeit auf einer Drehbank: »Er verkörpert genau das, wogegen sich Emma nach Leibeskräften wehrt: die ausweglose Langeweile, die sich aus der Erkenntnis ergibt, daß jede neue Erfahrung immer zu einem Duplikat einer vorhergegangenen gerinnt« (Elisabeth Bronfen: Das verknotete Subjekt. Hysterie in der Moderne. Berlin 1998, S. 223).
70 Flaubert: Madame Bovary, S. 87.
71 Ebd., S. 115.
72 Ebd., S. 135.
73 Ebd., S. 138.
74 Ebd., S. 161. Jonathan Cullers lapidarer Kommentar zu dieser Stelle: »Nothing is said. Sentences stand, empty and detached« (Jonathan Culler: Flaubert. The Uses of Uncertainty. London 1974, S. 165).
75 Flaubert: Madame Bovary, S. 148 u. 167.
76 Ebd., S. 263–267.
77 Ebd., S. 268.
78 Ebd., S. 382.
79 Zit. n. Winfried Kretschmer: Geschichte der Weltausstellungen. Frankfurt am Main, New York 1999, S. 15.
80 Zit. n. Kretschmer: Geschichte der Weltausstellungen, S. 7.
81 Ebd., S. 40.
82 Jules Michelet: Histoire de la Révolution française. Zit. n. Alexander Kluy: Der Eiffelturm. Geschichte und Geschichten. Berlin 2014, S. 29.
83 Vgl. Kluy: Der Eiffelturm, S. 76 ff.
84 Kretschmer: Geschichte der Weltausstellungen, S. 124f.
85 Roland Barthes: Der Eiffelturm. Aus dem Französischen von Helmut Scheffel. Frankfurt am Main 2015, S. 11 u. 13.
86 Ebd., S. 17f.
87 Ebd., S. 57.

IV. Konstellationen der Moderne

1 Paul Valéry: Über Mallarmé. Frankfurt am Main 1992, S. 11 f.
2 Vgl. Jacques Rancière: Mallarmé. Politik der Sirene. Aus dem Französischen von Richard Steurer. Zürich 2012, S. 9.
3 Franz Mon: Zur Poesie der Fläche. In: Ders.: Sprache lebenslänglich. Gesammelte Essays. Hrsg. von Michael Lentz. Frankfurt am Main 2016, S. 221.
4 Jeannot Simmen: Kasimir Malewitsch: Das Schwarze Quadrat. Vom Anti-Bild zur Ikone der Moderne. 2. Aufl. Frankfurt am Main 1999, S. 10.
5 Ebd., S. 12.
6 Kasimir Malewitsch: Die gegenstandslose Welt. Übersetzt von Alexander von Riesen. Bauhausbücher 11. München 1927, S. 74.
7 Simmen: Kasimir Malewitsch, S. 11.
8 Malewitsch: Die gegenstandslose Welt, S. 65 f.
9 Moritz Baßler: Deutsche Erzählprosa 1850–1950. Eine Geschichte literarischer Verfahren. Berlin 2015, S. 216. – »Das ›Was‹ ist mir vollständig gleichgültig« (Robert Walser: Freithema. In: Ders.: Fritz Kochers Aufsätze. Zürich u. Frankfurt am Main 1986, S. 24).
10 Roland Barthes: Der Wirklichkeitseffekt. In: Ders.: Das Rauschen der Sprache. Aus dem Französischen von Dieter Hornig. Frankfurt am Main 2006, S. 172.
11 Peter Sloterdijk: Kritik der zynischen Vernunft. Frankfurt am Main 1983, S. 935.
12 Vgl. Dietmar Voss: Die Neuentdeckung der Leere. Zum »Amor Vacui« in Ästhetik und Dichtung der ›klassischen‹ Moderne. In: Zeitschrift für Germanistik 3 (2000), S. 547–561.
13 Walter Benjamin: Kleine Geschichte der Photographie. In: Ders.: Angelus Novus. Ausgewählte Schriften 2. Frankfurt am Main 1988, S. 229–247, hier S. 240.
14 Walter Benjamin: Erfahrung und Armut. In: Ders.: Illuminationen. Ausgewählte Schriften. Frankfurt am Main 1977, S. 291–296, hier: S. 292 f.
15 Jacques Monod: Zufall und Notwendigkeit. Philosophische Fragen der modernen Biologie. Aus dem Französischen von Friedrich Griese. Vorwort von Manfred Eigen. München 1996, S. 151
16 Nietzsche: Die fröhliche Wissenschaft. In: KSA, Bd. 3, S. 481.
17 Siegfried Kracauer: Die Wartenden. In: Ders.: Das Ornament der Masse. Essays. Mit einem Nachwort von Karsten Witte. Frankfurt am Main 1989, S. 106–119, hier: S. 106 u. 109.
18 Helmuth Plessner: Macht und menschliche Natur. Ein Versuch zur Anthropologie der geschichtlichen Weltansicht. In: Ders.: Macht und menschliche Natur. Gesammelte Schriften V. Hrsg. von Günter Dux u. a. 3. Aufl. Frankfurt am Main 2019, S. 135–234, hier: S. 147. Vgl. hierzu auch Helmut Lethen: Verhaltenslehren der Kälte. Lebensversuche zwischen den Kriegen. Frankfurt am Main 1994, S. 76.
19 Ebd.
20 Ebd.
21 Moritz Baßler, Christoph Brecht, Dirk Niefanger, Gotthart Wunberg: Historismus und literarische Moderne. Mit einem Beitrag von Friedrich Dethlefs. Tübingen 1996, S. 24.
22 Nietzsche: Vom Nutzen und Nachteil der Historie für das Leben. In: KSA, Bd. 1, S. 272.
23 Zit. nach Baßler u. a.: Historismus und literarische Moderne, S. 21 f.
24 Nietzsche: Der Fall Wagner. In: KSA, Bd. 6, S. 27.
25 Roland Barthes: Die Lust am Text. Aus dem Französischen von Traugott König. Frankfurt am Main 1992, S. 16.

IV. Konstellationen der Moderne

[26] Michel Foucault: Nietzsche, die Genealogie, die Historie. In: Ders.: Von der Subversion des Wissens. Hrsg. und übersetzt von Walter Seitter. Frankfurt am Main 1996, S. 69–90, hier: S. 73.
[27] Zit. n. Reckwitz: Das hybride Subjekt, S. 295.
[28] Virginia Woolf: Stadtbummel: Ein Londoner Abenteuer. In: Dies.: Der Tod des Falters. Essays. Nach der englischen Ausgabe von Leonard Woolf herausgegeben von Klaus Reichert. Deutsch von Hannelore Faden u. Joachim A. Frank. Frankfurt am Main 1997, S. 23–36, hier: S. 23.
[29] Ebd.
[30] Ebd., S. 24.
[31] Ebd., S. 29.
[32] Ebd., S. 30.
[33] Ebd., S. 36.
[34] Robert Musil: Der Mann ohne Eigenschaften. Hrsg. von Adolf Frisé. 3. Aufl. Reinbek 1984, S.649f.
[35] Ebd., S. 9.
[36] Ebd.
[37] Vgl. Philipp Sarasin: Der Mann ohne Eigenschaften. Robert Musils Klassiker entschlüsselt die Moderne: https://geschichtedergegenwart.ch/der-mann-ohne-eigenschaften-robert-musils-klassiker-entschluesselt-die-moderne/ (9.9.2022).
[38] André Breton: Die Manifeste des Surrealismus. Deutsch von Ruth Henry. Reinbek bei Hamburg 2009, S. 13.
[39] Alfred Döblin: Schriften zu Ästhetik, Poetik und Literatur. Mit einem Nachwort von Erich Kleinschmidt. Frankfurt am Main 2013, S. 122.
[40] Ebd., S. 120f.
[41] Michael Makropoulos: Modernität als Kontingenzkultur. Konturen eines Konzepts. In: Kontingenz. Hrsg. v. Gerhart von Graevenitz u. Odo Marquard in Zusammenarbeit mit Matthias Christen. München 1998, S. 55–79, hier S. 71.
[42] Nietzsche: Jenseits von Gut und Böse. In: KSA, Bd. 5, S. 157
[43] Zit. n. Karl Riha u. Waltraud Wende-Hohenberger (Hrsg.): Dada Zürich. Texte, Manifeste, Dokumente. Stuttgart 1992, S. 14f.
[44] Ebd., S. 16.
[45] Ebd., S. 19f.
[46] Ebd., S. 94.
[47] Zit. n. Hanno Möbius: Montage und Collage. Literatur, bildende Künste, Film, Fotografie, Musik, Theater bis 1933. München 2000, S. 169.
[48] Walter Serner: Letzte Lockerung. Ein Handbrevier für Hochstapler und solche die es werden wollen. Hrsg. von Thomas Milch. München 1984, S. 37f.
[49] Theodor W. Adorno: Aufzeichnungen zu Kafka. In: Ders.: Kulturkritik und Gesellschaft I. Gesammelte Schriften. Hrsg. von Rolf Tiedemann unter Mitwirkung von Gretel Adorno, Susan Buck-Morss u. Klaus Schultz. Bd. 10.1. Darmstadt 1998, S. 254–287, hier S. 255.
[50] Franz Kafka: Drucke zu Lebzeiten. Hrsg. von Wolf Kittler, Hans-Gerd Koch u. Gerhard Neumann. Frankfurt am Main 2002, S. 444.
[51] Ebd., S. 447.
[52] Vgl. den Überblick über unterschiedliche Deutungsansätze zur *Kübelreiter*-Erzählung in: Kafka-Handbuch. Leben – Werk – Wirkung. Hrsg. von Manfred Engel u. Bernd Auerochs. Stuttgart; Weimar 2010, S. 247–249.
[53] Alain Robbe-Grillet: Vom Realismus zur Realität. In: Plädoyer für eine neue Literatur. Hrsg. u. mit einem Nachwort von Kurt Neff. München 1969, S. 192.
[54] Kafka: Drucke zu Lebzeiten, S. 32f.

⁵⁵ Robert Musil: Prosa und Stücke, Kleine Prosa, Aphorismen, Autobiographisches, Essays und Reden, Kritik. Reinbek bei Hamburg 1978, S. 1468.
⁵⁶ Vgl. zu diesem Satz u. a.: Wunsch, Indianer zu werden. Versuche über einen Satz von Franz Kafka. Hrsg. von Christoph König u. Glenn W. Most. Göttingen 2019.
⁵⁷ Hubert Spiegel (Hrsg.): Kafkas Sätze. Frankfurt am Main 2009, S. 68.
⁵⁸ Musil: Prosa und Stücke, S. 1467 f.
⁵⁹ Kafka: Drucke zu Lebzeiten, S. 20.
⁶⁰ Robert Walser: Geschichten. Zürich u. Frankfurt am Main 1985, S. 11 f.
⁶¹ Musil: Prosa und Stücke, S. 1468.
⁶² Theodor W. Adorno: Ästhetische Theorie. Gesammelte Schriften. Hrsg. von Rolf Tiedemann unter Mitwirkung von Gretel Adorno, Susan Buck-Morss u. Klaus Schultz. Bd. 7. Darmstadt 1998, S. 65 f.
⁶³ Zit. n. https://www.spiegel.de/geschichte/der-grosse-diktator-von-charlie-chaplin-legendaere-hitler-parodie-a-104898o.html (31.3.2022).
⁶⁴ Hannah Arendt im Gespräch mit Günter Gaus: https://www.youtube.com/watch?v=iZILhvVX_Co&t=2493s [ab 49:12] (1.1.2024).
⁶⁵ »Die Behauptung, daß nur Moskau eine Untergrundbahn habe, ist nur solange eine Lüge, als die Bolschewisten nicht die Macht haben, alle anderen Untergrundbahnen zu zerstören.« (Hannah Arendt: Elemente und Ursprünge totaler Herrschaft. Antisemitismus, Imperialismus, totale Herrschaft. München 2016, S. 742 f.
⁶⁶ Arendt im Gespräch mit Gaus: https://www.youtube.com/watch?v=iZILhvVX_Co&t=2493s [ab 41:24]
⁶⁷ Robert Antelme: Das Menschengeschlecht. Aus dem Französischen von Eugen Helmlé. Zürich, Berlin 2017, S. 7.
⁶⁸ Ebd., S. 468 f.
⁶⁹ Ebd., S. 468.
⁷⁰ Ebd., S. 7.
⁷¹ Sarah Kofman: Erstickte Worte. 2. Aufl. Wien 2005, S. 29.
⁷² Maurice Blanchot: Der Wahnsinn des Tages. Deutsch–Französisch. Mit einem Nachwort von Michael Holland hrsg. u. aus dem Französischen übersetzt von Marco Gutjahr. Wien 2016, S. 39.
⁷³ Maurice Blanchot: Die Literatur und das Recht auf den Tod. In: Ders.: Von Kafka zu Kafka. Aus dem Französischen und mit einem Nachwort von Elsbeth Dangel. Frankfurt am Main 1993, S. 11–53, hier: S. 33.
⁷⁴ Maurice Blanchot: Die Schrift des Desasters. Aus dem Französischen von Gerhard Poppenberg u. Hinrich Weidemann. München 2005, S. 92.
⁷⁵ Dieser mystische, negativ metaphysische Ton ist etwa auch bei der französischen Denkerin Simone Weil zu vernehmen. Zu Leere und Metaphysik vgl. Marcus Steinweg: Metaphysik der Leere. Berlin 2020.
⁷⁶ Blanchot: Die Schrift des Desasters, S. 64.
⁷⁷ Maurice Blanchot: Le dernier à parler / Der als letzter spricht. Maurice Blanchot über Paul Celan. Aus dem Französischen von Makoto Ozaki u. Beate von der Osten. Mit einem Vorwort von Rüdiger Görner. Berlin 1993, S. 11.
⁷⁸ Vgl. Paul Celan: [Antwort auf eine Umfrage der Librairie Flinker, Paris [1958]]. In: Ders.: Der Meridian und andere Prosa. Frankfurt am Main 1988, S. 21.
⁷⁹ Günter Blöcker: Gedichte als graphische Gebilde. Aus: Der Tagesspiegel, 11. Oktober 1959. Zit. n. Ingeborg Bachmann / Paul Celan: Herzzeit. Der Briefwechsel. Hrsg. von Bertrand Badiou u. a. Frankfurt am Main 2009, S. 124.
⁸⁰ Celan: Der Meridian und andere Prosa, S. 57.
⁸¹ Paul Celan / Erich Einhorn: Einhorn: du weißt um die Steine …. Briefwechsel. Hrsg. u. kommentiert von Marina Dmitrieva-Einhorn. Berlin 1999, S. 7.

⁸² Zur Verknappung bei Mallarmé und Beckett vgl. Sandro Zanetti: Literarisches Schreiben. Grundlagen und Möglichkeiten. Stuttgart 2022, S. 212–219.
⁸³ Alain Badiou: Beckett. Beckett. Das Begehren ist nicht totzukriegen. Aus dem Französischen von Heinz Jatho. Berlin 2006, S. 65.
⁸⁴ Zit. n. Zanetti: Literarisches Schreiben, S. 219.
⁸⁵ Eugen Gomringer: schweigen. In: Ders. (Hrsg.): konkrete poesie. deutschsprachige autoren. Stuttgart 2018, S. 90.
⁸⁶ Vgl. hierzu auch die Analyse des Gedichts von Michael Lentz: Die Rede ist vom Schweigen. Eine Gratulation an Eugen Gomringer zum neunzigsten Geburtstag. In: Neue Rundschau 2/2012, S. 185–191.
⁸⁷ Zum modernen Film vgl. Michaela Krützen: Klassik, Moderne, Nachmoderne. Eine Filmgeschichte. Frankfurt am Main 2015, S. 19–24, S. 233–461, u. Lorenz Engell: Bilder des Wandels. Weimar 2003.
⁸⁸ Gilles Deleuze: Das Zeit-Bild. Kino 2. 8. Aufl. Frankfurt am Main 2020, S. 17.
⁸⁹ »The particularity of these shots is that *they suspend the diegetic flow*, using a considerable range of strategies and producing a variety of complex relationships. With some hesitation, I will call these images *pillow-shots*, proposing a loose analogy with the ›pillow-word‹ of classical Japanese poetry« (Noël Burch: To the Distant Observer. Form and meaning in the Japanese cinema. Berkeley, Los Angeles 1979, S. 160). Vgl. auch David Bordwell: Ozu and the poetics of cinema. Princeton 1988, S. 104 ff.
⁹⁰ Deleuze: Das Zeit-Bild, S. 31.
⁹¹ Vgl. ebd., S. 39.
⁹² Ebd., S. 16.
⁹³ Krützen: Klassik, Moderne, Nachmoderne, S. 21.
⁹⁴ Zit. n. Deleuze: Das Zeit-Bild, S. 38.
⁹⁵ Hans Magnus Enzensberger: Weltsprache der modernen Poesie. In: Ders.: Einzelheiten II. Poesie und Politik. Frankfurt am Main 1964 [?], S. 7.
⁹⁶ Ebd., S. 9.
⁹⁷ Enzensberger: Aporien der Avantgarde. In: Einzelheiten II, S. 62,
⁹⁸ Ebd., S. 68.
⁹⁹ Ebd., S. 71.
¹⁰⁰ Vgl. Catrin Lorch: Neustart mit alten Kräften. In: Süddeutsche Zeitung, 6.6.2021.
¹⁰¹ Heinz Bude u. Karin Wieland: Kompromisslos und gewaltbereit. In: Die Zeit, 11.3.2021.
¹⁰² Heinz Bude u. Karin Wieland: Die Generation Haftmann. In: Frankfurter Allgemeine Zeitung, 10.2.2022. – Zu Adornos Wortmeldung beim Darmstädter Gespräch vgl. Das Menschenbild in unserer Zeit. Hrsg. im Auftrag des Magistrats der Stadt Darmstadt und des Komitees Darmstädter Gespräch 1950 von Hans Gerhard Evers. Darmstadt 1951 [?], S. 211 f. u. 215 f.
¹⁰³ Heinz Bude: Adorno für Ruinenkinder. Eine Geschichte von 1968. München 2018, S. 98.
¹⁰⁴ Gottfried Benn: Nur zwei Dinge. In: Ders.: Gedichte in der Fassung der Erstdrucke. Mit einer Einführung hrsg. von Bruno Hillebrand. Frankfurt am Main 1992, S. 427.
¹⁰⁵ Vgl. Wolfgang Welsch: Adornos Ästhetik: Eine implizite Ästhetik des Erhabenen. In: Ders.: Ästhetisches Denken. 3. Aufl. Stuttgart 1993, S. 114–156.
¹⁰⁶ Jean-François Lyotard: Das Erhabene und die Avantgarde. In: Merkur 424/1984, S. 151–164, hier: S. 158.
¹⁰⁷ Ebd., S. 160.
¹⁰⁸ Umberto Eco: Nachschrift zum »Namen der Rose«. Aus dem Italienischen von Burkhart Kroeber. München u. Wien 1984, S. 73.
¹⁰⁹ Ebd., S. 74.

V. »Hello emptiness«

[1] Das Zitat ist ein Graffito in Billie Eilishs Zimmer (zu sehen in dem Film *Billie Eilish: The World's A Little Blurry*, 2:07:18).
[2] https://en.wikipedia.org/wiki/Rock_%26_Roll_(The_Velvet_Underground_song) (1.1.204)
[3] Diedrich Diederichsen: Über Pop-Musik. Köln 2014, S. 38
[4] Sandro Zanetti: Rückzugsgesten, Spätwerke. (... Hölderlin, Nietzsche, Mallarmé, Duchamp, Walser, Lichtenstein, Jarman ...). In: Barbara Gronau u. Alice Lagaay (Hrsg.): Performanzen des Nichttuns. Wien 2008, S. 143–158, hier: S. 149.
[5] Friedrich Sieburg: Die Langeweile als Lebensstil. In: Ders.: Die Lust am Untergang. Selbstgespräche auf Bundesebene. Mit einem Vorwort und einem Nachwort von Thea Dorn. Frankfurt am Main 2010, S. 166–175, hier: S. 166.
[6] Hegel: Vorlesungen über die Ästhetik I, S. 96.
[7] Sieburg: Die Langeweile als Lebensstil, S. 167.
[8] Adorno: Minima Moralia. S. 35.
[9] Ebd., S. 13.
[10] Vgl. Philipp Felsch: Der lange Sommer der Theorie. Geschichte einer Revolte 1960–1990. Frankfurt am Main 2016, S. 26 ff.
[11] Zum Begriff der Stilgemeinschaft vgl. Jochen Venus: Die Erfahrung des Populären. Perspektiven einer kritischen Phänomenologie. In: Marcus S. Kleiner und Thomas Wilke (Hrsg.): Performativität und Medialität Populärer Kulturen. Theorien, Ästhetiken, Praktiken. Wiesbaden 2013, S. 49–73. Zur Kopplung von Lebensgefühl und Konsum vgl. auch Wolfgang Ullrich: Alles nur Konsum. Kritik der warenästhetischen Erziehung. Berlin 2013.
[12] Eva Illouz: Der Konsum der Romantik. Liebe und die kulturellen Widersprüche des Kapitalismus. Aus dem Amerikanischen von Andreas Wirthensohn. Frankfurt am Main 2003.
[13] Vgl. Eva Illouz: Die Errettung der modernen Seele. Therapien, Gefühle und die Kultur der Selbsthilfe. Frankfurt am Main 2011.
[14] Vgl. https://de.wikipedia.org/wiki/Bindungstheorie (1.1.2024)
[15] Vgl. Sigmund Freud: Jenseits des Lustprinzips. In: Ders.: Gesammelte Werke. Bd. 13, S. 1–69, hier: S. 11–15.
[16] Slavoj Žižek: Jenseits des Fort-Da-Prinzips. In: Der Freitag, 24.5.2002.
[17] Diederichsen: Über Pop-Musik, S. 34.
[18] Horkheimer/Adorno: Dialektik der Aufklärung, S. 150.
[19] https://www.youtube.com/watch?v=ykdDYSv3MD4 (16.6.2022)
[20] Moritz Baßler: Vortrag über Pop-Theorie: https://uni-muenster.sciebo.de/s/51FV7XXQVyNYHc4 (16.6.2022). Auf die in dem Vortrag genannten Elemente von Pop: Rückkopplung, Mehrkanaligkeit, Stilgemeinschaft, Serialität und paradigmatisches Verweisen, beziehe ich mich im Folgenden immer wieder. Den Hinweis auf das Elvis-Konzert 1957 oder auf Dean MacCannell verdanke ich ebenfalls Baßlers erhellendem Vortrag. Vgl. hierzu auch Moritz Baßler: Western Promises: Pop-Musik und Markennamen. Bielefeld 2019, vor allem S. 41–72.
[21] Dean MacCannell: Sights and Spectacles. In: Iconicity. Essays in the nature of culture. Hrsg. von Paul Bouissac. Tübingen 1986, S. 421–435, hier: S. 426.
[22] Jacques Derrida: Die Struktur, das Zeichen und das Spiel im Diskurs der Wissenschaften vom Menschen. In: Ders.: Die Schrift und die Differenz. Übersetzt von Rodolphe Gasché. Frankfurt am Main 1976, S. 422–442, hier: S. 441.
[23] Dirk Quadflieg: Differenz und Raum. Zwischen Hegel, Wittgenstein und Derrida. Bielefeld 2007, S. 50.

[24] Jacques Derrida: Grammatologie. Übersetzt von Hans-Jörg Rheinberger u. Hanns Zischler. Frankfurt am Main 1994, S. 17.
[25] Diedrich Diederichsen: Musikzimmer. Avantgarde und Alltag. Köln 2005, S. 15.
[26] Caroline von Lowtzow: Mein Papa, der Pop, das Schreiben und ich. Gespräch mit Juno und Thomas Meinecke: https://www.jetzt.de/jetztgedruckt/mein-papa-der-pop-das-schreiben-und-ich-340901 (19.6.2022).
[27] Derrida: Die Struktur, das Zeichen und das Spiel, S. 441.
[28] Caroline von Lowtzow: Mein Papa, der Pop, das Schreiben und ich.
[29] Derrida: Grammatologie, S. 250.
[30] Diederichsen: Über Pop-Musik, S. 12.
[31] Ebd., S. 9.
[32] Ebd., S. 12.
[33] Ebd., S. 13.
[34] »Mir stockte der Atem. Wenn ich so sagen darf« (ebd., S. 7).
[35] Diedrich Diederichsen: Sei voll authentisch! Erfinde dich neu! https://www.tagesspiegel.de/kultur/diederichsen-ueber-authentizitaet-sei-voll-authentisch-erfinde-dich-neu/6996194.html (20.6.2022).
[36] William Shakespeare: Wie es euch gefällt. In: Erich Fried: Shakespeare. Bd. 2. Frankfurt am Main u. Wien 1989, S. 226
[37] Susan Sontag: Anmerkungen zu ›Camp‹. In: Dies.: Kunst und Antikunst. 24 literarische Analysen. Übersetzt von Mark W. Rien. Frankfurt am Main 2003, S. 322–341, hier: S. 327 u. 335.
[38] Andy Warhol / Pat Hackett: Popism. The Warhol Sixties. Orlando u. a. 2006, S. 50.
[39] »Wenn die Bilder, derer sich Lana Del Reys Ästhetik bedient, ins Leere verweisen, [...] ist das nicht Ausdruck einer postmodernen Grundhaltung, für die sich alles Authentische als bloßes Zitat entlarvt: Die Leere der entlarvten Bilder scheint vielmehr Ausdruck [...] einer Tradition, die bereits lange vor der Postmoderne die Versatzstückhaftigkeit und Zitathaftigkeit der gedeuteten Welt zu ihrer Grundlage gemacht hatte« (Tanja Klemm u. Jan Söffner: Lana Del Rey und die Melancholietradition (statt einer Einleitung). In: Sind alle Denker traurig? Fallstudien zum melancholischen Grund des Schöpferischen in Asien und Europa. Hrsg. von Günter Blamberger u. a. Paderborn 2015, S. 9–19, hier: S. 13.
[40] Vgl. ebd., S. 15 f.
[41] Zur imaginierten Weiblichkeit bei Lana Del Rey vgl. Heidi Liedke: Lana del Rey: Der fahrige Narco Swing einer faulen Frau. In: https://mussemagazin.de/2016/02/lana-del-rey-der-fahrige-narco-swing-einer-faulen-frau/ (12.7.2022). Vgl. auch das Phänomen der *dull eyes*, das Lana Del Rey mit Billie Eilish verbindet: https://nylonmag.de/leerer-blick-dull-eyes-phaenomen-billie-eilish/ (12.7.2022).
[42] Michael Althen: Die Leere der wahren Empfindung: https://www.faz.net/aktuell/feuilleton/kino/filmfestspiele-venedig-die-leere-der-wahren-empfindung 11039210.html (12.7.2022).
[43] Michaela Krützen: Zeitvertreib in der Zwischenzeit. Charlotte und Bob sind *Lost in Translation*. In: Johannes Wende (Hrsg.): Sofia Coppola. München 2013, S. 4–33.
[44] Vgl. Marc Augé: Orte und Nicht-Orte. Vorüberlegungen zu einer Ethnologie der Einsamkeit. Aus dem Französischen von Michael Bischoff. Frankfurt am Main 1994.
[45] Hans-Peter Kunisch: Leere, die nicht bedrängt. In: Süddeutsche Zeitung, 18.06.1997
[46] Anke Steinborn: Poetisches Verhalten. Diffuse Annäherungen im und des Film(s). In: Miriam Drewes, Valerie Kiendl, Lars Robert Krautschick u. a. (Hrsg.): (Dis)Positionen Fernsehen & Film. Marburg 2016, S. 171–179, hier: S. 174 (https://doi.org/10.25969/mediarep/14692) (1.1.2024).

⁴⁷ Andy Warhol / Pat Hackett: Popism, S. 64.
⁴⁸ Vgl. Paul McCartney: Lyrics. 1956 bis heute. Hrsg. mit einer Einleitung von Paul Muldoon. Aus dem Englischen übersetzt von Conny Lösche. München 2021, S. 223.
⁴⁹ Byung-Chul Han: Philosophie des Zen-Buddhismus. Stuttgart 2019, S. 51.
⁵⁰ Ebd., S. 44.
⁵¹ Umberto Eco: Zen und der Westen. In: Ders.: Das offene Kunstwerk. Übersetzt von Günter Memmert. Frankfurt am Main 1993, S. 212–236, hier: S. 219.
⁵² Vgl. David Revill: Tosende Stille. Eine John-Cage-Biographie. Aus dem Englischen von Hanns Thenhors-Esch. München 1992, S. 140 ff.
⁵³ Vgl. Kay Larson: Where the Heart Beats. John Cage, Zen Buddhism, and the Inner Life of Artists. New York 2013, S. 274.
⁵⁴ Zur Uraufführung und zum Kontext von *4'33"* vgl. Larson: Where the Heart Beats, S. 264–283, u. Revill: Tosende Stille, S. 220–223.
⁵⁵ Revill: Tosende Stille, S. 220.
⁵⁶ Christian Kracht: Der gelbe Bleistift. Mit einem Vorwort von Joachim Bessing. Köln 2000, S. 184–186.
⁵⁷ Jack Kerouac: Die Dharma-Jäger. Aus dem Englischen von Thomas Überhoff. Hamburg 2022, S. 29 f.
⁵⁸ Vgl. Hanshan: Gedichte vom Kalten Berg. Das Lob des Lebens im Geist des Zen. Aus dem Chinesischen übersetzt und kommentiert von Stephan Schuhmacher. Freiamt 2001, S. 6.
⁵⁹ Vgl. Kerouac: Die Dharma-Jäger, S. 23 ff.
⁶⁰ Vgl. ebd., S. 121 f.
⁶¹ Rolf Dieter Brinkmann. Briefe an Hartmut. 1974–1975. Mit einer fiktiven Antwort von Hartmut Schnell. Reinbek 1999, S. 199.
⁶² Zu den *Improvisationen* und allgemein zum Zen- und Leere-Diskurs bei Brinkmanns vgl. u. a. Martin Kagel u. Glenn Wallis: Improvisation 1, 2 & 3 (u. a. nach Han Shan). In: Rolf Dieter Brinkmann. Seine Gedichte in Einzelinterpretationen. Hrsg. von Jan Röhnert u. Gunter Geduldig. Berlin/Boston 2012, Bd. 2, S. 534–540; Claas Morgenroth: 1974. Rolf Dieter Brinkmanns »Improvisation 1, 2 & 3 (u. a. nach Han Shan)«. In: Improvisation und Invention. Momente, Modelle, Medien. Hrsg. von Sandro Zanetti. Zürich/Berlin 2014, S. 169–180.
⁶³ Vgl. Brinkmann: Briefe an Hartmut, S. 190.
⁶⁴ »Das Es habe ich bewußt ausgelassen«, schreibt Brinkmann in Bezug auf eine andere Stelle (Brinkmann: Briefe an Hartmut, S. 269).
⁶⁵ Vgl. John Cage: Silence. Aus dem Amerikanischen von Ernst Jandl. Frankfurt am Main 1995, S. 6–35.
⁶⁶ Roland Barthes: Das Neutrum. Vorlesung am Collège de France 1977–1978. Hrsg. von Eric Marty. Texterstellung, Anmerkungen und Vorwort von Thomas Clerc. Übersetzt von Horst Brühmann. Frankfurt am Main 2005, S. 32.
⁶⁷ Ebd., S. 64.
⁶⁸ Roland Barthes: Das Reich der Zeichen. Aus dem Französischen von Michael Bischoff. Frankfurt am Main 2014, S. 103.
⁶⁹ Ebd., S. 102. Vgl. auch Niels Birbaumer u. Jörg Zittlau: Denken wird überschätzt. Warum unser Gehirn die Leere liebt. Berlin 2016.
⁷⁰ Vgl. Thomas Macho: Neue Askese? Zur Frage nach der Aktualität des Verzichts. In: Merkur 48 (544)/1994, S. 583–593, hier: S. 583.
⁷¹ Tom Wolfe: Mit dem Bauhaus leben. »From Bauhaus to our house«. Aus dem Amerikanischen von Harry Rowohlt. Frankfurt am Main 1986, S. 8.
⁷² Vgl. Andreas Reckwitz: Die Gesellschaft der Singularitäten. Zum Strukturwandel der Moderne. Berlin 2017, S. 295 ff.

73 Niklas Maak: Die Dinge des Lebens. Einfach eine Form von Glück. Zum 90. Geburtstag des Entwerfers Dieter Rams. In: Frankfurter Allgemeine Zeitung, 20.5.2022
74 Ebd.
75 Vgl. Kenya Hara: White. Zürich 2015.
76 Vgl. https://de.statista.com/themen/597/apple/#dossierKeyfigures (1.1.2024).
77 Gemeint ist der Text: The Anthropocene. Conceptual and historical perspectives von Will Steffen u. a. Vgl. hierzu Eva Horn, Hannes Bergthaller: Anthropozän zur Einführung. Hamburg 2019, S. 27 ff.
78 Heinz Drügh: Ästhetik des Supermarkts. Konstanz 2015, S. 147.
79 Vgl. Luc Boltanski u. Ève Chiapello: Der neue Geist des Kapitalismus. Aus dem Französischen von Michael Tillmann. Konstanz 2006.
80 Thomas Macho: Askese als kreative Strategie. In: Ökonomien der Zurückhaltung. Kulturelles Handeln zwischen Askese und Restriktion. Hrsg. von Barbara Gronau u. Alice Lagaay. Bielefeld 2010, S. 115–127, hier: S. 117.
81 Böhme: Fetischismus und Kultur, S. 126.
82 Martin Seel: Die Künste des Kinos. Frankfurt am Main 2013, S. 54 f.

VI. Die Leere am Ende

1 Alenka Zupančič: Die Apokalypse enttäuscht (noch) immer. In: Alexander Garcia Düttmann / Marcus Quent (Hrsg.): Die Apokalypse enttäuscht. Atomtod Klimakatastrophe Kommunismus. Zürich 2023, S. 27–53, hier: S. 53.
2 https://nymag.com/movies/features/41551/ (27.1.2022).
3 https://www.faz.net/aktuell/feuilleton/medien/don-t-look-up-bei-netflix-ueber-politiker-medien-und-das-volk-17707064.html#void (18.1.2022)
4 https://www.derstandard.de/story/2000092082372/autor-dietmar-dath-kunst-als-hoffnung-kunst-als-angst (1.1.2024).
5 Thomas Glavinic: Die Arbeit der Nacht. München 2014, S. 16 f.
6 Cormac McCarthy: Die Straße. Deutsch von Nikolaus Stingl. Reinbek bei Hamburg 2016, S. 24.
7 Ebd., S. 52.
8 Eva Horn: Zukunft als Katastrophe. Frankfurt am Main 2014, S. 237.
9 McCarthy: Die Straße, S. 7, 9, 8.
10 H. G. Wells: Die Zeitmaschine. Aus dem Englischen von Hans-Ulrich Möhring. Frankfurt am Main 2017, S. 129 f.
11 Glavinic: Die Arbeit der Nacht, S. 204.
12 Sigmund Freud: Das Unheimliche. In: Ders.: Gesammelte Werke. Bd. 12, S. 229–268, hier: S. 259.
13 Wirklichkeit. Dirk Baecker im Gespräch mit Frank Kaspar: https://www.deutschlandfunk.de/realitaeten-und-zustaende-wirklichkeit-100.html (2.1.2022).
14 Einer der radikalsten Romane über das Unglück der Selbstreferenz ist David Marksons *Wittgensteins Mätresse*: David Markson: Wittgensteins Mätresse. Mit Texten zum Roman von Elfriede Jelinek u. David Foster Wallace. Berlin 2014.
15 Jean Baudrillard: Amerika. Aus dem Französischen von Michaela Ott. Berlin 2004, S. 168 u. 13.
16 Ebd., S. 167.
17 https://www.freitag.de/autoren/der-freitag/ich-zeige-gewalt-nicht-um-ihrer-selbst-willen (2.1.2022).
18 https://www.zeit.de/2021/38/dune-science-fiction-film-denis-villeneuve-interview/seite-2 (2.1.2022).

19 https://www.freitag.de/autoren/der-freitag/ich-zeige-gewalt-nicht-um-ihrer-selbst-willen (2.1.2022). – Vgl. auch Marcus Stigleggger: Von der Leere ins Nichts. Bruno Dumont. In: Norbert Grob u. a. (Hrsg.): Kino des Minimalismus. Mainz 2009, S. 242–253.
20 Vgl. Baudrillard: Amerika, S. 19.
21 Ebd., S. 15.
22 Cornelia Vismann: Terra nullius. Zum Feindbegriff im Völkerrecht. In: Dies.: Das Recht und seine Mittel. Ausgewählte Schriften. Hrsg. von Markus Krajewski u. Fabian Steinhauer. Frankfurt am Main 2012, S. 301–320, hier: S. 301. Vgl. auch Michael Kempe u. Robert Suter (Hrsg.): Res nullius. Zur Genealogie und Aktualität einer Rechtsformel. Berlin 2015.
23 Dorothee Kimmich: Leeres Land. Niemandsländer in der Literatur. Göttingen 2021, S. 22 f. Vgl. auch Matthias Asche u. Ulrich Niggemann (Hrsg.): Das leere Land. Historische Narrative von Einwanderergesellschaften. Stuttgart 2015.
24 Vismann: Terra nullius, S. 301.
25 Ebd., S. 318.
26 »Ich-Entleerung« und »Entwirklichung« lauten nicht zufällig zwei wichtige Begriffe in: Alexander Mitscherlich u. Margarete Mitscherlich: Die Unfähigkeit zu trauern. Grundlagen kollektiven Verhaltens. München 1985, S. 44 ff.
27 Franz Mon: Sprache lebenslänglich. Gesammelte Essays. Hrsg. von Michael Lentz. Frankfurt am Main, S. 263.
28 Theodor W. Adorno: Aspekte des neuen Rechtsradikalismus. Ein Vortrag. Mit einem Nachwort von Volker Weiß. Berlin 2019, S. 13.
29 Theodor W. Adorno: Vernunft und Offenbarung. In: Ders.: Sämtliche Schriften Bd. 10. Frankfurt am Main 2003, S. 608–616, S. 610.
30 Vgl. Ingo Reuter: Weltuntergänge. Vom Sinn der Endzeit-Erzählungen. Stuttgart 2020
31 Günther Anders: Die Antiquiertheit des Menschen. Erster Band: Über die Seele im Zeitalter der zweiten industriellen Revolution. Zürich 1984, S. 239.
32 Ebd., S. 243.
33 Vgl. den Ausstellungskatalog des Deutschen Filminstituts und Filmmuseums, Frankfurt am Main: Katastrophe. Was kommt nach dem Ende? Frankfurt am Main 2021, S. 59–69.
34 Hans Magnus Enzensberger: Randbemerkung zum Weltuntergang. In: Dietrich Harth (Hrsg.): Finale! Das kleine Buch vom Weltuntergang. München 1999, S. 187 f.
35 Ebd., S. 185.
36 Vgl. Anders: Die Antiquiertheit des Menschen, S. VII
37 Horn: Zukunft als Katastrophe, S. 383.
38 Enzensberger: Randbemerkung zum Weltuntergang, S. 185.
39 Vgl. hierzu Mark Fisher: Kapitalistischer Realismus ohne Alternative? Eine Flugschrift. Mit einem Nachwort zur deutschen Ausgabe. Aus dem Englischen von Christian Werthschulte, Peter Scheiffele u. Johannes Springer. Hamburg 2013, S. 7–19.
40 Vgl. Moritz Baßler: Populärer Realismus. Vom International Style gegenwärtigen Erzählens. München 2022, S. 127 ff. – Auch Maurice Blanchots glänzende Kritik an Karl Jaspers' *Die Atombombe und die Zukunft der Menschheit* entzündet sich bezeichnenderweise an der Beobachtung eines auffälligen Widerspruchs zwischen der inhaltlichen Behauptung einer radikal neuen Situation und einem Text, der völlig konventionell ist: vgl. Maurice Blanchot: Die Apokalypse enttäuscht. In: Düttmann/Quent (Hrsg.): Die Apokalypse enttäuscht, S. 15–26, hier: S. 17.
41 Alan Weisman: Die Welt ohne uns. Reise über eine unbevölkerte Erde. Aus dem Amerikanischen von Hainer Kober. München 2009.

VI. Die Leere am Ende

⁴² Zit. n. Thomas Assheuer: Weltverdüsterungspathos: https://www.zeit.de/2011/04/Philosophie-Assheuer/komplettansicht (1.1.2024).
⁴³ Katie Mack: Das Ende von allem*. *astrophysikalisch betrachtet. Aus dem Englischen von Jens Hagestedt. München 2021, S. 115.
⁴⁴ Ebd., S. 127.
⁴⁵ Ebd., S. 173.
⁴⁶ Ebd., S. 198.
⁴⁷ Ebd.
⁴⁸ Vgl. Bruno Latour: Das terrestrische Manifest. Aus dem Französischen von Bernd Schwibs. 4. Aufl. Berlin 2020, S. 80 f.
⁴⁹ Timothy Morton: Hyperobjects. Philosophy and Ecology after the End of the World. Minneapolis 2013, S. 112
⁵⁰ https://www.weltmaschine.de/cern_und_lhc/lhc/zahlen_und_fakten/ (28.1.2022).
⁵¹ https://naturschutz.ch/hintergrund/meinung/der-okoblog-71-mio-stromrechnung-fur-ein-higgs/49653 (28.1.2022).
⁵² Latour: Das terrestrische Manifest, S. 83.
⁵³ Eva Horn u. Hannes Bergthaller: Anthropozän zur Einführung. Hamburg 2019, S. 118.
⁵⁴ Bruno Latour: Kampf um Gaia. Acht Vorträge über das neue Klimaregime. Berlin 2017, S. 377.
⁵⁵ Bruno Latour: Wo bin ich? Lektionen aus dem Lockdown. Berlin 2021, S. 13.
⁵⁶ Latour: Das terrestrische Manifest, S. 56.
⁵⁷ Morton: Hyperobjects, S. 1 ff.
⁵⁸ Vgl. ebd., S. 99 ff.
⁵⁹ Vgl. Horn u. Bergthaller: Anthropozän zur Einführung, S. 125.
⁶⁰ Ebd., S. 126.
⁶¹ Vgl. Hannes Bergthaller: Climate Change and Un-Narratability. In: Metaphora. Journal for Literature Theory and Media. 2 (2017): http://metaphora.univie.ac.at/volume2-bergthaller.pdf (28.1.2022)
⁶² https://taz.de/Autor-ueber-die-Klimakrise-in-Romanen/!5815427/ (29.1.2022)
⁶³ Anna Lowenhaupt Tsing: Der Pilz am Ende der Welt. Über das Leben in den Ruinen des Kapitalismus. Aus dem amerikanischen Englisch von Dirk Höfer. 4. Aufl. Berlin 2021.
⁶⁴ Ebd., S. 19.
⁶⁵ Joseph Vogl im Gespräch mit Hermann Theissen: https://www.deutschlandfunk.de/krise-des-kapitalismus-natuerlich-gibt-es-auswege-aus-dem.1184.de.html?dram:article_id=315395 (29.1.2020)
⁶⁶ Slavoj Žižek: Lacan. Eine Einführung. Aus dem Englischen von Karen Genschow und Alexander Roesler. Frankfurt am Main 2008, S. 98 f.
⁶⁷ Horn u. Bergthaller: Anthropozän zur Einführung, S. 128.
⁶⁸ Vgl. Latour: Das terrestrische Manifest, S. 92.
⁶⁹ Vgl. hierzu Moritz Baßler: »Have a nice apocalypse!« Parahistorisches Erzählen bei Christian Kracht. In: Utopie und Apokalypse in der Moderne. Hrsg. von Reto Sorg u. Stefan Bodo Würffel. München 2010, S. 257–272.
⁷⁰ Juan Guse im Gespräch mit Miriam Zeh: https://www.deutschlandfunk.de/wie-wird-gesellschaft-zu-text-juan-s-guse-im-gespraech-dlf-1a6f6010-100.html (1.2.2022)
⁷¹ Eva Horn u. Urs Stäheli: Nachwort. In: Gabriel Tarde: Fragment einer Geschichte der Zukunft. Aus dem Französischen von Horst Brühmann. Konstanz 2015, S. 113–114, hier: S. 113.
⁷² Vgl. hierzu Michel: Die Unruhe der Bücher, S. 13 ff.

73 Deborah Danowski, Eduardo Viveiros de Castro: In welcher Welt leben? Ein Versuch über die Angst vor dem Ende. Aus dem brasilianischen Portugiesisch von Clemens u. Ulrich van Loyen. Berlin 2019, S. 81.
74 Ebd., S. 96.
75 Latour: Das terrestrische Manifest, S. 55.

Epilog

1 Reiner Kunze: Gedichte. Erweiterte Neuausgabe. Frankfurt am Main 2023, S. 322.
2 Lorenz Engell: Playtime. Münchener Film-Vorlesungen. Konstanz 2010, S. 277–296, hier: S. 278. Zum Begriff der *Mind Game Movies* vgl. Thomas Elsaesser / Malte Hagener: Filmtheorie zur Einführung. 3. Aufl. Hamburg 2011, S. 195 ff.
3 Krützen: Klassik, Moderne, Nachmoderne, S. 716 ff.
4 Poe: A Dream within a Dream / Ein Traum in einem Traum. In: Ders.: Gesammelte Werke. Bd. 5, S. 178.
5 Jean-Luc Nancy: Das nackte Denken. Aus dem Französischen von Markus Sedlacek. Zürich u. Berlin 2014, S. 196. Auch für Slavoj Žižek besteht totalitäres, identitäres Denken im Leugnen und gewaltsamen Stopfen der Leere: »Wenn es eine ethisch-politische Lektion der Psychoanalyse gibt, dann besteht sie aus der Einsicht, wie die großen Katastrophen unseres Jahrhunderts (vom Holocaust bis zum stalinistischen Desaster) nicht das Resultat unseres Erliegens gegenüber der morbiden Attraktion der Leere sind, sondern im Gegenteil das Resultat unserer Bemühung, uns ihr nicht zu stellen und ihr die direkte Regel der Wahrheit und/oder Gutheit aufzwingen zu wollen« (Slavoj Žižek: Das Unbehagen im Subjekt. Aus dem Englischen von Andreas Leopold Hofbauer. Wien 1998, S. 153).
6 Daniel Miller: Der Trost der Dinge. Berlin 2010.
7 Harald Hordych: »Libelle Hrasd Meigjaädm«. In: Süddeutsche Zeitung, 18./19.3.2023
8 Paul Valéry: Cahiers / Hefte. Auf der Grundlage der von Judith Robinson besorgten französischen Ausgabe hrsg. von Hartmut Köhler u. Jürgen Schmidt-Radefeldt. Übersetzt von Hartmut Köhler, Christine Mäder-Viragh, Jürgen Schmidt-Radefeldt. Bd. 3. Frankfurt am Main 1989, S. 414.
9 Ebd.
10 Sigmund Freud: Notiz über den »Wunderblock«. In: Ders.: Gesammelte Werke. Bd. 14, S. 1–8. Vgl. auch Jacques Derrida: Freud und der Schauplatz der Schrift. In: Ders.: Die Schrift und die Differenz, S. 302–350.

Personenregister

Adorno, Theodor W. 53 ff., 66 f., 78, 109, 114, 118, 120 f., 126 ff., 132, 140, 190, 194
Ainsworth, Mary 137
Althen, Michael 153
Anders, Günther 190 ff., 207
Antelme, Robert 116 ff.
Antonioni, Michelangelo 7, 75, 124 f., 153, 171 ff., 186 f.
Arendt, Hannah 56, 115, 126
Argento, Dario 211
Aristoteles 18, 22 ff., 31 f., 69
Arp, Hans 108
Atget, Eugène 98
Augé, Marc 154 f.
Augustinus 16 ff.

Bachtin, Michail M. 141
Badiou, Alain 121
Baecker, Dirk 183
Ball, Hugo 107 f.
Barilli, Renato 129
Barthes, Roland 56, 92, 97, 101, 141, 156, 164 f., 173, 201, 204, 209
Baßler, Moritz 97
Baudelaire, Charles 70 ff.
Baudrillard, Jean 184 f., 187 f.
Beckett, Samuel 34, 93, 95 f., 121 f., 125, 180, 210
Benjamin, Walter 7, 69 ff., 90, 98 f., 109, 131, 152, 202
Benn, Gottfried 34, 126 f.
Bergthaller, Hannes 200, 203
Bernays, Edward 134
Blanchot, Maurice 117 ff.
Blöcker, Günter 119 ff.
Boehm, Omri 59
Böhme, Hartmut 8, 31, 67, 172

Bork, Karen 80
Breton, André 105, 115
Brinkmann, Rolf Dieter 161 ff.
Bruegel der Ältere, Pieter 204
Büchner, Georg 35 ff., 40 f., 65 f., 68, 99, 118, 120, 209
Bude, Heinz 126
Burke, Edmund 78 f., 128
Burtynsky, Edward 203
Byron, George Gordon (Lord) 41 ff.

Cage, John 93, 157 ff., 163
Campbell, Thomas 43
Carrey, Jim 210
Casablancas, Julian 154
Castro, Eduardo Viveiros de 206
Celan, Paul 119 ff.
Cézanne, Paul 185 f.
Chaplin, Charlie 54, 114
Chouinard, Yvon 166
Coleridge, Samuel Taylor 42
Cook, James 35
Coppola, Sofia 75, 153 ff.
Cuarón, Alfonso 41

Daimler, Gottlieb 91
Danowski, Deborah 206
Dath, Dietmar 112, 204 ff.
Deleuze, Gilles 123 f., 155
Del Rey, Lana 150 ff., 209
Demand, Thomas 171
Demokrit 21, 50, 120
Derrida, Jacques 47 f., 140 ff., 157
Descartes, René 28, 45 ff., 98, 150
De Sica, Vittorio 124
Diderot, Denis 39
Diederichsen, Diedrich 131, 139, 143 ff., 160

240 Personenregister

Dilthey, Wilhelm 100f.
Döblin, Alfred 106
Dorff, Stephen 153
Drügh, Heinz 170f.
Duchamp, Marcel 157
Dumont, Bruno 185f.

Eco, Umberto 128f., 158
Edison, Thomas Alva 91
Eiffel, Gustave 91
Eilish, Billie 130, 150f.
Einhorn, Erich 120
Ellis, Bret Easton 66, 133
Empedokles 21, 25ff.
Engels, Friedrich 68f., 73
Enzensberger, Hans Magnus 125ff., 192
Epikur 21

Fellini, Federico 156
Fichte, Johann Gottlieb 50f.
Flaubert, Gustave 85ff., 93, 183, 201
Fonda, Peter 152
Fontane, Theodor 90f.
Foucault, Michel 47, 56, 102, 141
Freud, Sigmund 69, 131, 134, 138f., 147, 150, 182, 209, 215
Friedrich, Caspar David 84, 199
Frost, Sabine 77, 84

Galbraith, John Kenneth 132
Galiani 53
Galilei, Galileo 28, 198
Gaus, Günter 115
Geyrhalter, Nikolaus 203
Glavinic, Thomas 178ff.
Godard, Jean-Luc 125
Goethe, Johann Wolfgang 10, 36, 64ff., 136, 150
Gomringer, Eugen 122f., 126, 128
Gondry, Michel 210
Goya, Francisco de 182
Graeber, David 206
Grainville, Jean-Baptiste Cousin de 43
Groebner, Valentin 10
Guericke, Otto von 28, 30ff.
Guse, Juan S. 205f.

Habermas, Jürgen 58f.
Hackman, Gene 93, 96, 154
Haftmann, Werner 126f.
Hamilton, Richard 157, 167, 169
Hammershøi, Vilhelm 75
Handman, Lou 147
Hanshan 161, 166
Hara, Kenya 169
Hawking, Stephen 17
Hegel, Georg Wilhelm Friedrich 11, 48, 51ff., 66, 100, 131, 134
Herrndorf, Wolfgang 64
Hesiod 24
Heston, Charlton 178
Hobbes, Thomas 46
D'Holbach, Paul Thiry 36f.
Horkheimer, Max 53ff., 140
Horn, Eva 180, 198, 200, 203
Houston, Cissy 149
Huelsenbeck, Richard 107
Hume, David 48f.

Illouz, Eva 136

Jakobson, Roman 112, 141
Jandl, Ernst 122
Jean Paul 13f., 16, 38ff., 45, 99, 118
Johansson, Scarlett 154
Joyce, James 201

Kafka, Franz 109ff., 119, 121f., 139, 141, 199f., 210
Kant, Immanuel 44f., 48ff., 58ff., 64f., 78f., 128, 163, 200
Keller, Gottfried 80
Kennedy, John F. 135
Kerouac, Jack 159ff., 166, 170
Kimmich, Dorothee 188
King, Martin Luther 135
Klein, Yves 157
Kofman, Sarah 117
Kondo, Marie 11, 167
Koschorke, Albrecht 18
Kracauer, Siegfried 99
Kracht, Christian 160
Krafft-Ebing, Richard von 55

Personenregister

Kunze, Reiner 209

Latour, Bruno 198 ff., 207
Lebrun, Françoise 211
Lefort, Claude 61
Leibniz, Gottfried Wilhelm 40
Lennon, John 157
Lenz, Jakob Michael Reinhold 35 f., 40, 65 f., 209
Leukipp 21
Locke, John 54, 188
Lubitsch, Ernst 114
Lukrez 13, 21
Luther, Martin 14 f., 33
Lyotard, Jean-François 78, 128

Maak, Niklas 168
MacCannell, Dean 140
Macho, Thomas 165, 172
Mack, Katie 194 ff.
Magritte, René 125
Maisel, David 203
Malewitsch, Kasimir 93, 95 ff., 129, 157
Mallarmé, Stéphane 93 ff., 119, 142
Marx, Karl 68 f., 73, 206
Matheson, Richard 176
McCarthy, Cormac 7, 179 ff.
McDormand, Frances 186
Meinecke, Thomas 143
Meister Eckhart 33
Melissos 21
Melville, Herman 84
Mercury, Freddie 144 ff.
Mettrie, Julien Offray de La 37
Michelet, Jules 90
Miller, Daniel 214
Mon, Franz 94, 122, 189
Morton, Timothy 197, 199
Murray, Bill 154
Musil, Robert 103 ff., 111 f., 114, 117, 201

Nancy, Jean-Luc 213 ff.
Newman, Barnett 128
Nietzsche, Friedrich 41, 48, 51, 98 ff., 106 f., 123 f.

Noé, Gaspard 211
Novalis 51 f.

Oesterle, Günter 73 f.
Ono, Yoko 145, 157
Ozu, Yasujirō 123 f., 153, 186

Parmenides von Elea 20 f., 24 f.
Pascal, Blaise 7, 28 ff., 36, 99
Paxton, Joseph 90
Peirce, Charles Sanders 141
Penn, Arthur 93
Plessner, Helmuth 99
Poe, Edgar Allan 70 ff., 81 ff., 185, 210, 212
Pound, Ezra 126
Presley, Elvis 139 ff., 143 f., 147 ff.

Raabe, Wilhelm 74 ff., 89, 136, 216
Rams, Dieter 167 f.
Rauschenberg, Robert 157, 159
Ray, Man 95
Reckwitz, Andreas 63
Redecker, Eva von 7
Reed, Lou 130, 132, 139
Regener, Sven 210
Ricci, Michelangelo 28
Ringelnatz, Joachim 6, 8, 112
Robbe-Grillet, Alain 110, 122
Robinson, Kim Stanley 201
Rohmer, Eric 93, 96, 154
Rousseau, Jean-Jacques 57, 62, 64

Saar, Martin 61 f.
Sade, Donatien Alphonse François, Comte de 53, 55 ff.
Saussure, Ferdinand de 141
Sauvestre, Stephen 91
Schiller, Friedrich 78 ff.
Schlegel, Friedrich 51 f.
Schmidt, Ernst A. 21
Schneider, Manfred 43
Schopenhauer, Arthur 35, 99
Schwitters, Kurt 108, 124
Sedlmayer, Hans 126 f.
Seel, Martin 59 f., 173

Seidl, Claudius 175
Serner, Walter 93, 108, 114
Shakespeare, William 9, 34, 148, 150
Shelley, Mary 43f., 66, 179, 181
Sieburg, Friedrich 131f.
Smith, Will 177
Snyder, Gary 161
Sontag, Susan 10, 149
Steffen, Will 169
Sterne, Laurence 39
Stifter, Adalbert 76ff., 209
Suzuki, Daisetz Teitaro 157, 159, 161

Thales von Milet 20
Tieck, Ludwig 37f.
Torricelli, Evangelista 7, 27ff.
Trier, Lars von 175, 202
Tsing, Anna Lowenhaupt 201f.
Tudor, David 159
Turk, Roy 147

Valéry, Paul 93ff., 105, 214

Van Sant, Gus 186
Villeneuve, Denis 184f.
Vismann, Cornelia 189
Vogl, Joseph 202
Voltaire 37, 40

Wagner, Richard 204
Walser, Robert 112ff., 121, 128, 141
Warhol, Andy 140, 149, 156f.
Watts, Allan 158
Weisman, Alan 194
Wells, H.G. 178, 180f., 206
Wieland, Karin 126
Winslet, Kate 210
Winter, Johnny 144f.
Wolfe, Tom 167
Woolf, Virginia 102f., 106

Zenon 21
Žižek, Slavoj 47f., 50, 52, 138f., 202
Zhuangzi 20
Zupančič, Alenka 174